*Histoire
Naturelle*

ÉLÉMENTS
D'HISTOIRE NATURELLE

PROPRIÉTÉ DE

OUVRAGES DU MÊME AUTEUR

Éléments d'Histoire naturelle, avec de nombreuses gravures dans le texte. In-16, reliure demi-toile, titre doré.

— Zoologie, première partie (Anatomie et Physiologie), 4e édition.

— Zoologie, deuxième partie (classification et description), 3e édition. 2 50

— Botanique, 3e édition, en rapport avec les nouveaux programmes. 3 50

Géographie élémentaire, précédée d'un abrégé de Cosmographie et suivie d'une Géographie ancienne. 6e édition. In-16, reliure demi-toile . . . . 3 »

Géographie (Petite) moderne, accompagnée d'une géographie complète de la Palestine, 4e édition. In-16, reliure demi-toile. 1 »

ALLIANCE DES MAISONS D'ÉDUCATION CHRÉTIENNE

ÉLÉMENTS
D'HISTOIRE NATURELLE

PAR

M. L'ABBÉ E. C***

CHANOINE HONORAIRE, CURÉ-DOYEN D'EXMES
ANCIEN PROFESSEUR AUX PETITS SÉMINAIRES DE SÉEZ ET DE LA FERTÉ-MACÉ

OUVRAGE APPROUVÉ PAR MGR L'ÉVÊQUE DE SÉEZ

ZOOLOGIE
I

QUATRIÈME ÉDITION

Entièrement refondue d'après les nouveaux programmes

A. M. D. G.

PARIS

LIBRAIRIE POUSSIELGUE FRÈRES

CH. POUSSIELGUE, SUCCESSEUR

RUE CASSETTE, 15

—

1889

Droits de reproduction et de traduction réservés

ZOOLOGIE

PREMIÈRE PARTIE

ANATOMIE ET PHYSIOLOGIE

APPROBATIONS

Charles-Frédéric ROUSSELET, par la miséricorde divine et la grâce du Saint-Siège Apostolique, Évêque de Séez :

Après avoir fait examiner le manuscrit des *Éléments d'Histoire naturelle,* que se propose de publier M. l'abbé E. C******, professeur dans Notre petit séminaire de la Ferté-Macé;

Sur le rapport très favorable qui Nous en a été fait :

Considérant que, dans cet ouvrage vraiment élémentaire, mais exact et suffisamment développé, l'auteur a su rendre attrayante une science trop souvent exposée avec aridité, et a réussi à faire de l'étude des êtres de la création un moyen puissant d'élever les âmes vers le Créateur;

Nous en autorisons bien volontiers l'impression, et Nous en recommandons l'enseignement dans Nos séminaires.

Donné à Séez, le 26 septembre 1869.

† Ch.-Fréd., Év. de Séez.

Mon cher curé-doyen,

Continuez, par vos livres si clairs et si intéressants, à répandre dans nos maisons d'éducation le goût et l'étude de l'*Histoire naturelle,* et soyez assuré que je bénis de tout cœur vos travaux.

Séez, le 6 mars 1899.

† Franç.-Marie, Év. de Séez.

PRÉFACE

Aucune science peut-être ne répand sur la vie plus de charmes que l'Histoire naturelle; aussi ne saurait-on faire trop d'efforts pour la rendre attrayante et accessible aux jeunes gens. C'est afin de leur en faciliter l'étude que nous publions ce résumé de nos leçons, après l'avoir revu sur les auteurs les plus récents. Ils y reconnaîtront dès les premières pages tout le soin que nous avons pris pour leur aplanir les sentiers de la science, et pour semer çà et là, au moyen de notes intéressantes, quelques fleurs qui puissent leur être agréables.

Honneur à la jeunesse qui, pour se délasser de travaux plus sérieux, va chercher des plaisirs purs dans la contemplation des chefs-d'œuvre du Tout-Puissant! Elle y trouvera mieux qu'une délicieuse récréation; car l'étude de la nature donne à l'esprit de la justesse, agrandit les idées, inspire le sentiment et l'amour de l'ordre, et nous élève comme invinciblement à Dieu.

Mais, nous le dirons sans détour, pour recueillir tous ces fruits, il faut se placer d'abord et résolument dans le vrai. On a comparé la création à un livre qui célèbre magnifiquement son auteur. Pour le comprendre, il faut y voir autre chose que la beauté des caractères et le luxe des pages. Un homme de goût n'examine pas seulement dans le tableau d'un grand maître le gracieux des contours et l'éclat des couleurs; il va plus loin : il s'efforce de pénétrer la pensée du peintre et de s'élever jusqu'à l'idéal qu'il a voulu rendre. Telle est notre position en face du ravissant tableau de la nature. Au lieu donc d'avoir des yeux sans voir, une intelligence sans comprendre et un cœur sans aimer, rendons hautement hommage à la grandeur et à la bonté de Dieu; reconnaissons que notre corps, plus que tous les autres objets visibles, atteste l'œuvre de ses mains, et qu'il n'est pas d'être si petit ni si obscur qui ne proclame à sa manière la sagesse et la puissance du Créateur.

TABLE

INDIQUANT LES PAGES OU SONT TRAITÉES LES QUESTIONS DES NOUVEAUX PROGRAMMES

———

La lettre N renvoie aux notes.

PROGRAMME

DE L'ENSEIGNEMENT SECONDAIRE CLASSIQUE

(CLASSE DE PHILOSOPHIE)

Caractères généraux des êtres vivants, 2.
Animaux et végétaux, 3.

ANATOMIE ET PHYSIOLOGIE ANIMALES

Caractères généraux des animaux, 4. — Principaux tissus, *ibid.*

I. *Fonctions de nutrition* (Étude spéciale de l'Homme). Digestion : Appareil digestif, 12 ; aliments, 26 ; phénomènes mécaniques et chimiques de la digestion, *ibid.*

Circulation : Sang, 44 ; appareil circulatoire sanguin, 47 ; mécanisme de la circulation, 56 ; lymphe, 36 ; circulation lymphatique, 88.

Absorption, 35.

Respiration : Appareil respiratoire, 65 ; phénomènes mécaniques, physiques et chimiques, 69.

Chaleur animale, 75.

Appareils d'élimination : reins, glandes de la peau, 83 et pages suivantes.

Foie, 24; fonction glycogénique, 24, 87.
Notions sommaires sur les appareils et fonctions de nutrition dans la série animale, 31, 62, 79, 90.

II. *Fonctions de relation* (Étude spéciale de l'Homme).
L'œil, 126; la vision, 133; l'accommodation, 136, N.
Quelques mots sur les anomalies de la vision, 141.
L'oreille, 120; l'audition, 124.
L'odorat, 117; le goût, 116; le toucher, 113.
Le larynx, 167; la voix, 169.
Appareil du mouvement : os, 144; squelette, 148; articulations, 147. — Muscles : structure, 156; fonctions, 162.
Centres nerveux (encéphale), 95; fonctions, 103. — Nerfs moteurs, 107; nerfs sensitifs, *ibid*. — Grand sympathique, 103, 108.
Principales modifications du système nerveux dans la série animale, 109.

PROGRAMME

DE L'ENSEIGNEMENT SECONDAIRE SPÉCIAL

(CINQUIÈME ANNÉE)

ANATOMIE ET PHYSIOLOGIE DE L'HOMME ET DES ANIMAUX

Digestion. — Appareil digestif, 12; dents, 13. Aliments, 26, texte et note.
Régime alimentaire propre aux diverses espèces (animaux carnivores, insectivores, herbivores, frugivores, granivores, omnivores).
Adaptation du système dentaire au régime alimentaire propre à l'espèce; bec des oiseaux.
Pour ces deux questions, qui sont du ressort de la Zoologie descriptive, voir notre seconde partie, où l'on trouvera des figures représentant les divers systèmes dentaires.
Sécrétion salivaire, 23. — Estomac et suc gastrique, 20. — Foie et bile, 24. — Pancréas, 25. — Rôle des divers liquides digestifs, 23, N., 29, texte et note.
Absorption. — Le chyle et les vaisseaux chylifères, 30, 38, 41. — Absorption lymphatique, 39. — Absorption par les veines, 41.

Circulation. — Le sang, 44. — Idée de sa composition, 45, N. — Cœur, 47. — Artères, 50, 52; réseau capillaire, 56; veines, 50, 54. — Mécanisme de la circulation, 56, 58, 59.

Respiration. — Poumons, 67; trachées, 79; respiration aérienne, 69, 80. — Branchies, 79; respiration aquatique, *ibid.* — Respiration cutanée, 80. — Phénomène de l'hématose, 71, N., 74. — Asphyxie, 72, N. — Combustion respiratoire, 70; chaleur animale, 75.

Sécrétions. — L'appareil urinaire et l'urée, 86, 88, texte et note. — Sécrétion de la peau (exhalation externe), 90. — Membranes muqueuses, 89; séreuses, 91. — Idée des glandes et de leurs fonctions, 83, 89.

Fonction glycogénique du foie, 24, 87.

Équilibre des fonctions de nutrition, 91, 92, 93.

Innervation. — L'axe cérébro-spinal chez les Vertébrés, 95. — Les nerfs sensitifs et les nerfs moteurs, 107; les nerfs mixtes, *ibid.* Système nerveux des insectes, 109. Voyez surtout la Zoologie descriptive [1].

Fonctions générales des masses centrales du système nerveux, 103, 105.

Fonctions générales des nerfs, 107. — Actions réflexes, 106, texte et note.

Locomotion. — Le squelette, 148; les os, 144; les muscles, 156, 162; les tendons, 161, chez les Vertébrés et chez les Articulés. (Pour les Articulés, voyez Zoologie, 2ᵉ partie, ou Zoologie descriptive [2].)

(SIXIÈME ANNÉE)

Organes des sens, 113. — Toucher, ses organes spéciaux, 115, N. — Structure de la peau, 113; poils, plumes, ongles, sabots et cornes [3], 115.

Odorat et goût, 117, 116.

Ouïe. — Constitution générale de l'oreille chez l'Homme et les Mammifères, 120, 124.

[1] Chez la plupart des Insectes, le système nerveux se compose d'une douzaine de ganglions ou renflements qui correspondent aux anneaux, et sont reliés entre eux par un double filet de communication dans toute la longueur du corps.

[2] Pour les Articulés, il ne peut être question d'un squelette intérieur et proprement dit, mais uniquement de la peau durcie et des membres dont l'animal est pourvu.

[3] Les poils et les plumes proviennent de bulbes cachés dans la peau, et sont, comme l'épiderme, de nature cornée. Il faut en rapprocher, au point de vue du développement et de la nature chimique, les ongles, les sabots et les cornes des animaux.

Organe de la voix, 167. — Idée de son mécanisme, 169.

Vision : l'œil et ses annexes, 126 ; idée sommaire du mécanisme de la vision, 133. — Presbytie, 137, N. ; myopie, 136, N. — Vision binoculaire, 137.

Adaptation des formes générales du corps et des membres au genre de vie des diverses espèces, 230.

L'espèce, 240, N. — Les races et les variétés, *ibid.* — Hérédité des formes organiques et des instincts, 240. — Idée de la sélection naturelle et de la sélection artificielle, 241.

INTRODUCTION

> Pour manifester la divine sagesse, le témoignage de la nature vaut mieux que tous les arguments de la science.
> (S. Ambroise.)

I. Définition de l'histoire naturelle. — L'Histoire naturelle a pour objet *de décrire et de classer les différents corps qui existent à la surface ou à l'intérieur du globe.* Il ne faut pas confondre l'Histoire naturelle avec la physique, qui fait connaître les propriétés générales des corps; ni avec la chimie, qui étudie les éléments dont ils sont composés, et les diverses combinaisons que ces éléments forment entre eux.

II. Division de l'histoire naturelle. — Au premier coup d'œil, les êtres se partagent en deux grandes sections : les corps *bruts* ou *inorganiques*, en qui l'on ne rencontre ni vie ni organes, et les corps *organisés* ou *organiques*, en qui l'on trouve la vie et des organes destinés à l'entretenir.

Les corps inorganiques sont tous compris dans un seul groupe : les *minéraux*. Les corps organiques sont distribués en deux : les *végétaux* et les *animaux*. C'est ce qu'on appelle les trois Règnes de la nature : le *Règne minéral*, le *Règne végétal* et le *Règne animal*.

A ces trois groupes correspondent trois sciences naturelles : la *minéralogie*, qui traite des minéraux [1] ; la *botanique*, qui traite des végétaux, et la *zoologie*, qui traite des animaux.

III. CARACTÈRES GÉNÉRAUX DES ÊTRES VIVANTS. — « Les êtres vivants, dit H. Milne Edwards, ont tous une structure commune. Leur corps est toujours formé par une réunion de parties dissemblables entre elles, et dont les unes sont solides, les autres liquides. C'est un tissu spongieux, composé de lames ou de fibres solides et très extensibles, qui laissent entre elles des interstices remplis de fluides; et ce mode de structure, qui a reçu le nom d'ORGANISATION, est une des conditions essentielles de leur existence. » En effet, il fallait des parties solides pour donner à ces êtres une forme quelconque; et il fallait aussi des fluides pour introduire dans les tissus les substances qui devaient y être incorporées, entraîner au dehors les particules désormais nuisibles, et entretenir ainsi partout le phénomène de la vie.

Mais la nature chimique des corps vivants est également caractéristique ; car la plupart des substances qui entrent dans leur composition appartiennent en propre au règne organique. Trois ou quatre corps simples : le carbone, l'hydrogène, l'oxigène et quelquefois l'azote, en forment les éléments.

Les êtres organisés se distinguent encore des êtres

---

[1] La géologie peut être considérée comme une partie de la minéralogie. Elle s'occupe, non pas des minéraux eux-mêmes, mais de l'ordre dans lequel les minéraux sont disposés pour former les différentes couches terrestres.

inorganiques par les différences suivantes : les corps bruts peuvent durer indéfiniment ; les corps organiques naissent, grandissent et meurent. Les minéraux, à l'état naturel, affectent des formes planes ou anguleuses ; chez les animaux et les végétaux, on voit en général dominer la ligne et la surface courbes. Les corps inorganiques se forment et s'accroissent par *juxtaposition*, c'est-à-dire en prenant des éléments de même espèce placés près d'eux. Les corps organisés se développent par *intussusception* ; en d'autres termes, ils introduisent dans leur intérieur des matières de différentes natures, et les assimilent ensuite à leur propre substance.

En résumé, les caractères généraux des êtres vivants consistent dans *leur origine, leur forme, leur structure, leur composition chimique, la faculté qu'ils possèdent de se nourrir et de se reproduire, et dans la durée limitée de leur existence.*

IV. ANIMAUX ET VÉGÉTAUX. — Les végétaux *vivent, se nourrissent et se reproduisent*; les animaux *vivent, se nourrissent, se reproduisent, sentent et se meuvent*.

Outre les facultés de sentir et de se mouvoir dont jouissent seuls les animaux, il est facile de constater encore plusieurs autres différences entre le Règne végétal et le Règne animal. Les végétaux puisent immédiatement dans le sol ou dans l'atmosphère ce qui doit entretenir leur existence ; les animaux introduisent les aliments dans un canal intérieur, et les y élaborent ou digèrent avant de les admettre dans leur économie. Les végétaux se nourrissent de substances minérales ; les animaux, de substances déjà organisées. Les végétaux respirent par toutes leurs parties, et absorbent de l'eau et de l'acide carbonique ; les animaux respirent au moyen d'un appareil particulier, et dégagent de l'acide carbonique et de la vapeur d'eau. La structure des végétaux est plus simple; celle des animaux, plus composée et plus parfaite.

V. Caractères généraux des animaux. — En constatant les différences qui séparent les animaux des végétaux, nous avons signalé, entre autres caractères, les deux principaux du Règne animal.

Ces deux caractères sont la *sensibilité*, dont le système nerveux est l'agent, et la *locomotivité*, qui s'exerce au moyen du système musculaire. Cette double faculté de sentir et de se mouvoir donne aux animaux une grande supériorité sur les végétaux.

Certains auteurs placent encore parmi les caractères très saillants du Règne animal l'existence d'un appareil digestif distinct, pour le fonctionnement duquel les animaux, tourmentés par la faim, recherchent et poursuivent des aliments [1].

Quant aux caractères tirés de l'ordre chimique, et qui reposent sur ce que les animaux sont formés de principes azotés, on peut les considérer comme de nulle valeur, attendu que les chimistes retrouvent ces principes, en plus ou moins grande quantité, dans tous les corps organisés.

VI. Principaux tissus animaux. — Avant d'aborder l'étude des organes, nous devons dire un mot des tissus qui les composent.

On appelle *tissu* toute réunion d'éléments anatomiques enchevêtrés ou tout au moins accolés ensemble. Il existe naturellement autant de tissus qu'il y a de sortes d'éléments anatomiques. Les principaux sont : le tissu *épidermoïde*, le tissu *conjonctif*, le tissu *musculaire* et le tissu *nerveux*.

---

[1] Il en est de ce caractère comme de la plupart de ceux que nous avons énumérés, on ne les rencontre plus aux derniers degrés de l'échelle animale.

1º **Le tissu celluleux ou épidermoïde**, ainsi nommé de l'épiderme, qui est une de ses nombreuses variétés, comprend aussi les *épithéliums*, dont les muqueuses sont toutes revêtues. On distingue plusieurs sortes d'épithéliums. Nous citerons seulement l'épithélium *pavimenteux*, dont les cellules sont aplaties et juxtaposées comme les pavés d'une chambre; et l'épithélium *vibratile*, qui porte à sa surface libre une multitude de filaments d'une extrême ténuité, animés d'un mouvement rapide et continuel d'oscillation autour de leur base. La fonction du tissu épidermoïde est de protéger les organes; aussi la nature l'a-t-elle plus ou moins développé, suivant le danger plus ou moins grand que court leur surface d'être blessée [1].

Les poils, les cornes, les sabots, les plumes des animaux appartiennent par leur composition aux tissus de ce genre [2].

2º **Le tissu conjonctif ou cellulaire** [3] est formé d'une multitude de petites cellules qui se touchent et se communiquent, et dont la réunion produit une masse semblable à celle d'une éponge. Il existe en couches plus ou moins épaisses dans le corps des animaux, et

---

[1] Les brûlures légères déterminent au-dessous de l'épiderme une exsudation abondante qui le soulève, en sorte que le derme, qui n'est plus protégé, devient d'une sensibilité excessive. Le même effet se produit par l'application de la poudre de Cantharide (vésicatoire).

[2] Quelquefois l'épaississement du tissu épidermoïde est très localisé. C'est ce qui arrive en particulier dans les *cors* et *durillons*. En d'autres circonstances, les cellules de l'épiderme se multiplient et s'entassent de manière à former de véritables cornes. Nous avons connu, pour notre part, une femme qui avait une de ces cornes sur la main. On eût dit une vraie corne de Bélier.

[3] Quoique l'expression *tissu cellulaire* soit encore employée par un certain nombre d'auteurs, mieux vaut ne pas s'en servir, puisqu'il est aujourd'hui bien constaté que *tous* les tissus sont composés de cellules diversement modifiées.

remplit les vides ou interstices que les divers organes laissent entre eux [1].

Lorsque les mailles du tissu conjonctif se chargent de graisse, on dit que c'est le tissu *adipeux*. Si les mailles se sont rapprochées, rétrécies et disposées en manière de toile, c'est le tissu *membraneux*. Telles sont les membranes séreuses. Le tissu conjonctif subit encore deux autres transformations importantes : tantôt il prend la consistance de la gélatine ou même de la corne, et il s'appelle tissu *cartilagineux*; tantôt enfin les cellules s'imprègnent de phosphate et de carbonate de chaux, et elles constituent le tissu *osseux*.

3° Dans le tissu musculaire consiste ce que l'on appelle la chair des animaux. Ce sont des fibres ou filaments susceptibles de se raccourcir ou de s'allonger, et qui, réunis en faisceaux, forment les *muscles*.

4° Le tissu nerveux se présente sous l'aspect d'une bouillie ordinairement blanchâtre, quelquefois grise

---

[1] On connaît le moyen qu'emploient les bouchers pour donner à leur viande une plus belle apparence. A peine l'animal est-il tué qu'on lui perce la peau, et qu'à l'aide d'un soufflet on fait pénétrer dans toutes les parties de son corps un certain volume d'air qui les gonfle et les distend. Ce procédé repose évidemment sur la communication des cellules du tissu connectif.

De misérables bateleurs ont quelquefois eu recours à une pratique semblable pour défigurer de pauvres enfants. Voici ce qu'en dit H. Milne-Edwards : « Un chirurgien célèbre du XVIe siècle, Fabrice de Hilden, rapporte qu'en 1593 on montrait, à Paris, un enfant de quinze à dix-huit mois dont la tête était monstrueuse; les parents de ce petit infortuné le promenaient de ville en ville comme un objet de curiosité, et attiraient un grand nombre de spectateurs; mais un magistrat ayant soupçonné quelque fraude, les fit arrêter et mettre à la question : ils avouèrent alors avoir fait, sur le sommet de la tête de leur enfant, un trou à la peau, et y avoir soufflé de l'air à l'aide d'une canule. Chaque jour ils renouvelaient cette opération, et ils étaient enfin parvenus à donner à la tête de l'enfant un volume prodigieux. De nos jours on a vu cette pratique renouvelée par un bateleur de Brest. »

(*Éléments de Zoologie*, 2e édit.)

ou rosée. C'est lui qui transmet les sensations et qui porte dans les muscles les ordres de la volonté. Aux tissus nerveux appartiennent le cerveau et la moelle épinière des animaux vertébrés.

VII. Définition de la zoologie. — *La zoologie*[1] *est la partie de l'Histoire naturelle qui s'occupe de la description et de la classification des animaux*[2].

---

[1] *Zoologie* (ζῶον, animal; λόγος, discours), science qui traite des animaux.

[2] « Quand Dieu créa les animaux, combien de merveilles s'épanchèrent à la fois de sa toute-puissance et de sa bonté! La terre, l'eau et le ciel furent peuplés d'êtres vivants, et cette vie, si imparfaite qu'elle fût, répandue au milieu du monde avec des formes innombrables, était déjà, bien qu'à une distance infinie, une imitation et une ébauche de la vie réelle qui est en Dieu. Toutefois la vie divine est par excellence intelligence et amour; et lorsque Dieu voulut créer un être à son image (*Gen.*, I, 26), c'est l'homme qu'Il tira du néant.

« L'homme, que la philosophie la plus vraie définit en l'appelant un animal raisonnable, participe effectivement à la nature des animaux par la vie, par les organes, par les sens et par les appétits; mais il s'élève incomparablement au-dessus d'eux par la raison et par l'amour. En lui, la raison domine les sens et n'est soumise qu'à Dieu. En lui, l'amour dépasse les appétits grossiers et ne se repose que dans le bien suprême, qui est Dieu. Telle est la sublime harmonie établie par le Créateur. L'homme ne demeure en sa condition essentielle qu'autant que, par la raison et par l'amour, il s'élève au-dessus de l'animal; mais, s'il humilie sa raison sous le poids des sens, si, au lieu de suivre la volonté divine, il se fait le honteux esclave de ses convoitises et de ses passions, il descend du poste d'honneur où Dieu l'avait placé, et il devient semblable à la brute. (*Psal.*, XLVIII, 13.) C'est la parole expresse de David, et c'est aussi le premier enseignement que nous donnent les animaux sans raison : ils sont pour nous l'emblème du pécheur.

« O mon Dieu, combien il est vrai que le péché m'abaisse au rang des brutes! Ma raison ne m'élève au-dessus d'elles que parce qu'elle-même vous demeure soumise. Elle ne commande qu'en vous obéissant; elle ne règne qu'en étant votre sujette. Si je détruis cet ordre admirable, si je me révolte contre vous, mes plus vils instincts prennent le dessus, et, en perdant mon innocence, je perds aussi ma dignité. »

(*Études sur le Symbolisme*, par Mgr de la Bouillerie.)

VIII. Division de la zoologie. — La zoologie se partage en plusieurs branches, qui représentent les principaux points de vue sous lesquels les animaux peuvent être envisagés.

L'*anatomie* ou *organographie* nous donne la notion exacte de leurs organes.

La *physiologie* examine les fonctions de ces organes, et porte son attention sur le mécanisme animal en jeu.

Mais il faut de plus connaître la forme extérieure des animaux, leurs mœurs, leurs relations avec l'homme et avec leurs semblables, leur place dans le Règne animal et enfin leur distribution à la surface du globe : c'est ce qu'apprend la *Zoologie descriptive*.

Cette triple étude fera l'objet de deux modestes volumes. Le premier sera consacré d'abord à l'anatomie et à la physiologie des animaux, et tout particulièrement de l'Homme ; et ensuite, sous le titre de *Zoologie générale*, à différentes questions zoologiques d'un haut intérêt, qu'il est indispensable de connaître si l'on veut être de son temps. Le second s'occupera de la classification et de la description extérieure des animaux.

LIVRE PREMIER
ÉTUDE SPÉCIALE DE L'HOMME

GÉNÉRALITÉS SUR LE CORPS HUMAIN

1. Description anatomique sommaire. — Les grandes régions du corps humain sont au nombre de trois : la *tête*, le *thorax* et *l'abdomen*.

Dans la tête est logé l'*encéphale*, masse principale du système nerveux.

Le thorax renferme le *cœur* et les *poumons*, deux organes inséparables, à cause de la nécessité pour le sang de se vivifier sans cesse au contact de l'air. Entre le thorax et l'abdomen est situé le *diaphragme*, sorte de voûte musculaire qui les sépare.

Dans l'abdomen se trouvent les organes de la digestion, dont les principaux sont : l'*estomac*, le *foie*, le *pancréas* et les *intestins*.

Au *tronc*, que forment le thorax et l'abdomen réunis, sont rattachés *quatre* membres : deux supérieurs, les *bras*, destinés à la préhension ; et deux inférieurs, les *jambes*, qui servent à la locomotion.

2. Organe, appareil, fonction, système, division du travail physiologique.

Un *organe* est toute partie d'un corps organisé qui sert d'instrument à la vie.

On donne le nom d'*appareil* à l'ensemble des organes qui concourent à produire un même phénomène. L'appareil de la circulation, par exemple, se composera des organes destinés à transporter le sang, tels que le cœur, les artères et les veines ; l'appareil de la digestion comprendra la bouche, l'œsophage, l'estomac, les intestins, etc.[1].

L'action d'un organe ou d'un appareil s'appelle *fonction*.

Un ensemble d'organes ou de tissus de même nature et destinés à remplir des fonctions analogues prend le nom de *système*. Ex.: Le *système nerveux*, le *système musculaire*, le *système osseux*.

On distingue les fonctions de *nutrition*, qui ont pour but de conserver la vie de l'individu, et les fonctions de *relation*, destinées à le mettre en rapport avec ce qui l'entoure.

3. Division des fonctions de nutrition. — Chez l'Homme et les animaux supérieurs, le travail nutritif comprend six fonctions, qui sont :

La Digestion,	La Respiration,
L'Absorption	L'Assimilation,
La Circulation,	Les Sécrétions et l'Exhalation.

[1] « Considéré sous le rapport mécanique seulement, le corps des animaux nous offre un exemple de complication et de perfection dont nos machines les mieux combinées et les mieux exécutées n'approchent pas. On y trouve des modèles sans nombre de constructions ingénieuses dont les travaux les plus heureux de l'architecte ou de l'opticien ne sont que des copies imparfaites.

« Mais ces merveilles sont les moindres de celles que nous offre l'économie animale. Les forces qui font agir tous les ressorts matériels de notre corps sont réglées et combinées avec une sagesse bien au-dessus de la science humaine ; et, plus on considère le jeu de nos organes et les facultés dont ils sont doués, plus on sent le besoin de rapporter à Dieu la raison supérieure qui a créé cette production admirable et qui a placé en elle un principe d'existence et de mouvements. » (Milne Edwards et A. Comte, *Cahiers d'Histoire naturelle*, édit. de 1844.)

Voici comment, en général, nous procéderons dans l'étude de chaque fonction.

Nous nous appliquerons d'abord à l'*anatomie*[1], c'est-à-dire à cette partie de la science qui décrit la structure des organes; ensuite nous verrons cette autre partie que l'on appelle *physiologie*[2], et qui observe la manière dont les organes fonctionnent.

Si l'on voulait avoir une idée exacte d'une montre, on ne devrait pas se contenter de jeter sur le cadran un coup d'œil superficiel. Il faudrait l'ouvrir, démonter chacun des rouages et des ressorts, et les considérer attentivement l'un après l'autre. Jusque-là on aurait fait, si l'on peut parler ainsi, l'anatomie de la montre. Puis, rapprochant chaque pièce et remettant tout en jeu, on observerait le mécanisme des détails et de l'ensemble : ce serait là en quelque sorte une étude physiologique. Malheureusement, ce que l'horloger fait pour une montre, le naturaliste ne peut pas le faire complètement pour un animal ou pour une plante, car il n'est pas en son pouvoir de reconstituer ce qu'il a détruit.

---

[1] *Anatomie*, de deux mots grecs : ἀνά, à travers; τέμνω, je coupe.
[2] *Physiologie*, de φύσις, nature, et λόγος, discours.

SECTION I

FONCTIONS DE NUTRITION

CHAPITRE I

DE LA DIGESTION

4. Définition. — *La digestion a pour effet d'extraire des aliments toutes les parties qui peuvent servir à la nutrition.*

ANATOMIE

5. Organes de la digestion. — Les principaux organes de l'appareil digestif sont :

    La bouche,   L'œsophage,
    Le pharynx ou   L'estomac,
       arrière-bouche   Les intestins.

A ces organes s'en rattachent plusieurs autres que l'on peut appeler *annexes* du canal digestif. De ce nombre sont :

    Les glandes salivaires,   Le pancréas,
    Le foie,   La rate.

Organes principaux de l'appareil digestif.

6. Bouche. — La *bouche* est une cavité limitée en avant par les dents et les lèvres, en haut par le palais, en bas par la langue, sur les côtés par les dents et les joues, en arrière par une membrane mobile nommée voile du palais. Chez l'Homme et les animaux supérieurs, les deux mâchoires sont situées l'une au-dessous de l'autre, et se tiennent par une articulation. Chacune des mâchoires porte des *alvéoles* dans lesquels sont implantés de petits os que l'on appelle *dents*, et que nous allons étudier.

Les dents sont composées de deux parties bien distinctes. La première est logée dans l'alvéole même : c'est la *racine*. La seconde se montre en dehors de

Fig. 1. *Dent humaine* (petite molaire).
1. Racine. — 2. Collet. — 3. Couronne.

l'alvéole et des gencives : c'est la *couronne*. Entre ces deux parties, et sous le bord des gencives, se trouve en général un petit rétrécissement qui a reçu le nom de *collet*.

On distingue trois sortes de dents : les *incisives*, les *canines* et les *molaires*. Les incisives occupent le devant de la bouche et se terminent par un bord mince et tranchant. Les canines, placées de chaque côté après les incisives, sont en général longues et plus ou moins pointues [1]. Enfin les molaires [2] ou mâ-

---

[1] Les canines de la mâchoire supérieure sont vulgairement connues sous le nom de *dents de l'œil*. Il n'est point vrai que l'extraction de ces dents soit, comme on l'a cru, un danger pour la vue.

[2] *Molaires*, de *mola*, meule de moulin, parce que ces dents écrasent la nourriture à la façon des meules de moulin.

chelières, situées à la suite des canines, présentent une surface large et parsemée d'inégalités. Les incisives servent à couper les aliments; les canines, à les déchirer; les molaires, à les broyer. Parmi ces dernières, les unes sont moins volumineuses, et n'ont, comme les canines et les incisives, qu'une seule racine : ce sont les *petites* ou *fausses molaires*. Les autres sont plus considérables et tiennent par deux ou trois racines : ce sont les *grosses molaires*, appelées aussi *vraies molaires*.

Deux dentitions se succèdent chez l'Homme. La première (*dents de lait*) commence à se montrer vers le cinquième ou sixième mois [1], et le plus souvent est complète à trois ans et demi. L'enfant compte alors vingt dents : huit incisives, quatre canines et huit molaires. Vers l'âge de sept ans, la seconde dentition commence de remplacer la première; les dents tombent à peu près dans l'ordre où elles ont apparu [2], et, à douze ou treize ans, il ne reste plus à pousser que les dernières molaires ou dents de sagesse, qui se montrent de dix-huit à vingt-cinq ans. On compte chez l'Homme trente-deux dents : huit incisives, quatre canines et vingt molaires. Dans les animaux, le nombre et la forme des dents varient à l'infini [3].

[1] Cette règle souffre quelquefois des exceptions : ainsi Louis XIV naquit avec deux incisives, et Mirabeau avec deux molaires.

[2] Si, à douze ans, il restait encore quelques dents de lait, on devrait les extraire; autrement on s'exposerait à ce qu'elles ne fussent jamais remplacées.

[3] L'admirable sagesse du Créateur a établi un rapport étroit entre les dents de chaque espèce d'animaux et les aliments destinés à les nourrir. Ainsi, chez les carnassiers tels que le Lion, le Chat, etc., les molaires sont amincies et tranchantes, et les deux mâchoires, en se rapprochant, produisent l'effet de ciseaux. Chez les insectivores, tels que le Hérisson et la Taupe, ces dents sont hérissées de petites pointes coniques qui s'emboîtent les unes dans les autres. Chez les frugivores, les Singes, par exemple, les molaires sont garnies de tubercules arrondis, ce qui suffit pour l'écrasement

Essayons maintenant de comprendre comment croissent les dents.

Avant la formation, l'alvéole contient un petit sac membraneux appelé capsule dentaire. A l'intérieur de cette capsule se trouve un noyau mou, traversé par des nerfs, des artères et des veines, et présentant la forme de la dent qui devra se mouler sur lui.

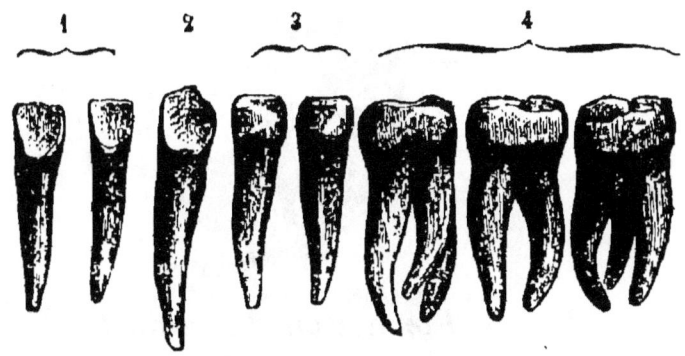

Fig. 2. *Dents prises sur un côté de la mâchoire supérieure d'un Homme.*

1. Incisives. — 2. Canine. — 3. Petites molaires. — 4. Grosses molaires.

Ce noyau a de plus la propriété de produire et de laisser suinter à sa surface l'*ivoire*, matière pierreuse

des fruits. Chez les herbivores, elles présentent une surface large, plate, couverte de lignes saillantes, dont la rencontre sert à broyer l'herbe. Un certain nombre d'animaux qui avalent sur-le-champ leur nourriture sont absolument dépourvus de dents, ou n'ont que des crochets pour la retenir. D'autres qui la brisent sans la mâcher, comme les Oiseaux et les Tortues, remplacent le système dentaire par la corne soudée sur la mâchoire. Enfin la Baleine offre une dentition toute particulière : de la mâchoire supérieure pendent environ huit cents lames, appelées fanons, qui font l'effet d'un grillage. L'animal absorbe une masse d'eau considérable, et, quand il la rejette, il arrête au moyen de ces lames les milliers de Mollusques et de Zoophytes qui lui servent de nourriture. Les fanons donnent la baleine du commerce.

qui forme les dents. A mesure que de nouvelles couches se déposent les unes au-dessous des autres, le noyau se resserre. En même temps la paroi supérieure de la capsule répand sur la couronne une espèce de vernis extrêmement dur, que l'on appelle *émail* [1]. La dent peut dès lors percer son enveloppe et se montrer au dehors de l'alvéole. Le germe qui,

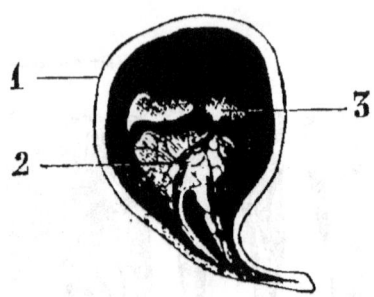

Fig. 3. *Formation d'une dent*
(grosse molaire).

1. Capsule dentaire. — 2. Noyau sécréteur, dans lequel se ramifient les nerfs et les vaisseaux sanguins. — 3. Ivoire déjà déposé sur le moule ou noyau.

bien qu'à l'étroit, conserve sa fécondité, continue à produire autour de lui de nouvelles couches d'ivoire, ce qui fait que la dent s'accroît. Enfin, trop comprimé, ce noyau se flétrit, et il ne reste plus guère qu'un faisceau de nerfs, dont on connaît l'excessive sensibilité [2].

---

[1] Outre l'ivoire et l'émail dont se compose les dents, l'on rencontre chez la plupart des animaux une troisième substance osseuse, qui a reçu le nom de *cément*. Chez le bœuf en particulier, son poids relatif est considérable.

[2] Lorsque le noyau ne touche primitivement au fond de la capsule que par un seul point, il ne se forme qu'une seule racine ; lorsqu'au contraire il y adhère par plusieurs endroits, chacun d'eux donne naissance à autant de racines distinctes.

Dans la bouche se trouve encore la *langue*, muscle d'une admirable souplesse, qui peut prendre une in-

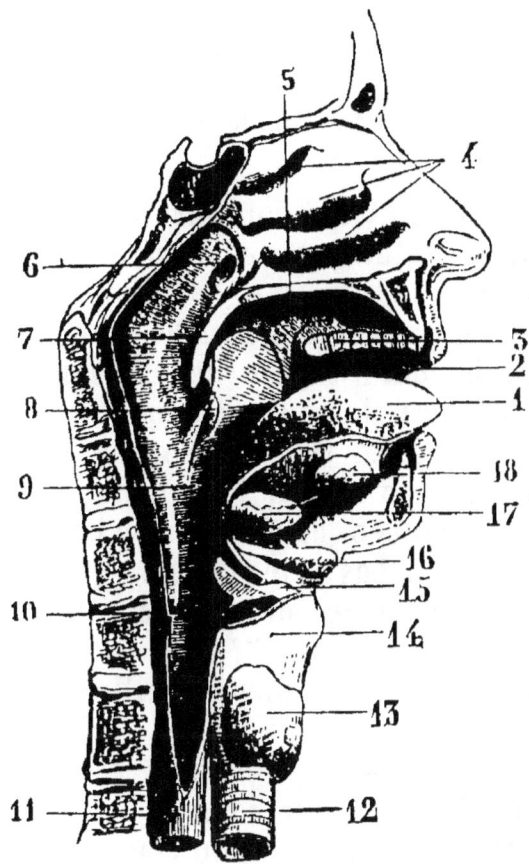

Fig. 4. *Coupe verticale d'une partie de la tête et du cou.*

1. Langue. — 2. Bouche. — 3. Dents. — 4. Cornets et méats du nez. (*On appelle cornets trois lames osseuses situées sur chacune des parois extérieures du nez, et méats les cavités longitudinales ou gouttières que forment ces lames.*) — 5. Voûte du palais. — 6. Orifice de la trompe d'Eustache. — 7. Voile du palais. — 8. L'une des deux amygdales, petites glandes qui se trouvent à l'entrée du gosier. — 9. Pharynx ou arrière-bouche.

— 10. Entrée du larynx. — 11. Œsophage. — 12. Trachée-artère. — 13. Thyroïde (*sorte de glande dont l'usage est inconnu, et qui, en grossissant outre mesure, produit le goître*). — 14. Larynx. — 15. Épiglotte. — 16. Os hyoïde (*petit os isolé, sur lequel sont attachés les divers muscles qui se rendent à la langue*). — 17. Glande sous-maxillaire. — 18. Glande sublinguale.

finité de formes, et qui concourt à la perception des saveurs, à la déglutition des aliments et à l'articulation des mots [1].

7. PHARYNX. — Après la bouche vient le *pharynx* [2] ou arrière-bouche, espèce de carrefour placé à la partie supérieure du cou, et auquel aboutissent différentes ouvertures. On y remarque : en haut, les fosses nasales; en avant, la bouche, et au-dessous l'orifice de la trachée-artère, par où l'air pénètre dans les poumons; en bas, l'œsophage, qui porte les aliments dans l'estomac; de chaque côté, deux petits canaux appelés *trompe d'Eustache*, qui font communiquer chacune des deux oreilles avec l'arrière-bouche.

8. ŒSOPHAGE. — L'œsophage [3] est un tube étroit que l'on peut considérer comme le prolongement du pharynx. Il descend le long du cou et en avant de la colonne vertébrale, passe entre les deux poumons et derrière le cœur, traverse le muscle diaphragme [4], cloison qui sépare la poitrine de l'abdomen, et dé-

---

[1] La langue, aussi bien que tout le canal digestif, est revêtue de la membrane muqueuse. Cette circonstance fournit de précieuses indications sur l'état de la santé; car aussitôt que quelque partie de la muqueuse est en souffrance, celle de la langue, vu son étroite sympathie, reproduit la même altération.

[2] *Pharynx*, du grec φάρυγξ, gosier.

[3] *Œsophage* (ὄισειν, porter; φαγεῖν, manger), conduit qui transmet les aliments du pharynx à l'estomac.

[4] *Diaphragme*, de διάφραγμα, cloison.

bouche dans l'estomac par une ouverture appelée *cardia* [1].

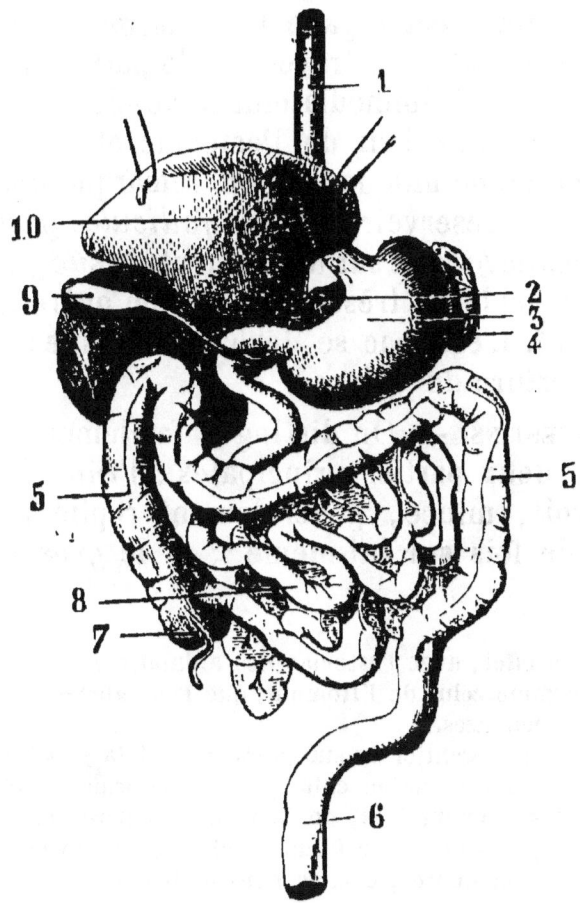

FIG. 5. *Appareil digestif de l'Homme* [2].

1. Œsophage. — 2. Pancréas. — 3. Estomac. — 4. Rate. — 5. Côlon. — 6. Rectum. — 7. Cæcum et appendice cæcal. — 8. Intestin grêle. — 9. Vésicule biliaire, attachée sur le foie, et aboutissant à l'intestin par le canal cholédoque. — 10. L'un des lobes du foie (*le foie tout entier est soulevé de façon à montrer sa face inférieure*).

[1] *Cardia* (καρδία, cœur), ouverture supérieure de l'estomac, probablement ainsi appelée parce qu'elle se trouve du côté du cœur.

[2] Il est important de bien étudier cette figure pour comprendre ce qui va suivre. On devra d'ailleurs y revenir à chaque instant pendant toute la fin du chapitre.

9. Estomac. — On appelle ainsi une poche membraneuse et contractile, siège principal de la digestion. Dans l'Homme, cet organe a la forme d'une cornemuse [1]. Il est situé en travers, à la partie supérieure de l'abdomen et immédiatement au-dessous du diaphragme. A l'intérieur de l'estomac et à la surface de la membrane muqueuse, on remarque une multitude de petits réservoirs appelés *follicules gastriques*. Ces cavités déversent sur les aliments le *suc gastrique*, substance acide et très active qui en opère la transformation [2]. L'estomac se décharge dans les intestins par l'ouverture du *pylore* [3].

10. Intestins. — On distingue facilement dans les intestins deux parties principales : l'*intestin grêle*, tube étroit, mince, généralement replié un grand nombre de fois sur lui-même [4] ; et le *gros intestin*,

---

[1] C'est, en effet, avec l'estomac des animaux qui ont ce viscère conformé comme celui de l'Homme, que l'on fabrique le réservoir à air des cornemuses.

[2] Le principe essentiel du suc gastrique est la *pepsine*, ferment soluble qui, par son action chimique, transforme en *albuminose* les substances albuminoïdes, de la même manière que la *diastase salivaire* ou *ptyaline*, autre ferment soluble, transforme en *glucose* les substances féculentes, comme nous le dirons bientôt.

[3] *Pylore*, du mot grec πυλουρὸς, portier, parce que cet orifice refuse ou livre passage à la nourriture.

Les parois de l'estomac exercent une pression assez considérable sur les aliments, en sorte que, si d'un côté le cardia et de l'autre le pylore ne leur opposaient pas de résistance, ils remonteraient dans la bouche ou descendraient avant le temps dans les intestins. Quelquefois le cardia cède, et l'on voit alors se produire le phénomène du vomissement.

[4] Les anatomistes ont fait trois sections de l'intestin grêle. Ils ont appelé la première *duodénum* (douze), parce qu'ils lui donnent chez l'Homme une longueur de douze travers de doigt ; la seconde, *jéjunum* (à jeun), parce qu'à jeun on la trouve presque toujours vide ; la troisième, *iléon* (εἰλέω, entortiller), à cause de ses nombreuses circonvolutions. Cette division, d'ailleurs arbitraire, a peu d'importance en physiologie.

subdivisé en trois portions : le *cæcum*, le *côlon* et le *rectum* [1]. (*Voyez* figure 5, page 19.)

La surface intérieure de l'intestin grêle présente : 1° une quantité considérable de *follicules* [2] qui sécrètent sur les aliments une humeur visqueuse et digestive ; 2° une foule de *villosités* ou petits poils charnus, dont la fonction est de pomper les sucs nutritifs ; 3° des *valvules conniventes*, sorte de replis placés à des intervalles assez rapprochés, et qui servent, soit à ralentir la marche des aliments, soit à favoriser l'absorption intestinale [3].

Le cæcum, espèce de renflement dans lequel vient aboutir l'intestin grêle, est situé près de l'os de la

---

[1] Le *cæcum* (*cæcus*, aveugle) doit cette dénomination à ce qu'il se prolonge inférieurement en cul-de-sac ; le *côlon* (χωλύω, arrêter) s'appelle ainsi parce qu'il retient longtemps dans ses replis les matières fécales ; enfin le *rectum* (*rectus*, droit) a reçu ce nom parce qu'il est droit, et suit à peu près la direction du corps.
Deux causes font varier la longueur des intestins : 1° la nature des aliments ; 2° la durée de leur séjour dans l'appareil digestif. Ils sont courts chez les animaux qui vivent uniquement de chair (*carnivores*) ; d'une longueur médiocre dans ceux qui se nourrissent tantôt de chair, tantôt de végétaux (*omnivores*) ; et enfin très longs dans ceux qui ne mangent que de l'herbe (*herbivores*). Ainsi le Lion a les intestins trois fois de la longueur du corps ; le Loup, cinq fois ; l'Homme, sept fois ; le Cheval, dix fois ; le Chameau, douze fois ; le Bœuf, vingt-deux fois ; le Mouton, vingt-huit fois. Le tube digestif, qui, dans les Mammifères, a acquis sa plus grande longueur, diminue progressivement chez les Oiseaux, les Reptiles, les Poissons, et présente chez les animaux inférieurs de très grandes variétés.

[2] Il est facile d'irriter ces follicules et de les amener à une sécrétion plus abondante ; c'est ainsi que les *purgatifs* agissent presque toujours, et non, comme le croient encore beaucoup de personnes, en débarrassant l'estomac et les intestins des humeurs mauvaises.
Sur certains points de l'intestin grêle sont réunis des amas de follicules appelés *plaques de Peyer*. Dans la fièvre typhoïde, ces plaques s'enflamment et deviennent parfois le siège d'ulcérations mortelles.

[3] Par là même qu'elles sont couvertes de villosités et qu'elles donnent à la surface de l'intestin un plus grand développement.

hanche droite. Il est muni d'une soupape qui empêche les aliments de retourner en arrière. Sa limite supérieure n'étant point déterminée par la nature, on est convenu de lui donner, chez l'Homme, environ 6 centimètres de long. L'appendice cæcal le termine inférieurement.

Le côlon fait suite au cæcum, et se compose, comme lui, d'une série de bourrelets. Il remonte vers le foie, traverse l'abdomen au-dessous de l'estomac, puis redescend à gauche vers le bassin.

Le rectum est lisse en dehors, et un peu plus étroit que le côlon, dont il est le prolongement. Il forme la dernière portion du canal digestif et se termine à l'*anus*.

Afin d'empêcher la sortie continuelle des aliments, l'anus est entouré d'un muscle fort et charnu nommé *sphincter*, qui est habituellement contracté.

Trois membranes concourent à former l'estomac et les intestins : à l'extérieur, une membrane séreuse qui appartient au péritoine, dont nous parlerons tout à l'heure; au milieu, une membrane musculaire; à l'intérieur, une membrane muqueuse, continuation de celle qui tapisse la bouche [1]. Dans l'œsophage, on ne trouve que deux de ces membranes : la muqueuse au dedans et la musculaire au dehors.

La plupart des viscères contenus dans l'abdomen, et les intestins en particulier, sont enveloppés et retenus en place par le *péritoine*, membrane séreuse mince et délicate, dont les replis prennent le nom de *mésentère* [2].

---

[1] *Séreux*, qui produit ou contient du *sérum*, des sérosités. Le sérum est une liqueur qui a communément l'apparence du petit lait. — *Musculaire*, de la nature des muscles. — *Muqueux*, qui contient ou fournit du *mucus*, des mucosités. Le mucus offre l'aspect de la pituite et des crachats.

[2] *Péritoine* (περὶ, autour; τείνω, tendre), membrane qui en-

Annexes du canal digestif.

11. Glandes salivaires. — Chez l'Homme et les animaux les plus parfaits, elles sont au nombre de six principales, savoir : deux glandes *parotides*, placées au-dessous de l'oreille et derrière la mâchoire inférieure ; deux *sous-maxillaires*, logées de chaque côté, entre la langue et la mâchoire inférieure, et deux *sublinguales*, situées sous la langue même [1]. De petits canaux déversent dans la bouche la salive que ces glandes sécrètent [2].

veloppe et retient en place les intestins. — *Mésentère* (μέσος, au milieu ; ἔντερον, intestin), replis du péritoine qui se trouvent entre les intestins.

Lorsque, dans un effort, le péritoine se rompt, une partie des intestins passe par l'ouverture qui vient de se faire, et paraît alors en saillie sous la peau. C'est cet accident qui constitue les *hernies*. Il est prudent de mettre une ceinture autour de ses reins, surtout pendant les travaux pénibles, afin de fournir un point d'appui aux membranes de l'abdomen.

L'inflammation aiguë du péritoine constitue la *péritonite*; l'inflammation chronique détermine souvent la longue et cruelle maladie qu'on appelle *hydropisie*.

[1] A ces trois paires de glandes il faut ajouter les *amygdales* ou *tonsilles*, dont la forme rappelle celle d'une amande, et qui sont situées au fond de la bouche, de chaque côté de l'isthme du gosier. Elles ne sécrètent pas de la salive, comme les six autres, mais une liqueur muqueuse qui rend la nourriture plus facile à avaler. Très irritables, elles causent assez souvent des maux de gorge légers. Les amygdales peuvent être enlevées sans que la santé soit aucunement compromise.

[2] La *salive* se compose de quatre-vingt-dix-neuf parties d'eau et d'une partie de matières solides (*sels et autres substances*). Destinée à faciliter la déglutition, elle agit encore sur les fécules par son principe actif, la *diastase salivaire* ou *ptyaline*, ferment soluble qui les transforme chimiquement en glucose ou sucre de raisin. Sans cesse elle arrose la bouche ; mais, pendant la mastication, elle coule avec plus d'abondance. Souvent même il suffit d'un objet appétissant pour la provoquer. De là le proverbe : *Cela fait venir l'eau à la bouche.*

12. Foie. — Ce viscère (*voyez* figure 5, *page* 19), d'un brun rougeâtre, et divisé en plusieurs lobes, est de toutes les glandes du corps la plus volumineuse. Il occupe entièrement la partie supérieure de l'abdomen à droite de l'estomac, et pèse chez nous jusqu'à deux kilogrammes. Sa masse est composée d'une multitude de petits grains qui forment autant de glandes sécrétoires. A chacun de ces grains répondent deux conduits : l'un, qui apporte du sang ; l'autre, qui emporte de la bile. Ces derniers se réunissent en un seul tronc, qui, communiquant avec la *vésicule du fiel*[1], va déboucher dans l'intestin grêle à 14 ou 15 centimètres au-dessous du pylore[2].

La bile, produite par le foie, est un liquide filant, verdâtre, d'une odeur nauséabonde et d'une saveur amère. On peut la considérer comme une espèce de savon[3]. Aussi contribue-t-elle, dans la digestion, à dissoudre les matières grasses[4].

Un autre produit du foie c'est la glucose, dont on constate la présence dans le sang de tous les animaux. De nombreuses et habiles expériences ont

---

[1] On entend par *vésicule du fiel* une petite poche adhérente au foie, qui, dans les intervalles des repas, sert de réservoir à la bile.

[2] De là trois canaux distincts : le canal *hépatique*, qui sort immédiatement du foie ; le canal *cystique*, qui vient de la vésicule du fiel ; le canal *cholédoque*, qui résulte de la réunion des deux autres et aboutit à l'intestin.

[3] Les dégraisseurs se servent de la bile du Bœuf pour nettoyer les étoffes délicates.

[4] On est loin de s'accorder, parmi les savants modernes, sur les propriétés de la bile. Quelques-uns veulent que ce soit un liquide assez inutile et comme une sorte d'excrément. D'autres soutiennent qu'elle a une foule d'usages dans le travail digestif. Nous nous en tenons à l'opinion communément adoptée.

Quand, par suite d'une maladie, les éléments de la bile ne sont plus retirés du sang, ce fluide prend une teinte jaunâtre qui se répand par tout le corps. On est alors atteint de l'ictère, vulgairement *jaunisse*.

prouvé que cette glande était l'agent spécial de la transformation en sucre des principes amylacés (amidon) qui se développent dans son propre tissu.

13. Pancréas[1]. — On appelle ainsi une grosse glande située derrière l'estomac. Le suc pancréatique ressemble à la salive, et possède la propriété de dissoudre les matières grasses. Il arrive dans l'intestin par un conduit qui, sans se détacher du pancréas, débouche près de l'orifice du canal cholédoque.

14. Rate. — Organe mou, spongieux, d'un rouge foncé, la rate adhère au gros renflement de l'estomac. Le sang y abonde, et la remplit d'une sorte de boue violacée pareille à de la lie de vin[2].

15. — Phénomènes de la digestion. — Le travail de la digestion se compose de sept actes ou phénomènes successifs, qui sont :

La préhension des aliments,   La chymification,
La mastication,   La chylification,
L'insalivation,   L'expulsion du résidu.
La déglutition,

Les quatre premiers et le dernier constituent les phénomènes mécaniques de la digestion, et les deux autres, les phénomènes chimiques.

---

[1] *Pancréas*, organe entièrement charnu ($\pi\tilde{\alpha}\nu$, tout; $\chi\rho\acute{\epsilon}\alpha\varsigma$, chair), qui sécrète un liquide digestif.

[2] Les fonctions de la rate sont encore mal connues. Après avoir longtemps prétendu qu'elle était inutile dans l'organisme, les savants croient aujourd'hui qu'elle sert à modifier la composition du sang. Ce qu'il y a de certain, c'est que celui qui en sort renferme une moindre quantité de globules que le sang veineux ordinaire.

La rate s'engorge par une course forcée, un accès de fièvre et en général par tout ce qui fait refluer le sang à l'intérieur. Le voisinage du diaphragme, qui presse alors ce viscère dans l'acte de la respiration, explique parfaitement la douleur qu'on y éprouve.

PHYSIOLOGIE

16. Préhension des aliments. — L'Homme porte les aliments à sa bouche avec la main. On donne le nom d'aliment à toute substance solide ou liquide qui sert à la nutrition. Les animaux éprouvent des déperditions incessantes : ils doivent donc aussi introduire fréquemment dans leurs corps des matériaux qui les réparent [1].

[1] Les chimistes modernes ont démontré que les substances alimentaires peuvent se rapporter toutes à deux grandes classes : les aliments *quaternaires, plastiques* ou *azotés*, qui s'assimilent aux tissus ; et les aliments *ternaires, respiratoires* ou *dépourvus d'azote*, qui se trouvent brûlés dans les poumons et dans les vaisseaux capillaires. Les premiers, ainsi que nous l'avons dit, s'incorporent à l'organisme et luttent contre sa destruction ; les seconds, dont le rôle n'est pas moins important, entretiennent la chaleur vitale et la force nerveuse. Parmi les aliments plastiques, on compte la fibrine, l'albumine et la caséine végétales, la chair et le sang des animaux ; parmi les aliments respiratoires, on range le sucre, la graisse, l'amidon, la gomme, le vin, l'eau-de-vie, la bière, le cidre, le poiré, etc. Un animal nourri avec un seul genre d'aliments ne tarderait pas à périr.

« Contrairement aux végétaux, qui tirent du monde minéral une grande partie de leurs matériaux de consommation, les animaux s'entretiennent au moyen de substances organiques déjà formées, et la nature trouve dans la destruction de tous ces individus des deux règnes, qui servent de pâture aux différents animaux, les uns herbivores, les autres carnassiers, le moyen de maintenir les espèces vivantes dans une juste proportion numérique. Par la férocité des carnivores, elle met obstacle à la trop grande abondance des herbivores, et ces derniers s'opposent, à leur tour, à la multiplication excessive des végétaux.

« Une autre remarque intéressante peut donc être ajoutée à celles qui précèdent. Tandis que les végétaux jouissent de la propriété de former directement, à l'aide de matériaux empruntés au monde inorganique, la masse des principes immédiats nécessaires à la constitution de leurs organes, et de se nourrir au moyen de produits uniquement tirés du sol, les animaux ne créent point ces principes de toutes pièces, et leur propre substance ne s'accroît chimiquement qu'au détriment de celle d'autres êtres vi-

Le besoin de nourriture se fait sentir par la faim et la soif, deux sensations assez peu expliquées jusqu'ici [1].

17. Mastication, insalivation. — Nous réunissons ces deux actes, parce qu'ils sont simultanés. A l'aide de certains muscles situés devant l'oreille, et qu'on peut aisément reconnaître avec la main quand on serre les dents, la mâchoire inférieure, seule mobile, se rapproche de la mâchoire supérieure. Pendant que ce mouvement se répète, la langue et les joues ramènent sans cesse la nourriture sous les arcades dentaires, jusqu'à ce qu'elle soit entièrement écrasée. En même temps la salive pénètre les aliments, les détrempe, en facilite la déglutition, et déjà commence à les transformer.

Il est très important de bien broyer sa nourriture : une mastication incomplète rend la digestion lourde et enflamme les intestins.

18. Déglutition. — Lorsque les aliments sont convenablement divisés et imbibés de salive, ils se réunissent sur le dos de la langue, et forment une bou-

---

vants, plus particulièrement des végétaux. Le règne végétal est, pour ainsi dire, le laboratoire dans lequel se fabriquent les principes immédiats. Ces principes passent des plantes dans les animaux herbivores pour arriver ensuite aux carnassiers, lorsqu'ils se nourrissent de ces derniers. Ils peuvent, il est vrai, faire plus tard retour aux végétaux, qui les absorbent alors sous forme d'engrais, mais après qu'ils ont été modifiés dans leur composition et réduits en grande partie en eau, en acide carbonique et en principes ammoniacaux. » (Paul Gervais, *Éléments de Zoologie*.)

[1] A quoi faut-il rapporter directement les phénomènes de la faim et de la soif? On a émis là-dessus une foule d'opinions différentes. Les physiologistes actuels croient que ces deux sensations dépendent du sentiment instinctif de la conservation, et qu'elles ont avant tout leur siège dans le système nerveux central. En effet, de récentes expériences ont montré qu'on peut enlever l'estomac sans faire cesser la faim, et qu'on éteint parfaitement la soif sans arroser la muqueuse de la bouche ou du pharynx.

lette que l'on appelle *bol alimentaire*. Alors la langue s'applique, par son extrémité, contre la voûte du palais, et constitue comme un plan incliné sur lequel la petite masse, d'ailleurs pressée d'avant en arrière, glisse jusque dans l'arrière-bouche. Là trois ouvertures se présentent : en haut les fosses nasales; mais le voile du palais, qui devient horizontal, empêche la nourriture de s'y introduire. En avant l'orifice de la trachée-artère ou conduit aérien; mais, dans le mouvement qu'opère le pharynx pour aller au-devant du bol alimentaire, le larynx vient s'appuyer sous la base de la langue, ce qui force la petite soupape nommée *épiglotte* à s'abaisser pour en fermer l'entrée. Il ne reste donc plus aux aliments qu'une seule voie, celle de l'œsophage, qui, par ses contractions successives, les fait promptement arriver dans l'estomac [1].

---

[1] « Il faut remarquer le moyen employé par la nature pour mettre nos organes respiratoires à l'abri des corps étrangers qui en troubleraient les fonctions. Le larynx, qui est l'origine de la trachée-artère, débouche dans le pharynx, qui est le canal des aliments et des boissons. Or il ne faut pas qu'aucune parcelle de ceux-ci puissent pénétrer dans la trachée. Pour cela, l'orifice supérieur du larynx porte une sorte de soupape ou lame mobile d'une structure fibro-cartilagineuse, nommée *épiglotte*, qui s'applique sur l'ouverture du larynx lors du passage des aliments, et qui s'élève, au contraire, pendant l'expiration pour donner passage à l'air. Il arrive parfois et très accidentellement que quelque atome de nourriture pénètre à l'ouverture du larynx; mais l'irritation produite sur cet organe par le contact du corps étranger provoque une toux qui le chasse au dehors. Le rire, qui est une longue expiration et qui tient l'épiglotte ouverte, donne surtout lieu à des accidents de ce genre quand il survient pendant la boisson. Certes, tout l'artifice de l'admirable fonction et du merveilleux appareil que nous venons de décrire proclame l'intelligence de l'auteur; mais il y a dans tout cela quelque chose de trop relevé pour le commun des hommes. Au contraire, ce dernier détail de notre organisation, ce soin particulier par lequel l'artiste suprême protège à chaque instant l'organe respiratoire et répare les accidents qui peuvent l'affecter, les esprits les plus vulgaires peuvent le comprendre, comme ils en éprouvent tous les jours les remarquables

19. Chymification. — Engagée dans la cavité stomacale par le cardia, qui s'est ouvert à son approche, la nourriture y subit la chymification ou digestion proprement dite. Les follicules de l'estomac sécrètent en abondance le suc gastrique sur les couches superficielles de la masse alimentaire. Par l'action chimique de la *diastase salivaire*, qui transforme les substances féculentes en sucre ou glucose, et par celle de la *pepsine*, autre ferment soluble qui transforme en albuminose les matières albuminoïdes, elles se trouvent peu à peu changées en *chyme* [1], bouillie grisâtre et acide qui conserve à peine quelques propriétés des aliments [2]. Alors commencent à se produire dans les

---

effets, et c'est une des mille preuves sensibles que Dieu nous donne à chaque instant de son action incessante sur la machine humaine. » (*Le Livre de la nature*, par Cousin-Despréaux, éd. de Desdouits, 1860.)

[1] *Chyme*, du mot grec χυμός, qui signifie suc.

[2] « On a fait un grand nombre d'expériences dans la vue de nous éclairer sur ce qui se passe pendant la digestion des aliments dans l'estomac. Les plus remarquables sont celles de Spallanzani, physiologiste célèbre de Modène. A l'époque où il entreprit ses recherches, on croyait que ce phénomène n'était autre chose qu'une espèce de trituration, et que le chyme n'était que des aliments broyés de façon à les réduire en pulpe; mais Spallanzani montra qu'il en était autrement. Il fit avaler à des Oiseaux des aliments renfermés dans des tubes et dans des espèces de petites boîtes métalliques, dont les parois étaient criblées de trous, de façon à préserver ces substances de tout frottement, mais à ne point les soustraire à l'action des liquides contenus dans l'estomac, et il trouva que la digestion s'en était opérée comme dans les circonstances ordinaires. Il en conclut avec raison que le suc gastrique devait être la cause principale de la chymification des aliments; et, pour le mieux démontrer, il eut encore recours à des expériences très ingénieuses. Il fit avaler à des Corbeaux et à d'autres Oiseaux de petites éponges attachées à une ficelle, au moyen de laquelle il retira ces corps de l'estomac, après qu'ils y eurent séjourné quelques minutes et qu'ils s'y furent imbibés des liquides contenus dans cette cavité. Il se procura ainsi une quantité considérable de suc gastrique, qu'il plaça dans de petits vases avec des aliments convenablement divisés; il eut soin en même temps

parois de l'estomac des mouvements de contraction qui ballottent en tous sens la nourriture, mais dont l'effet principal est de faire glisser les différentes couches vers le pylore, au fur et à mesure de leur transformation. Cette ouverture, jusque-là fermée, leur livre enfin passage et les introduit à l'état de chyme dans les intestins.

20. Chylification. — Lorsque la nourriture a pénétré dans l'intestin grêle, le foie et le pancréas commencent à déverser sur elle les liqueurs qu'ils sécrètent. En vertu de son mélange avec la bile et le suc pancréatique, la pâte alimentaire, de grisâtre

d'élever la température de façon à imiter autant que possible les circonstances dans lesquelles la chymification a lieu, et, au bout de quelques heures, il vit la masse alimentaire soumise à cette digestion artificielle se transformer en une matière pulpeuse, semblable en tous points à celle qui se serait formée dans l'estomac par suite d'une digestion naturelle.

« D'autres observations faites sur l'Homme lui-même ont conduit aux mêmes résultats. Celles que l'on doit à un médecin américain, le docteur Beaumont, offrent surtout un grand intérêt ; elles ont été faites sur un jeune homme parfaitement bien portant, mais dont l'estomac avait été ouvert par une blessure d'arme à feu, et dont la guérison était restée imparfaite, de façon que la plaie, quoique cicatrisée, laissait béant un orifice au moyen duquel il était facile de voir tout ce qui se passait dans l'intérieur de cet organe. Il s'est assuré de la sorte que les aliments, en arrivant dans l'estomac, excitent la sécrétion du suc gastrique, s'en imbibent et sont ensuite digérés par la seule action de cet agent ; car, lorsqu'il les retirait de l'estomac ainsi imbibés, il les voyait encore se transformer peu à peu en une masse chymeuse. A l'aide d'un tube, il lui était facile aussi de se procurer de ce suc gastrique qu'il voyait suinter des parois de l'estomac, et en employant ce liquide comme l'avait déjà fait Spallanzani pour des digestions artificielles, il a réussi à transformer des morceaux de bœuf en substance semi-fluide, semblable au chyme que cette matière alimentaire aurait produit par la digestion naturelle.

« Il est donc évident que le suc gastrique est la cause principale des altérations que les aliments éprouvent pendant leur séjour dans l'estomac... »

(H. Milne-Edwards, *Éléments de Zoologie*, 2e édit., 1840.)

qu'elle était dans l'estomac, devient d'un vert jaunâtre. Une nouvelle transformation s'opère, ou plutôt la première se continue et s'achève. C'est alors qu'apparaît le *chyle*[1], liqueur blanche, laiteuse, qui se trouve insensiblement *absorbée*, à mesure que les aliments cheminent dans les intestins. Cette double fonction de la production du chyle, et de sa séparation des substances impropres à nourrir, a reçu le nom de digestion intestinale ou de chylification.

21. Expulsion du résidu. — Après avoir été promenés dans l'intestin grêle, les aliments pénètrent par une soupape dans le gros intestin. Là ils s'épaississent de plus en plus, prennent une odeur particulière et perdent ce qu'ils conservaient encore de sucs nutritifs. Enfin le rectum trop distendu réussit, par ses contractions musculaires, par la pression du diaphragme et les efforts des muscles abdominaux, à triompher de la résistance qu'opposait l'anus, et les matières excrémentielles sont ainsi expulsées du tube intestinal.

22. Digestion dans la série animale. — Les animaux prennent leurs aliments de différentes manières : ainsi le Singe les saisit avec une de ses quatre mains ; l'Écureuil, le Castor, la Marmotte, etc., avec les deux pattes de devant ; quelques Oiseaux rapaces, avec leurs serres ; l'Éléphant, avec sa trompe ; le Fourmilier, le Caméléon et d'autres encore, avec la langue ; la plupart des espèces, avec les lèvres, les dents ou le bec ; quelques-unes, telles que les Étoiles de mer, immédiatement avec l'estomac.

Un grand nombre d'animaux gardent quelque temps dans la bouche les aliments solides, afin de les mâcher, de les imbiber de salive et de faciliter ainsi le travail de la digestion ; d'autres, comme les Oiseaux, les avalent sur-le-champ.

[1] *Chyle*, de χυλός, liquide, suc nourricier.

La cavité stomacale présente des formes et des di-

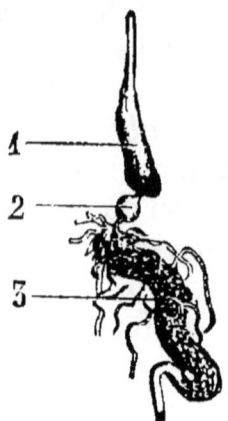

Fig. 6. *Triple estomac d'un insecte carnivore* (Carabe).
1. Jabot. — 2. Gésier. — 3. Estomac propre, couvert d'appendices gastriques.

mensions très diverses dans les différentes classes.

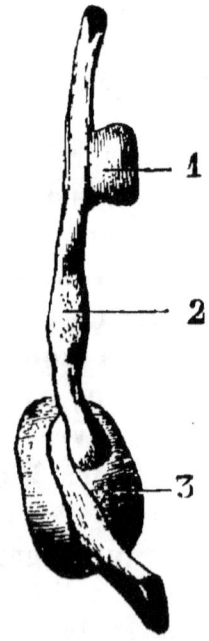

Fig. 7. *Triple estomac d'un Oiseau* (Poule).
1. Jabot. — 2. Ventricule succenturié. — 3. Gésier.

Elle manque absolument chez les animaux inférieurs qui, par leur organisation, se rapprochent des plantes.

Dans un grand nombre de Poissons et de Reptiles, l'estomac est à peine distinct de l'œsophage ; plus souvent encore il présente la forme d'un fuseau, d'une poire ou d'une boule.

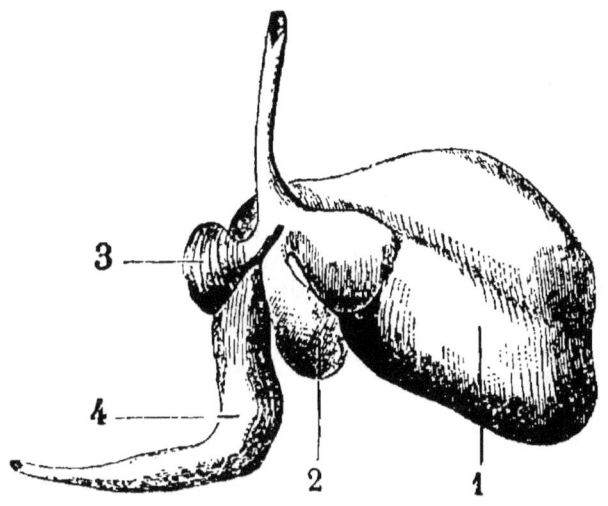

Fig. 8. *Quadruple estomac d'un Ruminant* (Mouton).
1. 1er estomac ou panse. — 2. 2e estomac ou bonnet. — 3. 3e estomac ou feuillet. — 4. 4e estomac, dit estomac propre ou caillette.

Les Insectes ont communément un triple estomac, composé du *jabot*, du *gésier* et de l'*estomac* proprement dit.

Chez la plupart des Oiseaux, l'estomac est également triple, et comprend le *jabot*, le *ventricule succenturié* ou *pepsine* et le *gésier*.

Les Mammifères ont en général un estomac simple et assez semblable à celui de l'Homme. Cependant les Ruminants à cornes en ont quatre : la *panse*, le *bonnet*, le *feuillet* et la *caillette* [1].

[1] L'œsophage se continue jusqu'au feuillet par un demi-canal qui ferme complètement le tube quand il est à l'état de repos et

Ces estomacs permettent aux animaux qui en sont pourvus de ruminer, c'est-à-dire de renvoyer leurs aliments dans la bouche, afin de les remâcher et de les mieux imprégner de salive. On comprend du reste que la nourriture exclusivement végétale des ruminants est plus difficile à assimiler, et qu'elle exige par là même une plus longue élaboration.

contracté ; aussi les boissons et les aliments moitié fluides, traversant ce tube sans l'ouvrir, se rendent-ils directement au feuillet pour passer de là dans la caillette et dans les intestins. Quant aux aliments grossiers et volumineux, ils écartent les bords du canal et tombent par là même dans la panse et dans le bonnet, pour remonter bientôt par petites masses et subir la rumination. C'est donc la nature des aliments qui détermine s'ils entreront ou non dans les deux premiers estomacs.

CHAPITRE II

DE L'ABSORPTION

23. Définition. — On peut définir l'absorption : *L'acte par lequel les animaux pompent et font entrer dans leur sang les substances qui les environnent, ou qui déjà sont introduites dans les canaux digestif et respiratoire.*

Le corps tout entier peut être considéré comme siège de cette fonction, car les substances gazeuses ou liquides qui l'entourent le pénètrent sans cesse, et par conséquent se mêlent au sang dans une certaine mesure[1]; mais nous n'entendons parler ici que de

---

[1] Quelques exemples feront bien saisir l'absorption considérée comme fonction générale : « Tout le monde sait que l'on contracte l'odeur de la violette quand on séjourne quelque temps dans un appartement nouvellement peint avec de l'huile essentielle de térébenthine. On s'est assuré que ce fait avait lieu par la peau, indépendamment de l'absorption pulmonaire, en respirant l'air extérieur au moyen d'un tube. — Chaussier a fait périr des Lapins en les plaçant dans des vases remplis d'hydrogène sulfuré, qui est le plus délétère de tous les gaz, avec la précaution de leur faire tenir la tête hors du vase empoisonné. » Ces deux faits prouvent que les tissus animaux absorbent les substances gazeuses. En

l'absorption qui se fait dans les intestins par les vaisseaux chylifères ou par les veines, et dans le reste de l'organisme par les vaisseaux lymphatiques proprement dits [1].

ANATOMIE

Distinguons d'abord les substances absorbées et les organes absorbants.

24. Lymphe et chyle. — Les principales substances *absorbées*, c'est-à-dire qui se trouvent introduites dans le sang, sont la *lymphe* et le *chyle*.

La lymphe est un liquide transparent et jaunâtre à l'état pur, mais qui, par suite de son mélange avec de la graisse ou des globules sanguins, prend souvent une teinte laiteuse ou rosée. On croit qu'elle existe dans tous nos organes, et qu'elle provient de la décomposition incessante du corps entier. Quant au chyle, nous avons eu occasion de le définir en parlant de la digestion.

La lymphe et le chyle sont presque identiques et à peu près de même nature que le sang [2].

---

voici d'autres qui établissent que les liquides se trouvent également absorbés. « Le corps est plus pesant à la sortie d'un bain, et même après une promenade faite par un temps humide. — Keil parle d'un jeune homme qui, ayant passé la nuit exposé à un air humide, se trouva peser le lendemain dix-huit onces (562 grammes) de plus que la veille. — L'amiral Anson parvint à soulager ses matelots en proie aux horreurs de la soif, au milieu de l'océan Pacifique, en faisant sans cesse humecter leurs vêtements avec de l'eau de la mer, de manière à tenir son équipage constamment et complètement mouillé jusqu'à la peau. » (*Précis de physiologie humaine*, par le R. P. Debreyne, *passim*.)

[1] Nous renvoyons en particulier l'absorption pulmonaire au chapitre de la *respiration*.

[2] Ces deux liquides renferment des globules semblables à ceux du sang, mais non colorés, de plus ils se coagulent l'un et l'autre, et se séparent en caillot et en sérum quand on les soumet au contact de l'air.

DE L'ABSORPTION 37

25. Vaisseaux lymphatiques. — Les organes absorbants sont les vaisseaux *lymphatiques* et les *veines*.

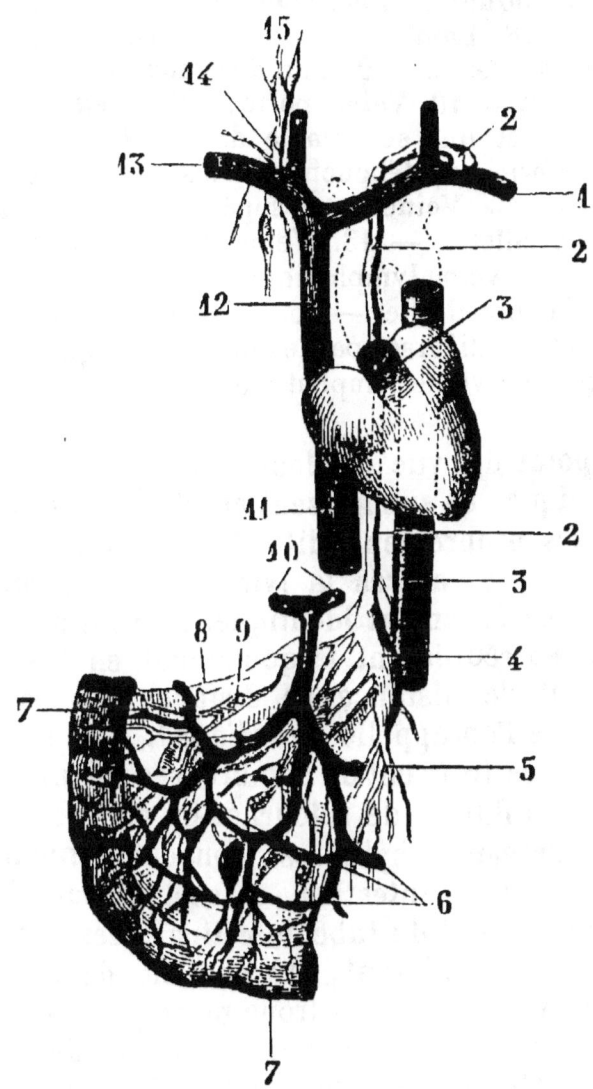

Fig. 9. *Vaisseaux chylifères, veines intestinales et vaisseaux lymphatiques propres, pour l'intelligence de l'absorption.*

1. Veine sous-clavière gauche. — 2. Canal thoracique. — 3. Artère aorte. — 4. Réservoir de Pecquet. — 5. Vais-

seaux lymphatiques arrivant des différentes parties du corps et débouchant dans le réservoir de Pecquet. — 6. Veines intestinales pompant dans les intestins les aliments liquides ou boissons. — 7. Tronçon de l'intestin grêle. — 8. Lambeau du mésentère, sillonné de vaisseaux chylifères. — 9. L'un des ganglions des vaisseaux chylifères. — 10. Veine porte, qui réunit les veines de l'intestin et qui se ramifie dans le foie. — 11. Veine cave inférieure, débouchant dans l'oreillette droite du cœur. — 12. Veine cave supérieure, se rendant à la même oreillette. — 13. Veine sous-clavière droite. — 14. Grande veine lymphatique, qui s'ouvre dans la veine sous-clavière droite. — 15. Vaisseaux lymphatiques qui arrivent des diverses parties du corps et qui aboutissent à la grande veine lymphatique.

Au point de vue de leur contenu, les vaisseaux lymphatiques se subdivisent en *chylifères* et en *lymphatiques* proprement dits. Les premiers absorbent le chyle, et les autres la lymphe. Leur structure est du reste parfaitement identique. Ils sont minces, diaphanes, se réunissent fréquemment en faisceaux, et présentent de distance en distance des espèces de nœuds que l'on appelle *ganglions*[1]. A l'intérieur des vaisseaux se trouvent de nombreuses valvules qui empêchent les fluides de retourner en arrière.

Les vaisseaux chylifères plongent d'innombrables racines dans les intestins, et surtout dans l'intestin grêle. En sortant du tube intestinal, ces conduits capillaires se réunissent, augmentent de grosseur, et vont déboucher dans un tronc principal nommé canal *thoracique* qui, lui-même, remontant devant la colonne vertébrale, se décharge dans la veine sous-clavière gauche. L'orifice du canal est garni d'une valvule,

---

[1] L'engorgement chronique des ganglions lymphatiques produit la *scrofule*, maladie trop souvent héréditaire, dont les *écrouelles* sont une des formes les plus fréquentes.

afin d'empêcher le sang de s'y introduire. Au-dessous du diaphragme, le canal thoracique présente un renflement assez marqué dans lequel aboutissent plusieurs troncs secondaires : c'est la *citerne* ou *réservoir de Pecquet*.

Les lymphatiques proprement dits absorbent la lymphe de toutes les parties du corps, et la déversent, partie dans le canal thoracique avec le chyle, partie dans la grande veine lymphatique. Ce dernier vaisseau, gros comme le canal thoracique, mais long seulement de 6 à 8 millimètres, débouche dans la veine sous-clavière droite [1].

Tout le monde sait, au moins d'une manière générale, ce que c'est que les veines ; nous n'en dirons rien ici, nous réservant à les décrire plus tard, quand nous traiterons de la circulation.

PHYSIOLOGIE

Avant d'essayer de comprendre comment se fait l'absorption, il est à propos de nous rendre compte de la capillarité et de l'endosmose, deux phénomènes qui jouent un grand rôle dans la fonction qui nous occupe.

26. Capillarité. — Si l'on plonge en partie un tube de verre dans l'eau, dans l'alcool ou dans tout autre liquide qui le mouille, il semble que l'eau, l'alcool, etc., ne devraient s'élever dans le tube qu'au niveau du liquide extérieur. Or c'est ce qui n'a jamais lieu : le liquide sera plus élevé dans le tube, et d'autant plus élevé, qu'on emploiera un tube plus étroit.

---

[1] La grande veine lymphatique reçoit la lymphe de la moitié droite de la tête et du cou, du bras droit, du côté droit du thorax et du poumon droit ; celle de tous les autres membres va se jeter dans le canal thoracique.

Si l'on veut bien maintenant observer que les pores des tissus animaux ressemblent à une infinité de tubes capillaires, on verra que les liquides environnants doivent tendre à s'y introduire.

27. Endosmose [1]. — Lorsqu'on remplit à moitié une vessie, soit d'alcool, soit d'une dissolution de gomme, de sucre ou d'albumine, et qu'après l'avoir bien fermée, on la plonge dans un vase d'eau pure, au bout de quelques heures on voit le sac membraneux se gonfler et se distendre. Il peut même se rompre, s'il reste longtemps dans l'eau [2]. Qu'est-il arrivé ? Une partie de l'alcool ou de la dissolution est passée dans l'eau pure; mais l'eau du vase est passée dans la vessie en quantité beaucoup plus considérable. Les phénomènes d'endosmose sont très variés; cependant, en général, les fluides moins denses pénètrent les membranes animales avec plus de rapidité que ceux qui sont plus épais. Il suit de là que l'eau et la plupart des liquides ingérés dans le corps étant plus légers que nos humeurs, traverseront les parois de la bouche, de l'es-

---

[1] L'endosmose a été découverte et signalée à l'attention du monde savant par Dutrochet, en 1809.

[2] Le sucre et l'albumine sont peut-être les deux corps dont la présence développe au plus haut degré les actions d'endosmose. Placés dans l'eau aux proportions les plus faibles, ils agissent presque immédiatement d'une manière sensible; et, s'ils sont en proportion considérable, les actions prennent une énergie que rien ne permettait de prévoir, et qui, à elle seule, nous fera peut-être mieux sentir que toute autre considération l'importance de cette belle découverte pour l'explication des phénomènes vitaux. M. Dutrochet a constaté qu'un sirop fait avec une partie et demie de sucre dans une partie d'eau, étant placé dans le réservoir d'un endosmomètre fermé par un morceau de vessie, la force d'endosmose développée dans cette membrane si mince et si faible ne pouvait être évaluée à moins de quatre atmosphères et demie, force supérieure à celle de la vapeur d'eau dans la plupart des machines à vapeur, et qui, convenablement dirigée, serait capable d'élever l'eau dans un tuyau à la hauteur de cent quarante-quatre pieds. (*Leçons d'Histoire naturelle*, par L. Doyère.)

tomac et des intestins, et entreront forcément dans l'intérieur de l'organisme.

28. Absorption par les vaisseaux chylifères. — Ainsi que nous l'avons expliqué plus haut, le chyle se forme et se sépare du résidu dans l'intestin grêle. C'est là que les vaisseaux chylifères viennent le prendre. La capillarité l'attire; la pression que les intestins exercent sur les aliments le pousse; il pénètre donc dans les chylifères, passe dans les ganglions, où il s'épure et s'animalise, puis arrive dans la citerne de Pecquet. De ce réservoir il monte par le canal thoracique jusqu'à la partie inférieure du cou, tombe dans la veine sous-clavière gauche et se mêle au torrent de la circulation. A l'arrivée du chyle dans le sang, dit le Père Debreyne, une certaine excitation se manifeste, la circulation se ranime, la chaleur vitale s'accroît, le sentiment de l'existence devient plus vif, en un mot, une sensation de bien-être et de force succède à la langueur et à la faiblesse générale.

29. Absorption par les veines. — Les vaisseaux sanguins sont la voie principale des boissons et des aliments liquides. Une grande partie est absorbée, par endosmose ou capillarité, dans la bouche et surtout dans l'estomac. De là ces boissons se mêlent au sang veineux et suivent immédiatement son trajet. Quant aux liquides absorbés aussi par endosmose dans les intestins, ils sont charriés des veines abdominales dans la veine porte, dont nous parlerons bientôt, et de là dans le foie, où très probablement ils s'élaborent et se purifient avant d'être admis dans la circulation.

Pendant longtemps on avait regardé les veines comme les seuls agents de l'absorption, lorsqu'en 1622 l'Italien Gaspard Aselli observa les vaisseaux chylifères dans le mésentère d'un chien. Cette découverte fut un événement, et la propriété d'absorber fut dès lors uniquement attribuée à ces vaisseaux. Depuis un demi-siècle et plus, des expériences ont mis à même de reconnaître que cette fonction s'opère simultanément par les chylifères et par les veines [1].

Le système lymphatique ne se rencontre que dans les Vertébrés ; chez les autres animaux, les sucs nourriciers pénètrent par endosmose ou capillarité, soit dans les veines, soit directement dans les tissus.

[1] A moins de supposer, ce qui serait absurde, que l'existence des deux ordres de vaisseaux susceptibles d'absorber soit une superfétation véritable, il faut admettre que les veines et les lymphatiques (chylifères) ne se comportent pas de la même manière dans l'accomplissement de l'absorption, et peut-être encore n'agissent pas sur les mêmes matériaux. Il paraît, en effet, résulter des expériences faites à ce sujet que la faculté d'absorber, dont jouissent les lymphatiques, ne s'exerce que sur certaines substances particulières, vraisemblablement en vertu de quelque affinité spéciale. Les sels, par exemple, pénètrent difficilement et seulement par exception dans les lymphatiques ; et les matières colorantes ne peuvent jamais, du moins en règle générale, être absorbées par ces mêmes vaisseaux. Il est reconnu, en outre, que les lymphatiques font subir certains changements aux substances qu'ils ont absorbées. Enfin l'absorption par les lymphatiques s'opère avec une grande lenteur, comparativement à la rapidité de l'absorption par les veines. Les expériences de J. Muller établissent qu'il faut moins d'une seconde pour qu'un liquide traverse en quantité appréciable une membrane dépouillée de son épiderme, de façon à atteindre le premier réseau de capillaires et à pénétrer ainsi dans le courant circulatoire. Or le sang se meut avec une telle rapidité, qu'il parcourt son circuit en une à deux minutes, et même, selon les calculs du docteur Hering, en une demi-minute. Une demi-minute ou deux minutes au maximum suffisent donc pour qu'un liquide mis en contact avec une membrane privée d'épiderme soit distribué dans le corps entier. L'absorption veineuse diffère encore de l'absorption lymphatique, en ce que toutes les substances à l'état de solution peuvent pénétrer dans les veines, et n'y subissent d'ailleurs aucune élaboration particulière. (*Dictionnaire français illustré* et *Encyclopédie universelle*, 1864.)

Nous devons ajouter sur l'absorption une dernière remarque. Il y a des substances appelées *cristalloïdes*, qui traversent aisément les membranes ; et d'autres nommées *colloïdes*, qui se montrent rebelles à l'endosmose. La digestion a pour effet de transformer les colloïdes en cristalloïdes, et de les aider ainsi à pénétrer dans le sang.

CHAPITRE III

DE LA CIRCULATION

30. Définition. — La circulation est une *fonction par laquelle le sang, partant du cœur, est conduit dans le corps entier au moyen des artères, et retourne par les veines à son point de départ* [1].

---

[1] Les anciens se représentaient le mouvement du sang comme une sorte de flux et de reflux. Galien, le premier, découvrit, au IIe siècle, que les artères contenaient du sang aussi bien que les veines. Au XVIe siècle, Michel Servet et Colombo arrivèrent à connaître la circulation pulmonaire ou petite circulation. En 1593, Césalpin, médecin du pape Clément VIII, découvrit enfin la circulation générale, mais malheureusement sans apporter de preuves solides à l'appui de sa découverte.

Plus heureux que lui, Guillaume Harvey, le médecin et l'ami du roi Charles Ier d'Angleterre, donna, en 1628, la démonstration complète et rigoureuse de la circulation du sang. Pendant de longues années il multiplia les expériences. Quand il liait les veines, le vide se faisait entre les veines et le cœur; liait-il les artères, le sang s'accumulait entre le cœur et les ligatures. Enfin il établit que le sang tout entier peut s'écouler par une blessure faite à une veine ou à une artère, et conséquemment qu'entre les artères et les veines il y a communication. Ainsi fut péremptoirement prouvée cette théorie fameuse sur laquelle repose la physiologie moderne.

ANATOMIE

Nous avons nommé le sang, le cœur, les artères et les veines; chacun de ces objets réclame une courte description.

31. Sang. — Le *sang*, qu'un célèbre médecin a poétiquement appelé une *chair coulante*, est le fluide qui sert à la formation et à la réparation des organes.

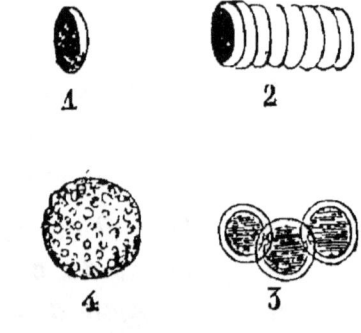

Fig. 10. *Globules du sang humain.*

1. Globule grossi environ 800 fois. — 2. Globules réunis en pile, disposition qu'ils prennent ordinairement lorsqu'ils sont en repos dans le sérum. — 3. Globules vus de face. — 4. Amas de globules blancs du sang, de la lymphe ou du chyle.

Chez l'Homme et presque tous les Vertébrés, il est rouge, légèrement visqueux, d'une saveur un peu salée et d'une odeur particulière. Chez les Invertébrés, il est blanc, faiblement teinté, ou tout à fait incolore [1]. De là deux grandes sections dans le Règne animal : les *animaux à sang rouge* et les *animaux à sang blanc*.

---

[1] Les Annélides seuls font exception à cette règle, et ont le sang rouge.

Dans les Mammifères et les Oiseaux, le fluide nourricier possède une température élevée, qu'on ne retrouve plus dans le reste de la série zoologique; il en est résulté une nouvelle division, et l'on distingue les *animaux à sang chaud* et les *animaux à sang froid* [1].

Si l'on examine au microscope le sang de l'Homme où d'un animal à vertèbres, on y découvre immédiatement deux parties distinctes : le *plasma* [2], liqueur

---

[1] Dans les animaux à sang chaud, la température du sang varie peu; dans les animaux à sang froid, au contraire, le sang suit les variations de l'atmosphère : il serait donc plus exact d'appeler les premiers *animaux à température constante*, et les seconds, *animaux à température variable*.

[2] Le *plasma* se compose de *sérum* et d'une faible quantité de fibrine. Quant aux *globules*, ils sont constitués : 1º par une enveloppe incolore; 2º par un fluide visqueux contenant de l'*hématosine*, matière qui tire du fer sa couleur rouge; 3º par un noyau incolore qui a tantôt la forme d'une boule et tantôt celle d'un œuf. Dans l'Homme et la plupart des Mammifères, les globules ressemblent à un petit cercle renflé sur les bords; dans les Oiseaux, les Reptiles et les Poissons, ils sont elliptiques et plus épais au milieu. On les trouve fréquemment empilés comme des pièces de monnaie. Outre les globules rouges, le sang des Vertébrés renferme encore, mais en très petit nombre, des globules blancs et sphériques analogues à ceux de la lymphe. L'on ne rencontre même que ces derniers dans les animaux inférieurs. Nous avons dit que le diamètre des globules chez l'Homme était d'environ 7 millièmes de millimètre. Le Mammifère qui a les plus gros globules est l'Éléphant ($0^{mm}009$); celui qui a les plus petits est le Chevrotain porte-musc ($0^{mm}002$). On pourrait croire que le volume des globules est en proportion avec la grandeur des animaux; il n'en est rien. La même remarque, du reste, s'applique à tous les éléments anatomiques : ainsi les cellules, les fibres, etc., n'ont pas des dimensions plus étendues dans les grands animaux que dans les petits.

On a constaté que 1 000 grammes de sang contiennent, chez l'Homme bien portant, à peu près 140 grammes de globules, et, chez la Femme, environ 120. Lorsque la proportion de globules tombe à 110, 100, 90, 80 et surtout à 60 gr. pour 1 000, elle détermine l'*anémie idiopathique* ou *chlorose*, maladie commune chez les jeunes gens des grandes villes, mais beaucoup plus encore chez

transparente, et les *globules*, petits corps rougeâtres qui nagent dans le liquide.

Retiré des vaisseaux qui le contiennent, et abandonné à lui-même, le sang se coagule bientôt et se divise en deux parts : l'une, le *sérum*, est aqueuse, claire et jaunâtre; l'autre, le *caillot*, est solide, opaque et d'un rouge intense.

Il existe une différence notable entre le sang des artères et celui des veines. Le sang artériel est d'un rouge vermeil, renferme plus de globules et se coagule plus rapidement; le sang veineux a une couleur rouge-brune, est moins chargé de globules et d'oxygène, se coagule moins promptement et ne possède plus ses

les jeunes personnes. Pour rendre au sang ses propriétés physiologiques on prescrit une bonne nourriture, le grand air, et l'on administre des toniques amers, et du fer sous toutes les formes.

Il paraît ainsi bien démontré que le sang doit aux globules ses qualités nutritives. Quant à spécifier le point précis de leur formation, dit Béclard, la chose n'est pas possible dans l'état actuel de la science.

Le *sérum* du sang n'est autre chose que de l'eau, tenant en dissolution de l'albumine et un grand nombre de sels. En d'autres termes, c'est le *plasma* dépouillé de sa fibrine. Cette dernière substance est très coagulable. Lors donc que le sang est tiré des artères ou des veines, elle emprisonne dans ses mailles les globules et forme avec eux le *caillot*. Si l'on voulait que le sang restât liquide, il faudrait songer à le débarrasser de sa fibrine. C'est ce que font les charcutiers : aussitôt après la saignée du Porc, ils battent le sang avec une poignée de verges ou avec leurs mains, et la fibrine s'attache aux baguettes ou aux doigts sous la forme de filaments.

Le tableau suivant donne le résultat des analyses exécutées par M. Dumas sur du sang humain tiré des veines du bras. Sur 1 000 parties, on trouve :

Eau. . . .	790 parties,	sels.	}	
Globules . .	127	— matières grasses . .	}	1 000
Fibrine. . .	3	— matières extractives .	}	
Albumine. .	70	—		

La masse du sang chez l'Homme équivaut, d'après Valentin, au 5°, et d'après Weber, au 8° du poids total du corps. D'après l'estimation moyenne, un homme pesant 60 kilog. peut avoir 5 à 6 litres de sang.

DE LA CIRCULATION 47

qualités vivifiantes. Pour les retrouver, il lui faudra le contact et l'action de l'air.

32. Cœur. — Le *cœur* est un muscle creux et con-

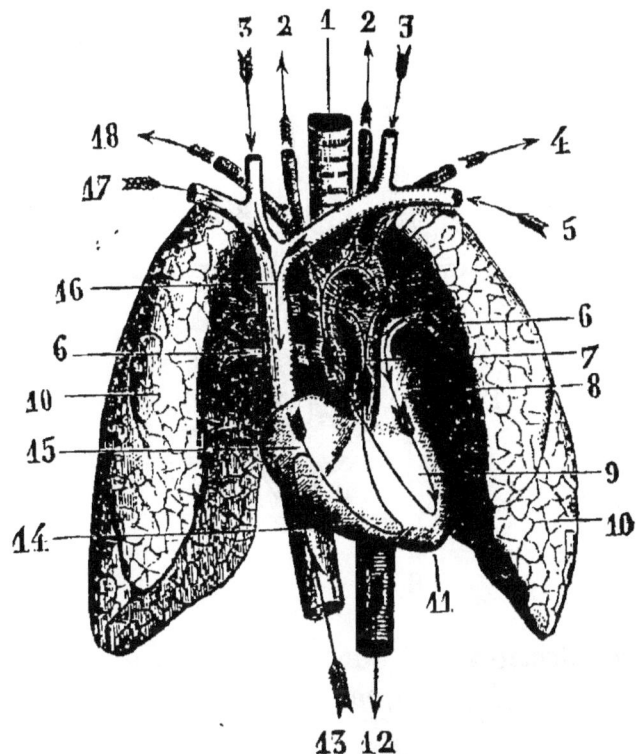

Fig. 11. *Cœur et poumons dans leur situation naturelle.*

1. Trachée-artère. — 2. Artères carotides. — 3. Veines jugulaires. — 4. Artère sous-clavière gauche. — 5. Veine sous-clavière gauche. — 6. Veines pulmonaires. — 7. Artère pulmonaire. — 8. Oreillette gauche du cœur. — 9. Ventricule gauche. — 10. Poumons. — 11. Pointe du cœur, dirigée à gauche et en avant. — 12. Artère aorte. — 13. Veine cave inférieure. — 14. Ventricule droit. — 15. Oreillette droite. — 16. Veine cave supérieure. — 17. Veine sous-clavière droite. — 18. Artère sous-clavière droite.

Dans cette figure et dans la suivante, les flèches indiquent la direction du sang.

tractile, qui a la forme d'un cône légèrement aplati sur les côtés. Chez l'Homme et les animaux supérieurs, on le trouve placé dans la poitrine, entre les deux poumons, la pointe dirigée en bas, à gauche et en avant. Il est maintenu dans cette position par

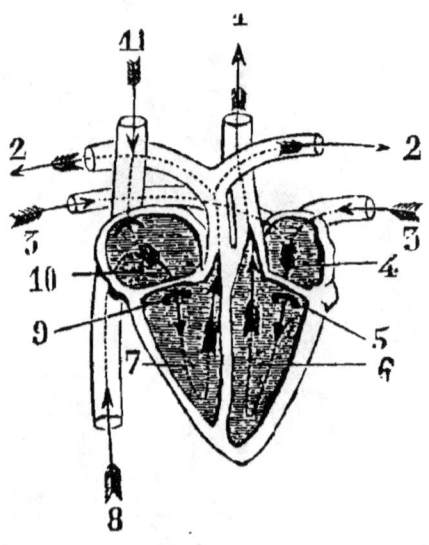

Fig. 12. *Section du cœur, pour l'étude intérieure de cet organe.*

1. Artère aorte. — 2. Les deux branches de l'artère pulmonaire. — 3. Veines pulmonaires. — 4. Oreillette gauche. — 5. Orifice auriculo-ventriculaire gauche. — 6. Ventricule gauche (*comparez les parois avec celles du ventricule opposé*). — 7. Ventricule droit. — 8. Veine cave inférieure. — 9. Orifice auriculo-ventriculaire droit. — 10. Oreillette droite. — 11. Veine cave supérieure.

les nombreux troncs d'artères et de veines qui viennent y aboutir, et par la double membrane du *péricarde*, dont il est enveloppé [1].

---

[1] Dans l'inflammation du péricarde ou *péricardite*, les sérosités, qui deviennent alors très abondantes, pourraient gêner les batte-

Quoique le cœur paraisse simple à la vue, on doit néanmoins le considérer comme double : en effet, une cloison verticale le divise en deux moitiés complètement indépendantes, si bien qu'on pourrait dire le *cœur droit* et le *cœur gauche*. La partie droite du cœur ne contient que du sang veineux, et la partie gauche que du sang artériel. Chacune de ces parties est de plus séparée par une autre cloison transversale. Il y a donc dans le cœur (au moins des Mammifères et des Oiseaux) quatre compartiments : deux supérieurs, appelés *oreillettes*, et deux inférieurs, nommés *ventricules* [1].

Les deux ventricules ne communiquent point l'un avec l'autre, pas plus que les deux oreillettes ; mais entre chaque oreillette et le ventricule qui est au-dessous se trouve une ouverture munie d'une valvule membraneuse. La soupape qui ferme l'orifice *auriculo-ventriculaire* droit s'appelle valvule *tricuspide* (à trois pointes), et celle qui ferme l'orifice *auriculo-ventriculaire* gauche porte le nom de valvule *mitrale* (à deux pointes ou en forme de mitre) [2].

Dans l'oreillette droite débouchent les veines caves supérieure et inférieure, et dans l'oreillette gauche, les veines pulmonaires. Du ventricule droit naît l'ar-

---

ments du cœur au point de l'arrêter, et de provoquer ainsi la mort. L'*endocardite*, ou inflammation des membranes délicates qui tapissent les ventricules, n'est pas une maladie moins dangereuse.

[1] Il suffit que les oreillettes laissent tomber le sang dans les ventricules, mais ces derniers doivent le chasser beaucoup plus loin ; aussi la sagesse du Créateur leur a-t-elle donné une force bien plus grande. Le ventricule gauche, qui lance le sang dans le corps entier, a même des parois notablement plus épaisses que le ventricule droit, qui ne l'envoie qu'aux poumons.

[2] L'intérieur des ventricules est rempli de piliers charnus qui se croisent en tous sens, et dont une partie se termine, par des tendons très fins, aux bords de chaque valvule.

tère pulmonaire, et du ventricule gauche l'artère aorte [1].

33. ARTÈRES ET VEINES. — En général, on donne le nom d'*artères* [2] aux vaisseaux qui distribuent dans l'organisme le sang vivifié par la respiration, et celui de *veines* aux conduits qui ramènent au cœur le sang plus ou moins altéré. Les parois de ces conduits se composent de trois tuniques superposées. L'interne et l'externe paraissent communes aux deux ordres de vaisseaux; mais les tuniques médianes sont loin de se ressembler. Dans les veines, c'est un simple réseau de fibres blanches, molles et longitudinales; dans les artères, c'est une membrane jaunâtre, épaisse, élastique, et formée de fibres circulaires. De là plusieurs différences qu'il importe de signaler. Les artères, même vides, conservent toujours leur calibre; les veines s'affaissent dès qu'elles ne sont plus distendues par le sang. Quand une artère est blessée, l'élasticité de la tunique moyenne fait écarter les bords de la plaie, et la guérison devient extrêmement difficile [3]; la soudure des veines, au contraire, s'opère en peu de temps et avec la plus grande facilité.

---

[1] Le cœur est à peu près, dans chaque individu, de la grosseur du poing. Il pèse en général, chez l'Homme, la 158ᵉ partie du corps, et, chez la femme, la 149ᵉ. Mais, par une singularité remarquable, son poids augmente constamment jusqu'à la soixantième année. S'il était, par exemple, à quinze ans, de 260 grammes, à soixante ans, il atteindra ou même excédera 300 grammes.

[2] Le mot artère vient de deux mots grecs ἀήρ et τηρεῖν, qui signifient *conserver de l'air*. La plupart des anciens n'avaient observé les artères que sur des personnes mortes, où elles sont presque toujours vides, et ils avaient cru qu'elles étaient également remplies d'air pendant la vie. Disons en passant que cette vacuité des artères après la mort fournit un précieux moyen d'embaumer les cadavres.

[3] Voilà pourquoi la Providence attentive a caché presque toutes les artères dans la profondeur des tissus.

Il est à peine besoin de faire remarquer que, dans les hémor-

On peut encore constater d'autres différences : ainsi les veines sont plus grosses, plus nombreuses, et situées plus superficiellement que les artères. D'ailleurs, à l'intérieur des veines on trouve des *valvules*

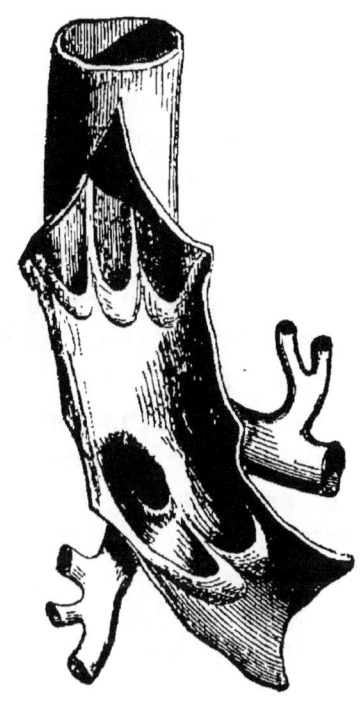

Fig. 13. *Veine de grandeur naturelle, ouverte pour montrer les valvules.*

formées par les replis de leur membrane interne, et dans les artères on n'observe rien de pareil.

34. Parmi les innombrables vaisseaux destinés à

ragies provenant de blessures, on doit, pour arrêter le sang, presser les artères du côté le plus rapproché du cœur, et les veines du côté le plus éloigné. Outre la couleur, suffisamment caractéristique, le sang artériel se reconnaît à son jet saccadé, et le sang veineux, à son jet continu. On doit éviter avec le plus grand soin que l'air ne s'introduise dans les vaisseaux sanguins, car il causerait presque infailliblement la mort.

transporter le sang, nous ne citerons que les principaux. Ce sont :

ARTÈRES

1° L'*artère pulmonaire*. Elle naît du ventricule droit, et se divise en deux branches, qui vont se ramifier dans chacun des poumons. C'est la seule de toutes qui porte du sang veineux ou altéré.

2° L'*artère aorte*. Elle sort du ventricule gauche, remonte d'abord vers la base du cou, se recourbe bientôt en crosse, passe derrière le cœur, puis descend jusqu'à la partie inférieure du ventre en suivant la colonne vertébrale. L'artère aorte est comme le grand réservoir du sang artériel ou purifié; aussi donne-t-elle naissance, dans son trajet, à une infinité d'autres vaisseaux de même espèce.

Pour que le sang lancé dans l'artère aorte ne puisse pas rentrer dans le cœur, l'orifice de cette artère est garni d'une soupape que l'on appelle *sigmoïde* ou *semi-lunaire*. La même disposition se retrouve dans l'artère pulmonaire, dont nous avons parlé plus haut.

3° Les *artères carotides*, qui remontent sur les côtés du cou et distribuent le sang à la tête. Deux de leurs ramifications passent sur les tempes et forment les *artères temporales*.

4° Les *artères des membres supérieurs*, qui prennent successivement les noms de *sous-clavières* et de *brachiales*, suivant qu'on les considère sous la clavicule ou le long du bras. Arrivées à l'avant-bras, elles se partagent en deux branches, l'*artère cubitale*, et l'*artère radiale*, sur laquelle on tâte habituellement le pouls.

5° Les *artères intercostales*, qui se répandent en grand nombre entre les côtes.

6° **L'*artère cœliaque*,** qui se rend à l'estomac, au foie et à la rate.

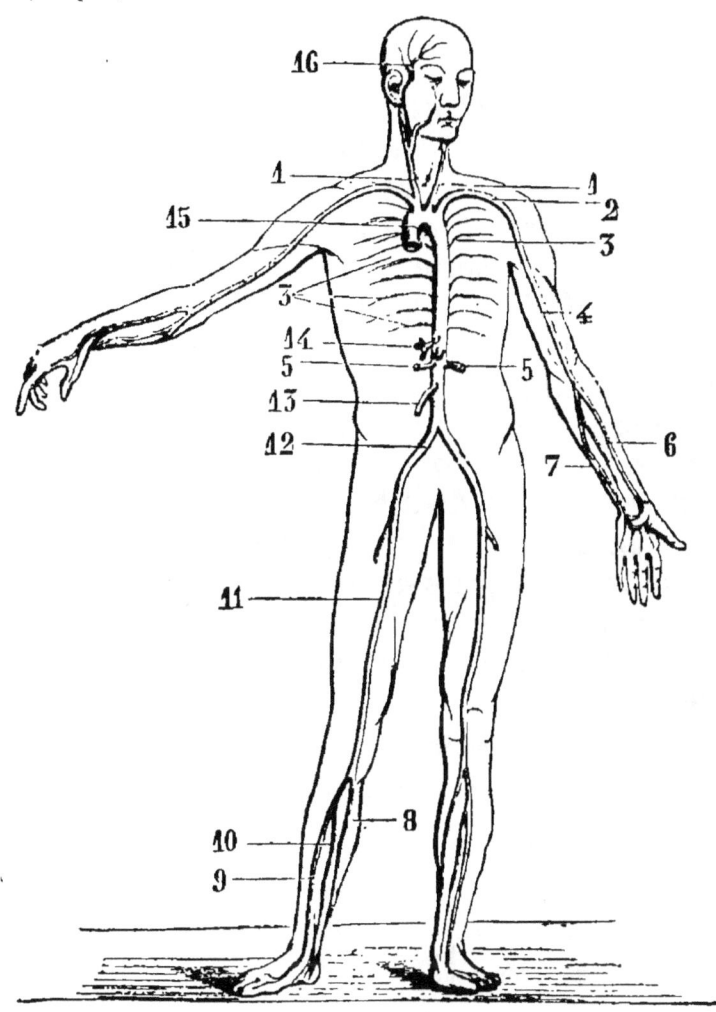

Fig. 14. *Système artériel de l'Homme.*

L'artère pulmonaire n'est pas représentée dans cette planche.

1. Artères carotides. — 2. Artère sous-clavière. — 3. Artères intercostales. — 4. Artère brachiale. — 5. Artères rénales. — 6. Artère radiale. — 7. Artère cubitale. — 8. Artère tibiale postérieure. — 9. Artère tibiale anté-

rieure, terminée dans le pied par l'artère pédieuse. — 10. Artère péronière. — 11. Artère fémorale. — 12. Artère iliaque. — 13. L'une des artères mésentériques. — 14. Artère cœliaque. — 15. Crosse de l'artère aorte. — 16. Artère temporale.

7° Les *artères rénales*, qui alimentent les reins.

8° Les *artères mésentériques*, qui se ramifient dans le mésentère et dans les intestins.

9° Les *artères iliaques*, qui sont formées par la bifurcation de l'aorte et qui portent le sang aux membres inférieurs. Dans les cuisses, on les appelle *fémorales*, et dans les jambes, où elles se divisent en plusieurs branches, on leur donne le nom de *tibiales* ou de *péronières*, suivant qu'elles descendent le long du *tibia* ou du *péroné*. Il y a l'*artère tibiale postérieure* en arrière du tibia, et l'*artère tibiale antérieure* en avant. Le prolongement de cette dernière dans le pied s'appelle *artère pédieuse*.

Résumons dans un court tableau, et laissons de côté l'artère pulmonaire, qui ne porte que du sang veineux :

AORTE,
- carotides, temporales.
- sous-claviéres, brachiales, { cubitales. radiales. }
- intercostales.
- cœliaque.
- rénales.
- mésentériques.
- iliaques, fémorales, { péronières. tibiales postérieures. tibiales antérieures, pédieuses. }

L'ensemble de ces artères forme ce qu'on appelle le *système artériel* ou l'*arbre du sang rouge*.

VEINES

35. Les *veines pulmonaires* naissent des dernières ramifications de l'artère pulmonaire. Elles abandonnent deux à deux chaque poumon, et rejoignent l'oreillette gauche du cœur. Ce sont les seules veines qui portent du sang artériel.

En général, les veines ont reçu les mêmes noms que les artères. Elles se rendent toutes à deux troncs que l'on appelle *veine cave supérieure* et *veine cave inférieure*, et qui se déchargent dans l'oreillette droite du cœur.

Les veines des intestins, de l'estomac et de la rate se réunissent en un seul tronc au-dessous du foie, et, chose remarquable, vont se ramifier dans cette glande à la manière des artères. Au sortir du foie, le sang se jette dans la veine cave inférieure. Cette portion de l'appareil veineux est connue sous le nom de *système de la veine porte*.

Énumérons les principales veines, sans tenir compte des veines pulmonaires, qui contiennent du sang régénéré :

Veines jugulaires ou du cou,
Veines sous-clavières,   } veine cave supérieure.
Veines intercostales,

Veine porte,
Veines iliaques,   } veine cave inférieure.

Les veines étant beaucoup plus nombreuses que les artères, si nous poussions plus loin la division, nous surchargerions malgré nous la mémoire des élèves. Observons seulement que la veine cave supérieure est le terme où aboutissent les veines de la tête, des bras et de la poitrine, tandis que la veine cave inférieure est comme le rendez-vous de tout le sang de la partie inférieure du corps.

L'ensemble des veines forme ce qu'on appelle le *système veineux* ou *l'arbre du sang noir*.

Arrivées dans les membres qu'elles doivent alimenter, les artères s'y partagent en ramuscules d'une extrême finesse, et pénètrent ainsi dans les moindres détails de l'organisation. Ce réseau d'artères communique avec un autre réseau de veines non moins fines, qui sort des tissus et rejoint des veines plus considérables. L'ensemble de ces deux réseaux si délicats constitue le système des *vaisseaux capillaires*.

En résumé, si l'on se figure un arbre replié sur lui-même, dont les branches, représentant les artères, s'uniraient par leurs extrémités aux dernières divisions des racines, représentant les veines, on aura quelque idée de l'appareil circulatoire.

PHYSIOLOGIE

36. Circulation dans le cœur et dans les poumons. — On observe dans le cœur deux mouvements successifs, l'un de contraction appelé *systole*, l'autre de relâchement appelé *diastole*[1]. Cependant le cœur ne se contracte pas tout entier à la fois. En d'autres termes, les quatre cavités n'entrent pas simultanément en jeu, mais les oreillettes commencent, et les ventricules suivent. Quand les deux oreillettes sont en systole, les deux ventricules sont en diastole, et *vice versâ*[2].

---

[1] De deux mots grecs : συστολή, resserrement, et διαστολή, dilatation.

[2] Il ne faudrait pas croire néanmoins que ces deux mouvements se continuent sans aucune interruption. « Si, par exemple, dit Béclard, on suppose qu'une contraction complète du cœur ait une durée représentée par le chiffre 3, l'observation montre que la contraction des oreillettes peut être, à peu de chose près, évaluée à un, celle des ventricules à 1, et l'intervalle à 1 également. Dans le premier moment, les oreillettes sont en systole et les ventricules en diastole ; dans le second, les oreillettes sont en diastole et les ventricules en systole ; dans le troisième, les ventricules et les oreillettes en diastole. »

(Cité par le *Dictionnaire français illustré*, art. cœur.)

Sous l'influence de grandes émotions ou d'une faiblesse exces-

Supposons donc que les oreillettes soient dilatées, ou, ce qui est plus juste, revenues à l'état naturel : le sang, qui arrive de toutes les parties du corps par les veines caves, afflue dans l'oreillette droite; en ce moment, le ventricule droit est contracté. L'instant d'après, l'oreillette se contracte à son tour, et le sang, cherchant une issue, se précipite par l'ouverture auriculo-ventriculaire dans le ventricule, qui précisément alors est en diastole et présente un vide. Vient ensuite la systole du ventricule [1]. Le sang, pressé de toutes parts, tendrait à remonter dans l'oreillette; mais la valvule tricuspide se relève, s'applique contre les bords de l'orifice auriculo-ventriculaire et intercepte toute communication [2]. La seule voie qui reste ouverte au sang est donc celle de l'artère pulmonaire. Il y pénètre en soulevant la valvule sigmoïde, petite soupape qui s'ouvre au dedans de l'artère, à l'endroit où elle sort du cœur.

sive, le cœur cesse quelquefois de battre. Alors le sang n'est plus envoyé au cerveau, et toutes les fonctions qui dépendent de cet organe sont momentanément suspendues. C'est ce qu'on appelle *syncope* ou *évanouissement*. Le meilleur moyen de porter secours aux personnes tombées en syncope est de les coucher horizontalement afin de faire arriver le sang à la tête, et de desserrer leurs habits pour favoriser la circulation.

[1] L'illustre Harwey avait enseigné que la systole des ventricules est la cause de la pulsation du cœur contre les parois du thorax. Il y a quelques années, des doutes s'élevèrent à cet égard; mais des expériences concluantes vinrent confirmer les vues de Harwey.
L'exactitude des observations de Béclard et de Harwey a été constatée, dans ces derniers temps, par MM. Chauveau et Marey, à l'aide d'un appareil enregistreur qu'ils ont appelé cardiographe.

[2] Malheureusement, par suite de dépôts et de déformations, les valvules du cœur ne ferment pas toujours exactement, surtout dans la vieillesse. Il se produit alors des reflux sanguins qui, troublant la circulation, amènent des palpitations de cœur et une grande gêne dans l'acte respiratoire. Bientôt, par suite de l'imperfection de l'hématose, des sérosités s'infiltrent dans le tissu connectif, et l'on voit se manifester l'*œdème* ou enflure des extrémités et souvent du corps entier.

Voilà l'ondée sanguine introduite dans l'artère pulmonaire sans pouvoir rétrograder dans le ventricule, car la valvule sigmoïde se referme sous son poids. Elle se rend alors dans les poumons, s'y distribue dans les vaisseaux capillaires, parcourt les parois des cellules, et reprend, au contact de l'air, sa couleur d'un rouge vif et ses propriétés nutritives.

Toujours poussé par de nouvelles ondées, le sang quitte les vaisseaux capillaires des poumons, passe dans les veines pulmonaires et bientôt se présente à l'entrée de l'oreillette gauche. A la première diastole, il s'y précipite, tombe ensuite dans le ventricule qui est au-dessous, et ne pouvant remonter dans l'oreillette à cause de la valvule mitrale, il soulève la valvule sigmoïde et pénètre dans l'artère aorte.

37. CIRCULATION DANS LES ARTÈRES. — Nous avons dit que les artères étaient élastiques. Chaque fois qu'un nouveau flot de sang s'y introduit, ces vaisseaux se distendent et reviennent immédiatement sur eux-mêmes [1]. Les saccades qui résultent de la contraction du ventricule se trouvent ainsi notablement amorties [2]; cependant on peut encore les sentir jusqu'à l'extrémité des membres, et tout le monde a constaté le phénomène du *pouls* [3].

---

[1] Il arrive quelquefois que la tunique médiane des artères se trouve brisée. La paroi qui reste, n'offrant plus alors assez de résistance, se dilate à l'endroit de la rupture et forme un *anévrisme*, sorte de poche qui finit par crever sous l'effort du sang. Lorsque cet accident se produit dans une cavité importante, dans la poitrine, par exemple, il entraîne nécessairement la mort.

[2] Dans la vieillesse, les artères se chargent de matières calcaires et perdent une partie de leur élasticité. Dès lors les secousses imprimées au sang ne sont plus suffisamment paralysées; souvent elles brisent dans le cerveau quelques vaisseaux sanguins et déterminent une *apoplexie*.

[3] « Le nombre des battements du cœur varie suivant l'âge. On en compte, par minute, 140 à 180 après la naissance, 115 à 130 durant la première année, 100 à 115 pendant la deuxième, 90 à

38. Circulation dans les vaisseaux capillaires. — Une fois arrivé dans les vaisseaux capillaires, le courant sanguin devient plus uniforme et plus lent[1]. Si, par exemple, l'on étudie au microscope la membrane fine et transparente qui unit les doigts des grenouilles, on verra les globules passer à la suite les uns des autres, s'allonger, s'infléchir, et cheminer avec peine entre les parois des vaisseaux. Quoique moins visible, la même chose a lieu chez l'Homme. C'est dans ces mailles d'une délicatesse infinie que s'opère le mystérieux travail de la nutrition. Le sang y laisse ses éléments les plus précieux, et se charge en retour de tous les débris devenus nuisibles dans l'économie.

39. Circulation dans les veines. — Les divers rôles que le fluide nourricier vient de remplir l'ont trans-

---

100 durant la troisième, 85 à 90 pendant la septième, 80 à 85 à quatorze ans, 70 à 75 chez l'adulte, 60 et au-dessous à partir de soixante ans... On peut explorer le pouls sur différentes artères, particulièrement sur la temporale, la carotide, la crurale (ou fémorale), la brachiale; mais habituellement on choisit la radiale. Pour explorer les battements de cette artère, ou pour *tâter le pouls*, comme on dit, on place sur le trajet de cette artère, à trois centimètres environ au-dessus du poignet, l'indicateur et les deux doigts suivants, qu'on tient rapprochés sans effort les uns contre les autres, de manière à presser également l'artère, tandis que le pouce, placé à la partie postérieure du bras, sert de point d'appui. »
(*Dictionnaire français illustré*, art. POULS.)

[1] Lorsque le sang est arrivé dans les vaisseaux capillaires, et surtout dans les veines, l'impulsion qu'il a reçue du cœur se trouve singulièrement amoindrie par les frottements qu'il a éprouvés. Il est facile alors d'arrêter le mouvement veineux de retour dans une partie du corps, si on la comprime légèrement ou même si on la soustrait à la pression de l'atmosphère. Pour réussir, dans ce dernier cas, on applique sur la peau une petite cloche de verre dans laquelle on fait le vide en y brûlant, soit un morceau de papier, soit un peu de coton imprégné d'alcool. Aussitôt la peau recouverte par la cloche rougit et se gonfle par l'afflux du sang; cela s'appelle une *ventouse sèche*. Souvent on pratique des incisions ou des scarifications dans l'endroit où l'on applique la cloche; c'est alors la *ventouse scarifiée*.

formé en sang veineux. Il sort du réseau capillaire et pénètre dans les veines, pour revenir à l'oreillette droite du cœur [1]. Ainsi que dans les vaisseaux capillaires, son mouvement est à peu près uniforme. Sous ce rapport, il y a donc une différence très sensible entre la circulation veineuse et la circulation artérielle [2]. Les causes qui favorisent la progression

[1] « Quelque précieux que nous soit le sang à titre de liquide nourricier, il est des circonstances où il devient nécessaire d'en diminuer la masse; tel est le but des saignées et des applications de ventouses et de sangsues.

« Les saignées agissent sur l'ensemble de la circulation; on les pratique sur les veines, quelquefois sur celles du pied, plus communément sur celles du bras, et vers le pli du coude... L'artère humérale passe sous plusieurs de ces vaisseaux, et lorsque la saignée est faite par une main inexpérimentée, on a souvent à craindre la piqûre de l'artère, ce qui constitue un accident très dangereux.

« Les ventouses et les sangsues agissent plus spécialement sur le système capillaire; on les emploie pour dégorger certaines parties où le sang afflue en trop grande abondance.

« Il importe de rappeler ici que les piqûres de lancettes et de sangsues peuvent se rouvrir spontanément, même plusieurs heures après que l'écoulement du sang a cessé; il en résulte des pertes de sang parfois énormes. On devra donc surveiller attentivement les malades en prévision d'accidents dont eux-mêmes pourraient ne pas s'apercevoir. » (*Éléments d'Histoire naturelle*, par C. de Montmahou, physiologie, 2e édit., p. 38.)

[2] Comme les artères, les veines sont sujettes à des dilatations maladives causées par l'afflux du sang. Ces nodosités, qu'on appelle *varices,* se forment plus habituellement aux jambes. Elles ont pour causes ordinaires la station prolongée, la ligature des membres, ou la longue immersion dans l'eau. On se contente généralement de les comprimer à l'aide d'un bas de coutil ou de caoutchouc.

C'est ici le lieu de faire connaître l'opération si intéressante connue sous le nom de *transfusion du sang.* « Au milieu des disputes que fit naître la découverte de la circulation, disent Richerand et Bérard, quelques médecins conçurent l'idée de renouveler en entier la masse des humeurs dans les individus chez lesquels on les supposait altérées, en remplissant leurs vaisseaux du sang d'un animal ou de celui d'une autre personne bien portante. Richard-Lower, connu par son *Traité du cœur*, l'exécuta le premier sur des chiens en 1665. Deux années plus tard, la transfusion

du sang dans les veines sont la respiration, la contraction des muscles du corps, et surtout les innombrables valvules qui empêchent le fluide de retourner en arrière.

Un phénomène particulier se produit dans les veines du foie ou système de la *veine porte*. Nous avons dit plus haut que le foie avait la propriété de transformer en glucose les principes amylacés qui se développent dans son tissu. C'est ce qu'on appelle sa *fonction glycogénique*. La découverte en est due à notre célèbre physiologiste Claude Bernard.

« Il résulte de la propriété glycogénique du foie, dit Paul Gervais, que le sang amené à cet organe par

fut faite à Paris sur des hommes ; l'on en conçut d'abord la plus haute espérance : on crut que par ce procédé nouveau, auquel on donna le nom de *chirurgie transfusoire*, tous les remèdes allaient devenir inutiles ; qu'il suffisait désormais, pour guérir les maux les plus graves et les plus invétérés, de faire passer le sang d'un homme vigoureux et sain dans les veines des malades ; on alla même plus loin, et, réalisant en espoir la fontaine fabuleuse de Jouvence, on ne se promettait rien moins que de rajeunir les vieillards par le sang des jeunes et de perpétuer ainsi la durée de la vie. Toutes ces brillantes chimères ne tardèrent pas à s'évanouir. Quelques hommes soutinrent l'expérience sans en éprouver un bien remarquable ; d'autres furent agités d'un délire furieux ; un jeune garçon de quinze ans devint stupide après deux mois d'une fièvre aiguë. L'autorité publique intervint et défendit ces entreprises dangereuses.

« Comme les dimensions et la forme des globules du sang sont différentes dans chaque espèce, on tue l'animal chez lequel on infuse le sang d'une autre espèce. C'est ainsi qu'un Quadrupède, dont le sang présente des globules circulaires, meurt en offrant tous les symptômes d'un empoisonnement, si l'on injecte dans ses veines le sang d'un Oiseau, dont les globules sont elliptiques. » (Cité par le R. P. Debreyne, *Précis de Physiologie humaine*.)

Des expériences faites de nos jours ont appris qu'en procédant habilement, le succès de la transfusion est presque assuré. Mais, si l'on introduit avec le sang une certaine quantité d'air, la mort est presque instantanée. Cela se comprend aisément : l'air, en pénétrant dans le cœur, s'échauffe, se dilate, et empêche la contraction des oreillettes et des ventricules.

les veines sous-hépatiques, lequel est pauvre en sucre et chargé, au contraire, en plus grande abondance des principes de la bile, se pourvoit, avant d'en sortir, d'une quantité notable de principes sucrés; en même temps il s'est débarrassé d'un liquide jaune et amer, lequel n'est autre chose que la bile elle-même[1]. »

40. Résumé. — A partir des veines caves, le sang passe :

1º Dans l'oreillette droite;
2º Dans le ventricule droit;
3º Dans l'artère pulmonaire;
4º Dans les vaisseaux capillaires des poumons;
5º Dans les veines pulmonaires;
6º Dans l'oreillette gauche;
7º Dans le ventricule gauche;
8º Dans l'artère aorte et les autres artères;
9º Dans les vaisseaux capillaires du corps;
10º Dans les veines, lesquelles aboutissent aux veines caves.

Tel est le mécanisme de la circulation chez l'Homme, les Mammifères et les Oiseaux.

On donne le nom de *petite circulation* au trajet que le sang fait depuis le ventricule droit jusqu'à l'oreillette gauche, et le nom de *grande circulation* à celui qu'il accomplit depuis le ventricule gauche jusqu'à l'oreillette droite.

41. Circulation dans la série animale. — Ainsi que nous venons de le voir, la circulation est double chez l'Homme, les Mammifères et les Oiseaux. Elle est de plus complète, car le sang *tout entier* parcourt les deux cercles, et nulle part le sang artériel ne se mêle au sang veineux.

A mesure que l'on descend dans la série animale, le cœur se simplifie davantage. Les Reptiles n'ont,

---

[1] *Éléments de Zoologie.*

pour la plupart, outre les deux oreillettes, qu'un seul ventricule; les Poissons et les Mollusques, qu'une oreillette et un ventricule; les Crustacés, qu'un ventricule; les Annélides et les Insectes, que des vaisseaux contractiles.

Dans les Reptiles, la circulation est double, comme chez les Mammifères, mais elle n'est pas complète. Le cœur de ces animaux ne présentant qu'un seul ventricule, le sang veineux et le sang artériel y tombent à la fois; les artères emportent donc dans les membres un fluide mélangé, dont une partie n'a circulé qu'une fois.

Chez les Poissons, le cœur est généralement situé sous la gorge. Cet organe, composé d'une oreillette et d'un ventricule, reçoit le sang veineux, et l'envoie se purifier dans l'appareil respiratoire ou branchies; les artères le prennent ensuite à l'état de sang artériel, et le distribuent par tout le corps; la circulation est donc simple, mais complète. On peut comparer le cœur des Poissons au cœur droit des Mammifères et des Oiseaux.

Chez les Mollusques, qui ont une oreillette avec un ventricule; chez les Crustacés, qui ont un ventricule seulement, le cœur reçoit le sang après qu'il a été vivifié par la respiration, et n'est que le moteur qui l'envoie dans les membres. Il correspond par conséquent au cœur gauche des Mammifères et des Oiseaux. La circulation est simple et complète.

Chez les Insectes, il existe un vaisseau sanguin dans toute la longueur du corps. Le sang se meut encore en cercle; il est chassé vers la tête par les contractions du vaisseau dorsal, traverse dans une direction opposée les interstices des organes, et rentre dans le vaisseau quand il est arrivé à la partie postérieure du corps.

Chez les Annélides, le sang se purifie par un mouvement de va-et-vient dans des vaisseaux contractiles. Il n'y a plus de cœur ni de vraie circulation.

Enfin, dans les Zoophytes ou Animaux-Plantes, la circulation est plus imparfaite encore, et, aux derniers degrés, l'appareil circulatoire se confond avec les organes de la digestion.

CHAPITRE IV

DE LA RESPIRATION

42. Définition. — La respiration est *la fonction qui a pour effet de transformer le sang veineux en sang artériel au moyen de l'air.*

ANATOMIE

Dans l'Homme et les animaux supérieurs, l'appareil de la respiration comprend :

La trachée-artère,   Les poumons.
Les bronches,

43. Trachée-artère. — La *trachée-artère* s'ouvre dans l'arrière-bouche par le larynx, organe spécial de la voix. Elle se compose d'une série d'anneaux cartilagineux et très élastiques, qui empêchent le canal aérien de s'affaisser sur lui-même, et permettent à l'air de circuler librement. Une membrane fibreuse les unit ensemble, et une autre membrane de nature muqueuse les tapisse à l'intérieur. En arrière, les anneaux ne se continuent pas, et les membranes seules forment la paroi du conduit.

44. Bronches. — A son extrémité inférieure, la trachée-artère se partage en deux branches de même nature qu'elle, et destinées à chacun des poumons. Ce sont les *bronches*. Elles se divisent en plusieurs

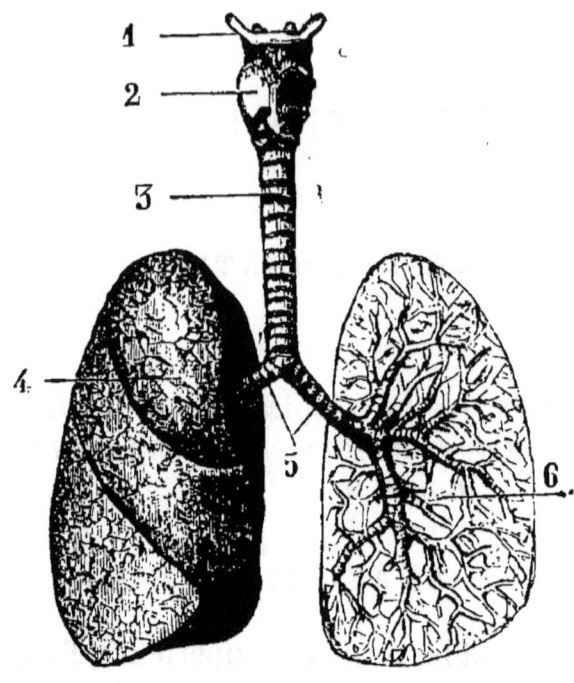

Fig. 15. *Trachée-artère et poumons de l'Homme.*

1. Os hyoïde, qui d'une part supporte le larynx, et de l'autre donne attache aux muscles de la langue. — 2. Larynx ou organe de la voix. — 3. Trachée-artère. — 4. Poumon droit intact, avec ses trois lobes. — 5. Les deux bronches. — 6. Poumon gauche disséqué, pour faire voir les rameaux et les **ramuscules** des bronches.

rameaux, qui eux-mêmes se subdivisent de plus en plus, et vont se terminer aux *vésicules bronchiques*. On appelle ainsi une multitude de petits culs-de-sac arrondis, contigus, et dont les parois constituent la masse pulmonaire.

45. Poumons. Les *poumons*, placés dans la poitrine de chaque côté du cœur, sont les organes essentiels de la respiration. Leur couleur est le plus souvent

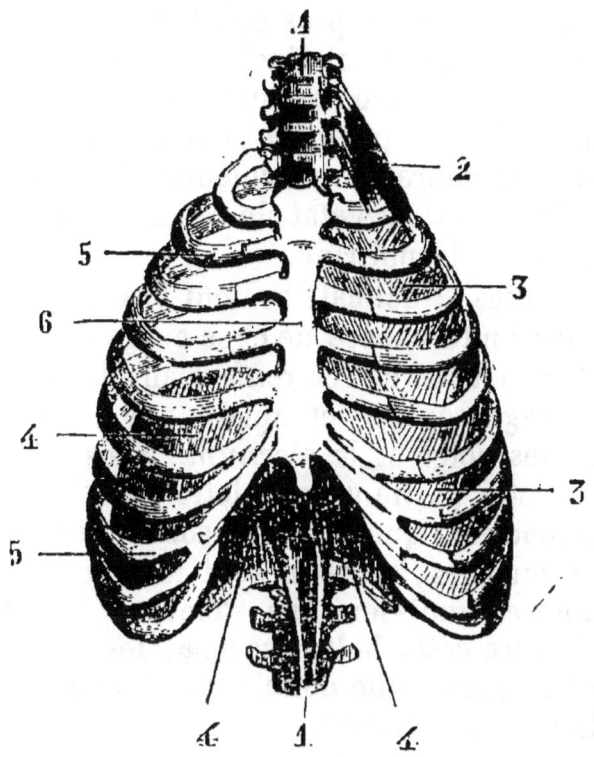

Fig. 16. *Thorax et muscle diaphragme.*

1. Colonne vertébrale. — 2. Muscles élévateurs des côtes. — 3. Muscles intercostaux. (Ces muscles ont été enlevés du côté droit, afin de laisser voir une moitié de la voûte du diaphragme.) — 4. Muscle diaphragme. — 5. Côtes. — 6. Sternum.

fauve-grisâtre, et leur contexture, semblable à celle d'une éponge. Ils sont mous, élastiques, et se dilatent ou se compriment suivant que les vésicules bronchiques contiennent plus ou moins d'air. Les deux poumons sont arrondis en dehors, légèrement concaves en dedans, et présentent, vers le milieu de la surface interne, une *racine* formée par les bronches et les vaisseaux sanguins. Cependant ils n'ont pas absolument la même forme ; car, outre que le poumon droit est plus large et plus court que le gauche, on y observe trois lobes distincts, tandis que, dans le gauche, on n'en rencontre que deux.

A leur base, les poumons sont appuyés sur le diaphragme, membrane musculeuse dont nous avons déjà parlé, et qui, à l'état de repos, s'élève en forme de voûte dans la poitrine.

Des organes si délicats avaient besoin d'être protégés contre toute espèce de choc ou de frottement. La nature y a pourvu en les renfermant dans le *thorax*, sorte de cage conique et aplatie que forment l'épine dorsale, les côtes et le *sternum*. Nous décrirons en son lieu cette partie du squelette. Il suffit de savoir, pour le moment, que les côtes sont reliées entre elles par des muscles, qu'elles sont légèrement mobiles, et qu'elles agrandissent, en s'élevant, la capacité du thorax. Outre cette boîte osseuse, les poumons sont encore entourés d'une double membrane séreuse qui porte le nom de *plèvre* [1].

---

[1] Chaque poumon a sa plèvre particulière. Réunies au milieu du corps, la plèvre droite et la plèvre gauche forment une cloison que l'on appelle *médiastin*. Les feuillets de cette cloison s'écartent sur une partie notable de leur étendue, et renferment en avant le cœur avec l'enveloppe du péricarde ; en arrière, l'artère aorte, l'œsophage et le canal thoracique. Malgré les études les plus approfondies, l'Homme n'est point encore arrivé à reconnaître les rôles de tous ces organes ; mais il est facile de voir ici que, si le médiastin ne retenait les poumons, ils tomberaient sur le cœur quand on serait couché sur le côté, se presseraient mutuellement et gêneraient à la fois les fonctions de la circulation et de la respiration.

PHYSIOLOGIE

Nous étudierons successivement :

Le mécanisme de la respiration ;
Les effets de la respiration ;
Les phénomènes accidentels qui se rapportent à la respiration ;
La respiration dans la série animale.

46. Mécanisme de la respiration. — Deux mouvements successifs se répètent sans cesse dans notre poitrine : l'un d'*inspiration*, par lequel nous y introduisons l'air extérieur ; l'autre d'*expiration*, par lequel nous l'en chassons et le rendons à l'atmosphère. Il y a un grand rapport entre le jeu de nos poumons et celui d'un soufflet, et la ressemblance deviendrait plus frappante encore si, dans le soufflet, l'air n'avait pour entrer et sortir qu'une seule et même voie.

Mais comment a lieu d'abord le mouvement d'inspiration ? Une sensation confuse, et la plupart du temps inaperçue, nous porte à faire pénétrer de l'air dans nos poumons. En ce moment, les fibres du diaphragme se contractent, et par suite la voûte de ce muscle tend à s'aplanir ; les côtes, sous l'influence des muscles inspirateurs, s'élèvent légèrement, en sorte que la chambre du thorax se trouve agrandie en long et en large. Les poumons obéissent à ce double mouvement et dilatent leur parenchyme [1] ; mais, à cause de cette dilatation, le peu d'air qu'ils contenaient se trouve raréfié, et l'air extérieur, auquel il ne fait plus équilibre, se précipite à travers la bouche ou les fosses

---

[1] On appelle *parenchyme* tout tissu qui offre un certain degré de mollesse et présente un aspect plus ou moins spongieux.

nasales, le pharynx et la trachée-artère, dans les vésicules bronchiques, qu'il vient remplir.

Aussitôt que le besoin d'air a été satisfait, les côtes reprennent leur position première, le diaphragme remonte dans le thorax, et les poumons, pressés de toutes parts, sollicités d'ailleurs par leur élasticité naturelle, reviennent sur eux-mêmes et se compriment. L'air est par conséquent expulsé des cellules pulmonaires ; et c'est ce qui constitue l'expiration.

Un adulte bien portant respire de seize à dix-huit fois par minute. Ses poumons peuvent renfermer habituellement de trois à quatre litres d'air; mais, en moyenne, chaque mouvement respiratoire n'en renouvelle guère qu'une moitié de litre. On peut conclure de là qu'il faut, pour alimenter la respiration d'un Homme pendant une heure, à peu près cinq cents litres d'air, et, pour l'entretenir pendant un jour, environ douze mètres cubes du même fluide [1].

47. Effets de la respiration. — L'air et le sang ne se trouvent pas immédiatement en contact dans les poumons. Pour qu'ils puissent se mélanger, il faut que l'air pénètre dans le sang à travers les parois minces et délicates des vésicules bronchiques et des vaisseaux capillaires. Par suite de cette endosmose, l'un et l'autre éprouvent d'importantes modifications. De plus, leur combinaison produit, surtout dans les animaux supérieurs, où elle est plus active, un dégagement de chaleur considérable.

48. Changement opéré dans l'air. — Si l'on veut bien comprendre l'altération que subit l'air pen-

---

[1] Nous ne donnons que des chiffres approximatifs : il est facile de concevoir, en effet, que la consommation d'air varie suivant les différents âges, les différentes grandeurs, et, pour une même personne, suivant les différents travaux. Un enfant très jeune peut respirer jusqu'à 35 fois par minutes, et un homme essoufflé, jusqu'à 25 fois.

dant la respiration, il est bon de se rappeler quelques notions chimiques. L'air atmosphérique est un mélange de deux gaz, d'azote et d'oxygène; sur cent parties, l'azote y entre pour soixante-dix-neuf, et l'oxygène pour vingt et une[1]. Lorsque l'oxygène se combine avec le carbone ou charbon, il en résulte du gaz acide carbonique et un dégagement de chaleur; lorsque le même gaz se combine avec un autre appelé gaz hydrogène, il en résulte de l'eau et encore de la chaleur.

Lavoisier, qui périt victime de la tourmente révolutionnaire, avait découvert que le phénomène qui s'opère dans nos poumons est précisément le même que celui qui a lieu dans nos foyers quand nous y entretenons du feu. En effet, après la combustion du bois, l'analyse accuse de l'acide carbonique et de la vapeur d'eau ou fumée, et, après l'expiration elle révèle de l'acide carbonique et aussi de la vapeur d'eau : l'analogie était donc évidente. Il y avait cependant une erreur dans ce qu'admettait le célèbre chimiste. Ce n'est pas, comme il le pensait, dans les poumons et aussitôt après l'inspiration, que l'oxygène se combine avec le carbone, mais, une fois que le sang est imprégné d'air, cette combustion lente se fait dans tous les vaisseaux, et particulièrement dans les capillaires.

A son passage dans les poumons, le sang veineux se débarrasse de l'acide carbonique et de la vapeur d'eau dont il est surchargé, puis entraîne avec lui de nouveau une certaine quantité d'air pur. C'est à cette

[1] La transformation ou *hématose* du sang est uniquement due à l'oxygène. On peut s'en convaincre en agitant du sang veineux dans un flacon rempli de ce gaz; car, de rouge foncé, il devient immédiatement vermeil. Quant à l'azote, une de ses principales fonctions paraît être d'affaiblir l'action de l'oxygène, qui, si le gaz était pur, deviendrait trop énergique et userait promptement nos organes.

double fonction que servent sans cesse les mouvements alternatifs de l'appareil respiratoire [1].

[1] Lorsqu'il ne reste plus assez d'oxygène dans l'air pour transformer le sang, ce qui arrive bien avant que ce gaz ait entièrement disparu, l'on voit se produire dans les animaux ce qu'on appelle une *asphyxie*. La peau se gorge d'un sang noirâtre, la circulation s'embarrasse et s'arrête, puis vient l'évanouissement à son plus haut degré. Cette suspension des fonctions vitales dure quelquefois longtemps avant que la vie soit complètement éteinte ; aussi faut-il prodiguer des secours empressés et persévérants à tout asphyxié chez lequel on n'aperçoit pas un commencement de putréfaction. Voici à cet égard quelques conseils dont nous empruntons la substance au *Guide auprès des malades* du docteur Saucerotte. Il est bien entendu que dans tous les cas on doit appeler au plus vite un médecin.

Asphyxie des noyés. — Ne jamais suspendre le noyé par les pieds, mais le placer sur le côté droit. — Faciliter la sortie de l'eau en inclinant légèrement la tête, que l'on soutient par le front, et en écartant les mâchoires. — Ne pas exposer brusquement le noyé à une température trop élevée. — Oter les vêtements, ou mieux les couper promptement avec des ciseaux. — Mettre une chemise et un bonnet chauds ; poser le corps sur un matelas entre deux couvertures de laine, et veiller à ce que la tête et la poitrine soient plus hautes que les jambes. — Comprimer doucement et alternativement le bas-ventre et les deux côtés du thorax, afin de leur faire exécuter les mouvements de la respiration. — Faire chauffer un fer à repasser comme pour repasser du linge, le promener sur le buste *par-dessus les couvertures*, et l'arrêter plus longtemps au creux de l'estomac et au pli des aisselles. — Frictionner doucement avec une brosse ou de la laine la plante des pieds et le creux des mains. — Ne jamais introduire le moindre liquide dans la bouche du noyé avant qu'il ait repris ses sens. — S'il fait des efforts pour vomir, lui chatouiller le fond de la bouche avec les barbes d'une plume afin de provoquer cet acte.

Asphyxie des pendus. — Descendre immédiatement le corps en évitant toute secousse. — Le placer sur un lit de façon que la tête et la poitrine soient plus élevées que les pieds. — Oter tous les vêtements qui pourraient gêner la circulation. — Exercer des pressions sur le bas-ventre et sur les côtés du thorax, comme pour les noyés. — Si la suspension n'a duré que quelques minutes, jeter de l'eau à la face et faire des frictions sur les extrémités inférieures. — Dans le cas où le visage serait violet et l'empreinte du lien noirâtre, il serait prudent, surtout si le médecin tardait, d'appliquer derrière les oreilles et à chaque tempe six à huit

En supposant, ce qui n'est pas éloigné de la vérité, qu'un adulte rende à l'atmosphère, pendant vingt-

sangsues. — Donner en petite quantité du thé ou de l'eau tiède mêlée d'un peu de vinaigre.

Asphyxie par les gaz non respirables. — Il est extrêmement dangereux de mettre du charbon allumé dans les appartements, surtout quand il est légèrement couvert de cendre et que la combustion n'a lieu qu'à moitié. Nous avons connu plusieurs personnes qui ont été très sérieusement malades, soit pour avoir fermé le soir la soupape de leur poêle, soit pour avoir allumé de la braise dans des cheminées dont le tuyau était fermé. Heureuses d'en avoir été quittes pour des souffrances !

Dans le cas d'asphyxie par l'acide carbonique, l'oxyde de carbone, l'hydrogène sulfuré, et autres gaz méphitiques, il faut exposer promptement le corps au grand air. — Le déshabiller sur-le-champ. — L'asseoir dans un fauteuil et le maintenir dans cette position. — Jeter longtemps de l'eau froide au visage. — Tâcher de ramener la respiration en comprimant le ventre de bas en haut, alternativement avec les côtés de la poitrine. — Si l'asphyxié fait des efforts pour vomir, lui chatouiller l'arrière-bouche avec les barbes d'une plume. — Dès qu'il peut avaler, lui faire prendre un peu d'eau vinaigrée.

Asphyxie par la foudre, le froid et la chaleur. — On rencontre encore, mais plus rarement, des personnes asphyxiées par la foudre, le froid ou la chaleur. Le traitement se rapproche de ceux que nous venons d'indiquer. Lorsqu'il s'agit d'un foudroyé, pendant qu'on cherche à rétablir la respiration et le cours du sang, on doit faire creuser une fosse un peu plus profonde que le corps n'est épais, et y étendre l'asphyxié sur le dos dans toute sa longueur. On le recouvre ensuite de quelques centimètres de terre, et on ne laisse de visible que la face, que l'on maintient plus élevée et sur laquelle on jette fréquemment de l'eau froide. Ce moyen, tout bizarre qu'il est, a, dit Sancerotte, sauvé la vie à des centaines de personnes.

Dans l'asphyxie par le froid, il faut éviter avec le plus grand soin de transporter tout à coup l'asphyxié dans un endroit chaud, car ce serait lui donner infailliblement la mort. On le frotte avec de la neige; on lui met des compresses d'eau froide, et peu à peu on élève la température du corps.

Enfin, si l'asphyxie a été causée par la chaleur, on devra porter le corps dans un endroit frais, donner des bains de pieds médiocrement chauds et répéter des aspersions d'eau froide sur le visage. Toute boisson alcoolique est nuisible en pareil cas.

Une autre sorte d'*asphyxie,* au moins commencée, c'est le *mal*

quatre heures, onze mille neuf cents litres d'air non respirable, on trouve que l'acide carbonique entre dans ce chiffre pour quatre à cinq cents litres, et que la transpiration pulmonaire a fourni près de trois cents grammes d'eau [1].

49. Changement opéré dans le sang. — Pendant que l'air subit une altération, le sang recouvre par son mélange avec l'oxygène toutes ses propriétés vivifiantes. Il était impropre à la nutrition, il peut maintenant alimenter les organes; il était d'un rouge noirâtre, il devient d'un rouge éclatant. « Pour bien observer ce fait, dit M. Milne-Edwards, on n'a qu'à ouvrir une artère sur un animal vivant, et à comprimer en même temps son cou, de façon à empêcher l'air de pénétrer dans ses poumons; le sang qui s'écoulera de l'artère sera d'abord d'un rouge vif, mais ne tardera pas à prendre une couleur sombre et à devenir du sang veineux. Si alors on permet de nouveau l'accès de l'air dans les poumons, on voit ce liquide changer encore de couleur, et reprendre la teinte propre au sang artériel. »

50. Absorption pulmonaire. — Les poumons

---

de montagne. On appelle ainsi un malaise étrange, accompagné de lourdeur de tête, de tintements d'oreilles, d'éblouissements et quelquefois d'hémorragies, dont se trouvent prises les personnes qui font l'ascension des pics élevés, ou qui parcourent en ballon les hautes régions de l'atmosphère. Longtemps on a cru que le mal de montagne était dû à la diminution de la pression atmosphérique. Il est plus exact de l'attribuer à la raréfaction de l'oxygène. La preuve, c'est qu'en respirant de temps à autre une petite quantité de ce gaz, on arrive parfaitement à s'en préserver.

[1] La quantité d'air expiré est presque d'un centième moins considérable que celle de l'air inspiré. Sur 12 000 litres, on ne rendra que 11 900 litres environ.

Les intéressantes expériences de deux savants, MM. Brown-Séquard et d'Arsonval, viennent d'établir que l'air expiré renferme un principe toxique dû aux particules animales dont il s'est chargé en passant par les poumons, et qui arrivent promptement à la fermentation putride. (*Chronique scientifique du Monde*, 20 février 1888.)

n'absorbent pas seulement l'air atmosphérique, mais tous les gaz et même les liquides avec une grande avidité. Ainsi l'eau introduite dans les bronches ne tarde pas à disparaître. On prétend que des Lapins en ont supporté jusqu'à cent vingt-cinq grammes, et qu'on peut en injecter dix à vingt litres dans les poumons d'un Cheval sans le faire mourir [1].

51. Chaleur animale. — « La respiration, disait Lavoisier, n'est qu'une combustion lente de carbone et d'hydrogène en tout semblable à celle qui s'opère dans une lampe ou dans une bougie qui brûle. Sous ce rapport, les animaux qui respirent sont de véritables combustibles qui brûlent et se consument... On peut donc dire, avec les Anciens, que le flambeau de la vie s'allume au moment où l'enfant respire pour la première fois, et qu'il ne s'éteint qu'à sa mort. » Il est facile de comprendre que ce feu, quoique entretenu à l'état latent dans la profondeur de nos tissus, produit néanmoins de la chaleur. Plus la circulation est complète et la respiration active, en d'autres termes, plus la combinaison de l'oxygène avec le carbone et l'hydrogène se trouve facilitée, plus aussi le dégagement de chaleur est considérable. Les Oiseaux, par exemple, dans lesquels le poumon est perforé, pour laisser l'air circuler jusque dans les plumes, ont une température de 40 et 44 degrés centigrades.

---

[1] L'absorption des gaz est quelquefois fatale aux *plongeurs*. On sait que la *cloche* dont ils font usage est un tronc de pyramide quadrangulaire, coulé en fonte d'un seul jet, et portant des lentilles de verre pour laisser pénétrer la lumière à l'intérieur. Lorsqu'on descend cette cloche au fond des eaux, l'air, à cause de son impénétrabilité, se maintient dans la partie supérieure ; mais il y subit une forte pression. Ce qui est dangereux, ce n'est pas le séjour dans l'air comprimé, c'est le passage brusque et subit à un air qui ne l'est pas. Les gaz absorbés forment alors dans les vaisseaux capillaires des chapelets de petites bulles qui arrêtent la circulation et peuvent amener instantanément la mort.

Chez l'Homme et les autres Mammifères, dont la respiration est moins énergique, la chaleur animale varie entre 36 et 40 degrés.

Presque tous les animaux de ces deux classes produisent assez de calorique pour que la température de leur corps reste indépendante des variations de l'atmosphère. On les appelle, pour cette raison, *animaux à sang chaud*, ou, plus justement, *animaux à température invariable*[1].

Au-dessous des Oiseaux et des Mammifères, la respiration n'a plus assez d'énergie pour résister aux influences extérieures, et la température du corps change comme celle des milieux environnants ; aussi les animaux inférieurs à ces deux classes ont-ils reçu le nom d'*animaux à sang froid*, ou *à température variable*.

52. Phénomènes accidentels de la respiration. — Nous devons dire ici quelques mots de certains phénomènes qui se rapportent à la respiration. Ce sont : le *bâillement* et le *soupir*, l'*éternuement*, la *toux*, le *hoquet*, le *rire* et le *sanglot*.

53. Bâillement et soupir. — Ils consistent dans une inspiration lente, forte et prolongée, suivie d'une expiration plus ou moins bruyante. Pendant leur du-

---

[1] Il est pourtant des Mammifères qui ne peuvent maintenir leur chaleur propre, lorsque la température environnante descend trop bas. De ce nombre sont la Marmotte, le Loir, la Chauve-Souris, le Hérisson et probablement l'Ours. On les appelle *animaux hibernants*. Pendant l'hibernation, le corps s'engourdit et demeure immobile, la circulation et la respiration se trouvent notablement ralenties, et la graisse seule entretient les fonctions vitales. On a observé que ces animaux, toujours gras à la fin de l'automne, se réveillent très maigres après leur léthargie.

Quelques animaux à sang froid présentent aussi le phénomène du sommeil d'hiver. Tout le monde sait, par exemple, que les Reptiles s'enfoncent en terre, et tombent dans un état de torpeur pendant la mauvaise saison. Mais nous parlerons plus loin assez longuement de la vie latente.

rée, le sang veineux, qui par son accumulation dans les cavités droites du cœur produisait un état de malaise, passe dans les poumons, où descend une grande quantité d'air, et en même temps que le sang se régénère, l'équilibre se rétablit entre la circulation et la respiration. Le soupir est un signe de tristesse, et le bâillement un symptôme d'ennui, de faim, de fièvre, de fatigue, et plus souvent de besoin de sommeil.

54. Éternuement. — C'est une expiration brusque et violente, dans laquelle l'air, chassé par un mouvement convulsif des muscles expirateurs, va frapper avec bruit les anfractuosités des fosses nasales. La cause de l'éternuement est une irritation plus ou moins vive des membranes muqueuses.

55. Toux. — Elle est provoquée par une irritation de la muqueuse des bronches, ou de la trachée-artère. La toux a du rapport avec l'éternuement; mais les expirations sont plus courtes, moins fortes et plus fréquentes. Quelquefois, à la suite d'une toux intense, le diaphragme, fatigué de secousses trop répétées, nous fait éprouver une douleur assez violente dans les flancs.

56. Hoquet. — C'est une inspiration rapide et involontaire, accompagnée d'un son rauque et d'une secousse pénible de la poitrine et de l'abdomen. Il est dû à une contraction spasmodique du muscle diaphragme, et à un resserrement simultané de la glotte, qui intercepte le passage de l'air dans la trachée-artère. Cette indisposition nerveuse, presque toujours insignifiante, disparaît sous l'influence d'une impression vive de crainte, de douleur ou de joie, et souvent même par une simple diversion d'esprit. Un autre moyen d'y mettre fin, c'est de serrer fortement un mouchoir autour de la base du thorax.

57. Rire. — Il consiste dans une grande inspiration dont l'air est successivement expulsé par une série d'expirations courtes et saccadées. En même temps que les secousses du diaphragme se répètent, les traits du visage s'épanouissent et l'on entend vibrer les lèvres de la glotte ou le voile du palais. Les causes du rire sont la joie, les méprises, les contrastes et les assemblages bizarres [1].

58. Sanglot. — Il est déterminé, comme le rire, par une contraction saccadée du diaphragme et par la vibration de la glotte ou du voile du palais. « Le sanglot et le rire ont cela de commun, dit Bichat, qu'ils ont en même temps leur siège dans la poitrine et à la face; ils portent même à la poitrine leur influence spéciale sur le même muscle, le diaphragme; mais ils diffèrent à la face, en ce que l'un a son siège

---

[1] « Le rire très immodéré peut déterminer les accidents les plus graves et la mort même. Un rire excessif fit mourir Zeuxis et le philosophe Chrysippe...

« Le rire est non seulement contagieux par imitation, mais il peut encore être épidémique, comme on le voit par l'anecdote suivante, rapportée par Athénée. Les habitants de Thyrinthe étaient tellement pris d'un rire convulsif, qu'ils ne pouvaient plus traiter sérieusement aucune affaire, quelque grave et importante qu'elle fût. Très affligés de cette étrange épidémie, ils envoyèrent consulter l'oracle de Delphes sur les moyens de se guérir. L'oracle leur prescrivit de sacrifier un taureau à Neptune et de le jeter dans la mer en grande cérémonie, mais le tout sans rire. Ce n'était pas chose facile; cependant, à force de se contenir, tout se passa parfaitement jusqu'à la fin. On avait éloigné toutes les personnes trop légères et trop joviales, et notamment les enfants, de peur qu'ils ne troublassent la gravité de la cérémonie. Cependant, malgré cette précaution, un enfant s'étant glissé dans le cortège sans qu'on l'aperçût, le peuple voulut le chasser : *Eh bien!* leur cria-t-il, *avez-vous peur que j'avale votre taureau?* On lui répondit par des éclats de rire universels, et les Thyrinthiens comprirent enfin qu'ils devaient se résigner à leur destinée. — On sait que le chatouillement provoque le rire involontaire; on l'a vu devenir convulsif, furieux et mortel; on prétend même qu'en certain pays le chatouillement de la plante des pieds était un genre de supplice destiné à faire périr les criminels. » (PRÉCIS DE PHYSIOLOGIE HUMAINE, *par le docteur Debreyne.*)

particulier dans la région de l'œil, l'autre dans celle de la bouche; en ce que l'un y met spécialement en jeu l'action glandulaire, et l'autre l'action musculaire [1]. »

59. Respiration dans la série animale. — Tous les animaux consomment de l'air, mais tous ne l'absorbent pas de la même façon. Outre la respiration pulmonaire, que l'on observe dans les Mammifères, les Oiseaux et les Reptiles, il y en a trois autres : la *branchiale*, la *trachéenne* et la *cutanée*. On appelle *branchies* dans les Poissons de nombreuses lames de chair, supportées par des arcs osseux qui s'articulent avec les premières vertèbres. Elles sont situées de chaque côté du cou, dans une cavité particulière, et protégées par un opercule mobile. Chez les Mollusques et les Crustacés, les branchies représentent des feuillets imbriqués, des franges, des panaches, et affectent les formes les plus diverses. Les Insectes respirent en général à l'aide de *trachées*. Ce sont des canaux aériens qui s'ouvrent sur les côtés du corps par des trous nommés *stigmates*, et qui se ramifient dans l'intérieur de l'animal.

60. Respiration branchiale. — Les animaux pourvus de branchies sont destinés à vivre dans l'eau ou dans les endroits humides. Pour eux, le mécanisme de la respiration consiste à mettre leurs organes respiratoires en contact intime avec le liquide imprégné d'air; par ce moyen, ils renouvellent le phénomène qui a lieu dans nos poumons. L'oxygène passe dans le sang veineux pour le transformer en sang artériel, et l'acide carbonique résultant de la combustion est abandonné.

Ainsi s'explique en particulier la respiration des Poissons : ils introduisent par la bouche une grande

---

[1] *Cité par M. l'abbé Lambert*, Zoologie, p. 79 et 80.

quantité d'eau, et, après en avoir abreuvé leurs lamelles branchiales, ils la rejettent par les ouïes [1].

61. Respiration trachéenne. — Ce mode de respiration ne se rencontre que dans les Insectes et chez quelques Arachnides. L'air s'introduit par les ouvertures appelées stigmates, pénètre dans les ramifications des trachées, y circule, et quelquefois se renouvelle au moyen des contractions et des dilatations qu'éprouve le corps. Ici la respiration n'est déjà plus localisée, mais l'air va partout trouver le sang, qui ne peut lui-même venir le chercher.

62. Respiration cutanée. — La respiration cutanée, ou par la peau, est la seule que possèdent la plupart des Zoophytes ou Animaux-Plantes. Toutefois les espèces supérieures, sans excepter l'Homme, ont aussi une respiration cutanée plus ou moins active. Elle est même si indispensable dans les Grenouilles et les Salamandres, que, lorsqu'on vient à dessécher la peau, l'animal ne tarde pas à mourir.

---

[1] On comprend que si on laissait des Poissons dans un vase trop resserré, ils auraient bientôt corrompu l'air qui s'y trouve et périraient asphyxiés. On doit donc les mettre au large ou renouveler l'eau fréquemment, quand on veut leur conserver la vie. Un grand nombre d'espèces peuvent même utiliser pendant quelque temps l'oxygène de l'atmosphère, mais il faut pour cela que les branchies restent suffisamment humides. On empêche les Carpes et les Tanches de mourir, si on les arrose ou si on les couvre de mousse fraîche; personne n'ignore que les Anguilles, pendant les nuits de printemps, font des promenades à travers la rosée des prairies.

Quelques Reptiles, les Grenouilles par exemple, n'ont que des branchies dans leur jeune âge, et prennent des poumons seulement à l'époque de leur métamorphose. Alors les branchies disparaissent, mais parfois aussi elles continuent d'exister, et c'est alors que l'animal, pouvant vivre tour à tour dans l'eau et dans l'air, doit être appelé véritablement amphibie.

CHAPITRE V

DE L'ASSIMILATION

63. Définition. — L'assimilation est *la fonction par laquelle l'animal transforme en sa propre substance la nourriture élaborée et changée en sang artériel.*

64. Le phénomène de l'assimilation, l'un des plus étonnants de toute la nutrition, est aussi malheureusement l'un des plus mystérieux. Deux mots suffiront pour apprendre ce qu'on en peut connaître. Les éléments capables de constituer nos organes se trouvent en dissolution dans le sang. Pendant que le fluide parcourt les vaisseaux capillaires, ces éléments, dont la nature est extrêmement délicate et subtile, passent à travers les parois perméables des canaux et vont se déposer dans les mailles de nos tissus. Mais que de merveilles restent ici sans explication! Comment, par exemple, chacun des organes sait-il démêler dans le sang les principes qui lui conviennent? Comment le nerf attire-t-il à lui de la matière nerveuse, et le muscle de la substance musculaire? Comment enfin ces particules tout à l'heure inanimées s'animent-elles en un moment et deviennent-elles partie intégrante de l'organisme ? Voilà le secret de Dieu [1].

[1] Un Père de l'Église, saint Grégoire de Nysse, peint avec une poésie admirable le phénomène de l'assimilation. Nous empruntons la traduction de ce morceau à Mgr Landriot, qui le cite dans ses *Conférences sur l'étude des belles-lettres et des sciences humaines.* « Dans une terre labourable, nous voyons le sol arrosé par la pluie, ou fécondé par des irrigations : l'eau est la même pour cette grande variété de végétaux ; mais la plante qui reçoit la nourriture en décompose elle-même le suc, et lui donne par cette décomposition des vertus différentes. Nous remarquons quelque chose de semblable dans le corps humain, ce chef-d'œuvre de la nature. » Après ce passage, qui n'est qu'analysé, le saint docteur continue : « Les os, les cartilages, les veines, les artères, les nerfs, les ligaments, les chairs, la peau, la graisse, les cheveux, les muscles, les ongles, les yeux, les narines, les oreilles, et les autres parties du corps si nombreuses et si variées, ne reçoivent qu'une seule nourriture en rapport avec leur nature ; et cette nourriture, en pénétrant dans chaque membre, revêt la nature de ce membre. Ainsi elle devient œil près de l'œil, et se divise même selon les différentes tuniques de cet organe pour donner à chacune l'aliment qui lui convient. Dans les oreilles et dans les lèvres, elle se change en leur substance ; dure dans les os, elle est tendre dans la moelle ; elle se tend dans le nerf et s'allonge dans la superficie ; elle pénètre dans les ongles et se réduit en parties assez ténues pour former les cheveux. » (Saint Grég. de N., *De la Création de l'Homme*, chap. XXX.)

CHAPITRE VI

DES SÉCRÉTIONS ET DE L'EXHALATION

SÉCRÉTIONS PROPREMENT DITES

65. Définition. — On donne le nom de sécrétion *à l'acte par lequel certaines humeurs sont produites aux dépens du sang dans des organes spéciaux.* Ainsi la formation de la salive dans les glandes salivaires, de la bile et du sucre dans le foie, du suc pancréatique dans le pancréas, constitue des sécrétions.

ANATOMIE

66. Organes sécrétoires. — Les principaux organes sécrétoires sont les *glandes* et les *cryptes* ou *follicules*.

Les glandes sont les organes sécrétoires proprement dits [1]. Il y a les *glandes simples* et les *glandes composées*.

---

[1] Outre les *vraies glandes*, on observe plusieurs organes analogues, dont la nature et les fonctions ne sont encore qu'imparfaitement connues. Les anatomistes les désignent sous le nom de

Une glande simple est en général un tube pelotonné

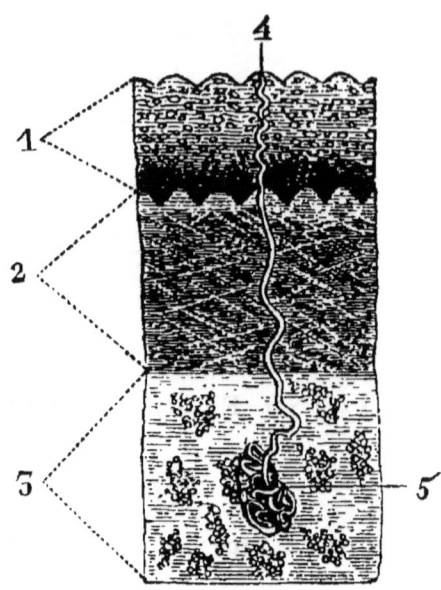

Fig. 17. *Type de glande simple granuleuse* (glande sudorifère).

1. Épiderme (couche superficielle de la peau) renfermant le pigment ou matière colorante dans sa partie inférieure. — 2. Derme (seconde couche de la peau), au-dessus duquel on aperçoit de petites éminences appelées papilles. — 3. Tissu conjonctif sous-cutané, où l'on remarque des agglomérations de cellules remplies de graisse. — 4. Canal excréteur de la glande. — 5. Glande sudorifère considérablement grossie.

fausses glandes. De ce nombre sont : la *rate* et les *ganglions lymphatiques*, que nous avons déjà décrits. — Le *thymus*, situé au sommet de la partie antérieure de la poitrine. Assez volumineux dans l'enfance, il disparaît dans l'âge adulte. Le corps glanduleux que le veau a sous la gorge, et qui forme le mets délicat appelé *ris de veau*, n'est autre chose que le thymus. — La glande *thyroïde*, située au bas du larynx et sur les premiers anneaux de la trachée-artère. Son altération la plus fréquente est le *goître*. La glande acquiert alors un volume considérable et peut gêner beaucoup la respiration. On compte en France environ 500 000

sur lui-même, qui va s'ouvrir par un canal en spirale à la surface de la peau.

Fig. 18. *Structure intime d'une parotide* (glande composée granuleuse).

Parmi les glandes composées, les unes sont *granuleuses*, par exemple : les glandes salivaires, le foie,

goitreux. Cette maladie, dont on ne connaît pas encore la cause certaine, est surtout commune dans les vallées des hautes montagnes. Un seul remède agit efficacement contre le goître : c'est l'iode avec ses diverses préparations.

Plusieurs auteurs rattachent aux fausses glandes les *vésicules adipeuses*, petits sacs fermés de tous côtés, dans lesquels se dépose la graisse. Cette substance onctueuse ne tarde pas à s'accumuler dans le tissu connectif, lorsqu'elle est favorisée par une bonne nourriture et par le repos ; mais elle disparaît avec la même rapidité quand le corps souffre ou ne reçoit plus une alimentation suffisante. Chez l'Homme, on la voit se produire en assez grande quantité dans l'enfance, diminuer dans l'adolescence et la jeunesse et augmenter de nouveau dans l'âge mûr. Quelques animaux, les Mammifères hibernants, par exemple, acquièrent pendant l'automne un embonpoint notable, et, comme nous l'avons dit, dépensent leur graisse en hiver pour suppléer au manque de nourriture.

le pancréas, etc.; les autres sont *tubuleuses*, et les reins en offrent un type bien connu [1].

On peut envisager les glandes granuleuses comme un amas de glandes simples, dont les tubes ou pédi-

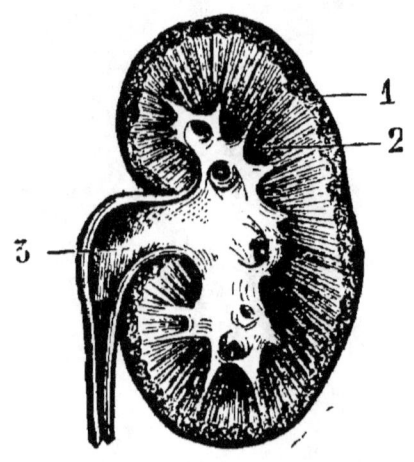

Fig. 19. *Coupe verticale du rein gauche*
(glande composée tubuleuse).

1. Substance corticale. — 2. Substance tubuleuse. — 3. Bassinet.

celles se réunissent en conduits de plus en plus considérables. Elles ressemblent assez, quant à leur structure intime, à une ou plusieurs grappes de raisin.

Les reins se composent de trois parties bien distinctes : d'une *substance corticale*, dans laquelle se

---

[1] En agglomérant les tubes et les granulations des glandes, la Providence a trouvé moyen de fournir au travail sécrétoire une très large surface. On a calculé, dit M. de Montmahou, que le développement de chacune des parotides représenterait environ deux mètres carrés; celui du pancréas, quatre mètres; celui de chacun des reins, neuf mètres.

forme l'urine ; d'une *substance tubuleuse* ou réunion de tubes droits, par lesquels elle se déverse, et enfin d'un *bassinet*, qui lui sert de réservoir. De chaque bassinet part un conduit aboutissant à la vessie. Les reins, qui sont au nombre de deux, ont à peu près la forme d'un haricot.

On appelle cryptes ou follicules des enfoncements plus ou moins profonds qui se voient à la surface de

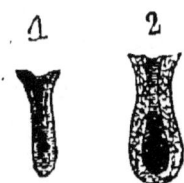

Fig. 20. *Types de cryptes ou follicules.*

1. Follicule ayant l'aspect d'un tube. — 2. Follicule conformé en ampoule.

certaines membranes, et qui ont la figure de petits tubes ou de petites ampoules [1]. Les cryptes pourraient être considérées comme des glandes simples tubuleuses.

67. Humeurs sécrétées. — Outre la salive, le suc gastrique, la bile, la glucose, autrement appelée le

---

[1] Les follicules les plus remarquables sont ceux de l'estomac, et en général ceux des membranes muqueuses; mais il en existe encore d'autres qui sécrètent une espèce d'huile ou de suif. On les appelle pour cette raison *follicules sébacés*. Ils se rencontrent en grand nombre dans le conduit de l'oreille, aux paupières, aux ailes du nez, aux articulations, partout où la peau a besoin de conserver sa souplesse.

Sur certains points de l'intestin grêle, et particulièrement vers la fin de l'iléon, les follicules sont rapprochés de façon à constituer des groupes que l'on appelle *plaques de Peyer*, du nom de l'anatomiste qui les a décrites. Dans la fièvre typhoïde, ces plaques s'enflamment et s'ulcèrent : d'où quelquefois la perforation de l'intestin, qui, comme nous l'avons dit, amène promptement la mort.

glycogène, et le suc pancréatique, dont nous avons déjà parlé, il faut encore compter parmi les humeurs qui résultent de la sécrétion l'urine, la sueur, le lait, les mucosités et les larmes.

L'*urine* est un liquide d'une couleur jaune, d'une saveur amère et salée, et d'une odeur nauséabonde. Elle est généralement composée de 95 p. % d'eau, de 3 p. % d'urée [1], et de plusieurs sels, parmi lesquels le sel ordinaire. — La *sueur* n'est guère que de l'eau tenant en dissolution une très faible proportion de sel. Elle provient d'une multitude de glandes simples cachées sous la peau, que l'on appelle glandes *sudorifères* ou *sudoripares*. — Le *lait* est sécrété par les glandes mammaires (glandes granuleuses). C'est une

---

[1] L'*urée* est une substance cristalline qui existe dans l'urine, et qui se compose de carbone, d'hydrogène, d'azote et d'oxygène. L'azote seul y entre pour le tiers de son poids. Un homme produisant en moyenne 30 à 40 grammes d'urée par jour, il en résulte qu'une grande partie de l'azote des aliments sort de l'économie à l'état d'urée.

D'habiles expériences de MM. Dumas et Prevost ont clairement établi que l'urée ne se forme pas dans les glandes rénales, mais que les reins la puisent dans le sang. On croit que c'est un produit de la combustion respiratoire.

Lorsque l'on absorbe une trop grande quantité d'aliments ou des aliments trop nourrissants et qu'on mène une vie inactive, la combustion, devenue incomplète, amène la formation d'un excès d'acide urique qui, n'étant plus éliminé dans l'urine en quantité suffisante, se dépose dans les articulations sous la forme de lames microscopiques excessivement dures, et y provoque des douleurs aiguës, comme si des épines avaient été enfoncées dans les tissus. Telle paraît être la cause de la *goutte* et de certains *rhumatismes*. C'est encore ordinairement d'acide urique et de différents urates que sont formés les *calculs* ou *pierres* qui occasionnent la *gravelle*.

Quelquefois, par suite d'altérations de l'organisme, le sucre et l'albumine abondent dans l'urine. La première de ces maladies constitue le *diabète sucré*, et la seconde, l'*albuminurie*.

De ce que nous venons de dire, on peut conclure que l'*uroscopie*, ou examen chimique des urines, peut fournir de précieuses indications ; mais on ne doit cependant pas oublier que trop de charlatans s'en servent pour exploiter le public.

liqueur opaque, blanche, plus pesante que l'eau, douée d'une saveur douce et agréable. Vu au microscope, le lait se présente sous la forme d'un liquide presque transparent, dans lequel nagent d'innombrables globules de beurre; soumis à l'analyse, il donne environ 88 parties d'eau sur 100, 3 à 4 parties de beurre, du sucre et quelques sels. Tous les savants s'accordent à dire que la divine Providence a préparé dans le lait l'aliment le plus complet que l'on connaisse. — Les *mucosités* sont des humeurs transparentes plus ou moins visqueuses et jaunâtres, dans la composition desquelles l'eau entre pour une proportion considérable. Elles proviennent de follicules ou cryptes. Leur destination est de lubrifier les membranes, c'est-à-dire de les humecter de façon qu'elles puissent aisément remplir leurs fonctions. — Ce qui constitue les *larmes* est un liquide limpide, inodore, et sécrété par les glandes lacrymales (glandes granuleuses). Par son effusion, il facilite les mouvements du globe de l'œil dans son orbite. Les larmes sont composées d'eau et d'une faible proportion de sel.

PHYSIOLOGIE

68. Mécanisme des sécrétions. — Le sang apporte à toutes les glandes les éléments dont elles ont besoin[1], mais ces organes agissent sur le fluide sanguin de deux manières distinctes. Tantôt ils extraient du sang des principes qui s'y trouvaient déjà; tantôt, par une action chimique, ils élaborent de nouveaux produits. Au reste la science est loin d'avoir dit son dernier mot sur les sécrétions. Ce qui la met

---

[1] Les globules sanguins ne pouvant traverser les parois des vaisseaux, c'est uniquement des parties liquides du sang que proviennent toutes les sécrétions.

surtout en défaut, c'est que des glandes en apparence semblables fournissent des humeurs entièrement différentes.

69. Sécrétions dans la série animale. — Entre les plus curieuses on remarque : le musc, substance très odoriférante due à une espèce de Chevrotain ; — une encre dont certains Mollusques Céphalopodes aveuglent les animaux qui les poursuivent ; — la cire, produite par les Abeilles ; — la matière délicate que les Araignées tirent de leurs filières pour construire les toiles que tout le monde connaît ; — la soie, dont s'entoure le Bombyx pour subir sa métamorphose ; — enfin la liqueur venimeuse que les Serpents, les Scorpions, les Abeilles, etc., injectent dans la plaie faite avec leurs dents ou leur aiguillon.

EXHALATION

70. Définition. — Ici vient naturellement se rattacher ce que nous avons à dire sur l'exhalation. On appelle ainsi une sorte de sécrétion très simple et comme une absorption en sens inverse. *La partie la plus aqueuse du sang filtre à travers les parois des vaisseaux capillaires, et va se répandre sur les membranes, soit à l'extérieur, soit à l'intérieur du corps.*

71. Double exhalation. — De là deux espèces d'exhalation : l'*exhalation externe*, ou transpiration insensible, qu'il ne faut pas confondre avec la sueur, et qui s'effectue sur la peau ou sur la surface des poumons [1] ; et l'*exhalation interne*, qui a lieu sur les membranes séreuses et synoviales.

---

[1] C'est bien à l'exhalation externe qu'il faut rapporter la vaporisation qui se fait à la surface des poumons, puisque cette surface communique avec l'air extérieur.
Tout ce qui peut gêner ou arrêter la transpiration insensible

On a vu, quand il a été question du sang, ce qu'il faut entendre par *sérum*. L'effet principal de cette liqueur sur les membranes séreuses, telles que le péricarde, la plèvre et le péritoine, est de les maintenir souples, pour que leurs replis puissent glisser l'un sur l'autre avec facilité. Mais on comprend que les parties qui exhalent ainsi des sérosités doivent être le siège d'une absorption non moins rapide : autrement les liquides s'accumuleraient et causeraient de véritables maladies 1.

Quant à la *synovie*, produite par les membranes synoviales, c'est une humeur visqueuse, filante, et qui contient de l'eau, de l'albumine (blanc d'œuf), du mucus et plusieurs sels différents. Elle sert à rendre plus libre le jeu des articulations.

HISTOIRE D'UNE BOUCHÉE DE PAIN

OU RÉSUMÉ DES FONCTIONS DE NUTRITION

72. Lorsqu'une bouchée de pain a été saisie et introduite dans la bouche par les mains et les lèvres (*préhension des aliments*), elle est broyée sous les dents (*mastication*), imprégnée de salive (*insalivation*), puis avalée (*déglutition*).

---

est particulièrement malsain. Aussi faut-il éviter le froid humide, les courants d'air frais, quand on a chaud, et le passage subit d'une température plus élevée à une température plus basse.

La quantité d'eau perdue par l'exhalation en 24 heures est évaluée, pour un homme, à un kilogramme environ.

1 On a donné différents noms à cet excès d'exhalation, suivant les régions différentes où il se déclare. Dans le péritoine, on l'appelle simplement *hydropisie*; dans la plèvre, *hydropisie de la poitrine*; dans le péricarde, *hydropisie du cœur*; dans les membranes qui recouvrent le cerveau, *hydrocéphale*; et enfin *œdème* dans les diverses parties du tissu connectif.

Dans l'estomac, où elle entre par le cardia, s'opère un premier travail (*chymification* ou *digestion stomacale*). Au bout de quelques heures, l'ouverture du pylore livre passage à l'épaisse bouillie du chyme, qui va subir dans les intestins une élaboration plus complète (*chylification* ou *digestion intestinale*). Alors se démêlent et se séparent les éléments qui constituaient la bouchée de pain : ceux qui sont propres à la nutrition deviennent l'objet d'une fonction nouvelle, et ceux qui sont trop grossiers pour entrer dans la composition du corps se trouvent chassés du canal alimentaire (*expulsion du résidu*). Là se termine l'importante fonction de la DIGESTION.

Mais les matériaux nutritifs ne peuvent rester dans les intestins. Avant qu'eût lieu la *défécation* ou expulsion des excréments, le chyle a été *absorbé*, c'est-à-dire pompé par les vaisseaux chylifères. Il monte dès lors par le canal thoracique, et tombant dans la veine sous-clavière gauche, se trouve mêlé au fluide sanguin. Ces différents actes constituent l'ABSORPTION.

Suivons dans le torrent de la circulation les quelques gouttes de sang qui nous occupent. Arrivées à l'oreillette droite, où commence en réalité le double cercle qu'elles doivent parcourir, elles descendent dans le ventricule droit, et, par les contractions de ce ventricule, sont lancées dans l'artère pulmonaire et jusque dans les poumons. Mises en contact avec l'air qui vient remplir les vésicules de cet organe, elles se chargent d'oxygène et vont désormais accomplir deux fonctions à la fois.

Celle de la CIRCULATION, car elles se rendent par les veines pulmonaires dans l'oreillette gauche, tombent dans le ventricule gauche, et, s'étant distribuées à travers l'organisme au moyen des artères, reviennent par les veines à l'oreillette droite.

Celle de la RESPIRATION, car, à son passage dans

les poumons et surtout pendant son trajet, le sang devient le siège d'une combustion véritable, d'où résulte de l'acide carbonique et de la vapeur d'eau.

Pendant les milliers de révolutions que font ces gouttes, leurs parties les plus délicates pénètrent les parois des vaisseaux sanguins, et alors, au sein des tissus, s'opère le mystérieux travail de l'ASSIMILATION.

Et quand, après quelques années [1], les particules de chair, d'os ou de cartilages fournies par la bouchée de pain sont devenues hors d'usage, les SÉCRÉTIONS viennent à leur tour en débarrasser l'organisme.

---

[1] Il est difficile, ou, pour mieux dire, impossible de fixer le temps pendant lequel les matériaux absorbés font partie de nos organes ; on suppose néanmoins avec quelque fondement que le corps a éprouvé, au bout de six à sept ans, une rénovation complète.

SECTION II

FONCTIONS DE RELATION

73. Division des fonctions de relation. — Les fonctions de relation se réduisent à deux : *sentir* et *se mouvoir*. Mais chacune de ces fonctions s'exerce également sous l'influence des *nerfs*. Nous nous occuperons donc d'abord du *système nerveux*, et ensuite nous traiterons des *sens* et des *mouvements*.

CHAPITRE I

DU SYSTÈME NERVEUX

ANATOMIE

74. Double système nerveux. — Chez l'Homme et tous les Vertébrés, il existe, au moins en apparence, deux systèmes nerveux distincts : le système nerveux de la vie animale ou système *cérébro-spinal*, et le système nerveux de la vie végétative, aussi appelé *grand sympathique*. L'un et l'autre sont composés de tissu nerveux.

75. Tissu nerveux. — Deux substances différentes concourent à former la masse nerveuse et ses ramifications : la substance *blanche* ou *médullaire*, et la substance *grise* ou *corticale*. La première, plus ferme, est constituée par des tubes improprement appelés fibres nerveuses [1]; la seconde, plus molle, contient, outre des tubes, un nombre infini de cellules. Toutes deux se présentent sous la forme d'une pâte dépourvue de consistance [2].

Système cérébro-spinal.

76. Le système cérébro-spinal se compose de l'*encéphale* [3], masse nerveuse située dans le crâne; de la *moelle épinière*, sorte de prolongement logé dans la colonne vertébrale; et enfin d'un *réseau nerveux*, dont les filets, tous insérés sur l'encéphale ou sur la moelle épinière, se distribuent dans l'étendue du corps.

77. Encéphale. — On réunit sous ce nom trois organes contenus dans la tête :

Le cerveau,   La moelle allongée.
Le cervelet,

---

[1] Ces tubes sont si fins, qu'on en compte jusqu'à dix à douze mille dans un filet nerveux d'un millimètre de diamètre.

[2] De bons auteurs, et Buffon lui-même, ont dit *nerf* dans le sens de *tendon* ou de *muscle*. Nous répétons encore tous les jours un *nerf de Bœuf*. Gardons-nous bien cependant de confondre les tendons avec les nerfs proprement dits.

La substance nerveuse contient à peu près un pour cent de phosphore. Dans la décomposition des corps, cet élément s'unit à l'hydrogène, et il en résulte de l'hydrogène phosphoré. Mais ce gaz a la propriété de s'enflammer spontanément. Voilà d'où viennent les feux errants que l'on aperçoit quelquefois dans les cimetières, et que l'on appelle *feux follets*.

[3] Encéphale, ἐν κεφαλῇ, dans la tête.

78. Cerveau. — Ce viscère est composé intérieurement de substance blanche, et à la superficie de substance grise. Il occupe le haut de la tête et res-

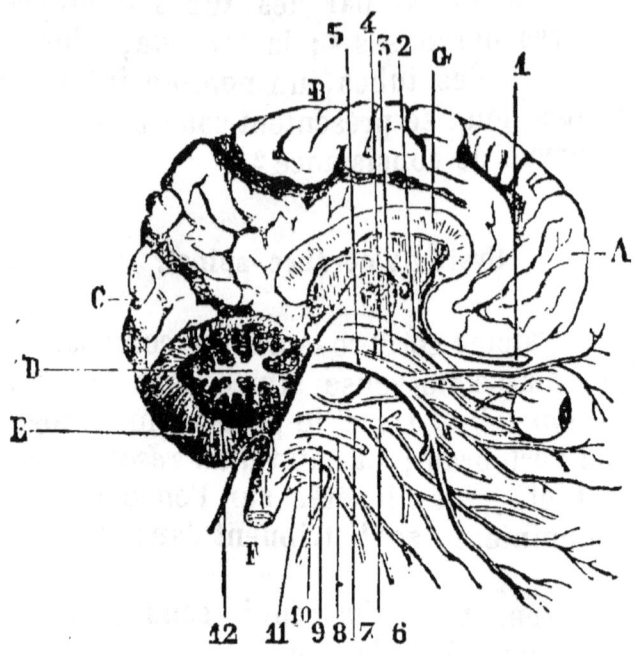

Fig. 21. *Coupe verticale du cerveau.*

A. Lobe antérieur du cerveau. — B. Lobe moyen. — C. Lobe postérieur. — D. Arbre de vie. — E. Cervelet. — F. Moelle épinière. — G. Corps calleux coupé [1].

semble, quant à la forme, à une moitié d'œuf dont la grosse extrémité serait tournée en arrière. Si l'on

---

[1] *Détail des nerfs crâniens.* (Le cerveau étant coupé verticalement par la moitié, on ne verra qu'un nerf de chaque paire.) — 1. Nerf olfactif. — 2. Nerf optique. — 3. Nerf moteur oculaire commun. — 4. Nerf pathétique. — 5. Nerf trijumeau ou trifacial. — 6. Nerf moteur oculaire externe. — 7. Nerf facial. — 8. Tronçon du nerf auditif ou acoustique. — 9. Nerf glosso-pharyngien. — 10. Nerf pneumo-gastrique. — 11. Nerf hypoglosse. — 12. Nerf spinal.

examine la face supérieure, qui correspond à la voûte du crâne, on la trouve arrondie, et, de plus, divisée par une scissure profonde en deux parties égales que l'on appelle *hémisphères*. Chacun de ces hémisphères est couvert d'une multitude de sillons tortueux et dirigés en tous sens : ce sont les *anfractuosités* du cerveau. De ces sillons résultent des éminences arrondies, contournées, et qui, à première vue, ressemblent presque aux replis de l'intestin grêle. On les a nommées les *circonvolutions cérébrales*.

La face inférieure de l'organe que nous étudions présente trois lobes dans chacune de ses moitiés : un lobe *antérieur*, un lobe *moyen* et un lobe *postérieur*. On y remarque aussi le corps *calleux*, bande de substance médullaire qui unit à leur base les deux hémisphères du cerveau ; et deux gros pédoncules, destinés à les relier avec la moelle épinière.

79. Cervelet. — Au-dessous et en arrière du cerveau se trouve le cervelet, situé comme lui dans la cavité du crâne, mais trois à quatre fois moins considérable. Il est constitué en majeure partie par de la substance grise ; cependant la substance blanche se ramifie à l'intérieur, et y forme ce que les anciens appelaient *l'arbre de vie*. On ne voit point de circonvolutions à la surface du cervelet, mais des stries parallèles qui semblent révéler l'existence d'innombrables lames nerveuses. Comme le cerveau, il est partagé en deux hémisphères, et relié à la moelle épinière par deux pédoncules.

80. Moelle allongée. — On donne généralement le nom de moelle allongée à la portion de tissu nerveux qui est comprise entre le cervelet et le trou occipital. Deux parties très différentes s'y font immédiatement remarquer : en haut et près du cervelet la *protubérance annulaire* 1 ou *pont de Varole* 2, large ruban de substance blanche qui va

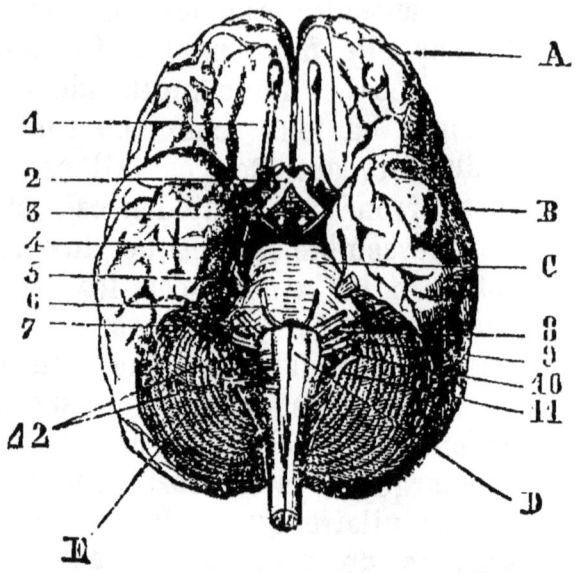

Fig. 22. *Encéphale vu par-dessous.*

A. Lobe antérieur du cerveau ou lobe frontal. — B. Lobe moyen. — C. Protubérance annulaire ou pont de Varole. — D. Bulbe rachidien. — E. Cervelet. — A droite comme à gauche le cervelet cache en grande partie le lobe postérieur du cerveau [3].

[1] Ainsi appelée parce qu'elle entoure comme d'un *anneau* les pédoncules du cerveau et du cervelet.
[2] Varoli, célèbre anatomiste italien, comparait la protubérance annulaire à un pont, et les pédoncules, à quatre rivières qui viendraient se réunir dessous.
[3] *Détail des nerfs crâniens.* (Le cerveau n'étant pas coupé, on verra toujours les deux nerfs de chaque paire.) — 1. Nerf olfactif, avec la particularité de son renflement ou bulbe. — 2. Chiasma des nerfs optiques, dans lequel une partie des fibres de chaque nerf s'entrecroisent avec celles du nerf opposé. — 3. Nerf moteur oculaire commun. — 4. Nerf pathétique. — 5. Nerf trijumeau ou trifacial. — 6. Nerf moteur oculaire externe. — 7. Nerf facial. — 8. Nerf acoustique, uni au nerf facial par le petit nerf de Wrisberg. — 9. Nerf glosso-pharyngien. — 10. Nerf pneumo-gastrique. — 11. Nerf spinal. — 12. Nerf hypoglosse.

d'un hémisphère à l'autre ; au-dessous et tout à fait à la base du crâne, le *bulbe rachidien*, gros cordon nerveux qui présente un renflement, et dont la longueur, chez les adultes, est de trois centimètres environ [1]. C'est dans un point extrêmement limité du bulbe que se trouve le *nœud vital*, d'où paraît dépendre l'existence de l'individu [2].

81. Membranes qui entourent l'encéphale. — Trois membranes enveloppent et protègent l'encéphale : la *dure-mère*, l'*arachnoïde* et la *pie-mère*.

La dure-mère, d'un aspect blanchâtre, de nature fibreuse et très résistante, est appliquée contre les os du crâne. Elle envoie des replis entre le cerveau et le cervelet (*tente du cervelet*) et entre les hémisphères de ces deux organes (*faux du cerveau* et *faux du cervelet*). Sa destination est d'empêcher le cerveau de se blesser contre la caisse qui le renferme, et de maintenir, chacun à leur place, les trois viscères de l'encéphale.

L'arachnoïde, tellement mince, qu'on dirait une

---

[1] Le bulbe rachidien, prolongement des pédoncules du cerveau et du cervelet, se compose de six faisceaux séparés par des sillons. Les deux antérieurs sont appelés *pyramides antérieures* ou simplement *pyramides* ; les deux qui suivent, un de chaque côté, portent le nom de *corps olivaires*, et ceux qui viennent après ont reçu la dénomination de *corps restiformes*.

Un fait bien digne d'attention, c'est que les deux pyramides s'entrecroisent. Il en résulte que souvent, dans les paralysies, la partie du corps privée de sensibilité ou de mouvement est celle qui est opposée à l'hémisphère malade.

[2] Nous nous souvenons d'avoir entendu Flourens développer sa belle théorie du nœud vital, et nous voudrions pouvoir rendre compte ici des expériences si concluantes dont il l'appuyait. Le savant physiologiste a découvert, dans la moelle allongée, un point large seulement de quelques millimètres, où la vie semble concentrée. Si l'on vient à enlever ce point avec un emporte-pièce, ou à couper la moelle à cet endroit même, tout en épargnant les faisceaux nerveux latéraux, l'animal tombe comme frappé de la foudre.

toile d'araignée, doit être rangée parmi les membranes séreuses. Le liquide qu'elle produit arrose l'encéphale et la moelle épinière.

La pie-mère, espèce de gaze d'une grande finesse, est en contact immédiat avec la matière nerveuse. Elle est parcourue en tous sens par des artères et par des veines. C'est comme un véritable réseau sanguin dont tous les vaisseaux se subdivisent à l'infini avant de pénétrer dans la substance si délicate du cerveau [1].

Chacune de ces trois membranes se prolonge dans la colonne vertébrale et y continue les mêmes fonctions.

82. Moelle épinière. — La moelle épinière est une tige nerveuse qui se trouve comme suspendue au milieu du canal vertébral par les trois membranes dont nous venons de parler. Elle s'étend depuis le trou occipital jusqu'à la deuxième vertèbre lombaire [2]. A l'inverse de ce qui a lieu dans le cerveau, la substance grise occupe le centre, et la substance blanche, la superficie. Plusieurs raies longitudinales s'y font remarquer, et entre autres deux très profondes, l'une en avant, l'autre en arrière. On y observe encore deux renflements : le premier à la hauteur des nerfs qui se rendent au bras, et le second au niveau de ceux qui se distribuent dans les jambes. La moelle épinière pèse dans l'Homme un cinquantième environ de l'encéphale, c'est-à-dire de vingt-cinq à trente grammes.

83. Réseau nerveux. — Les nerfs sont constitués par de la substance blanche; si fins qu'ils soient, ils sont entourés d'une gaine que l'on appelle *névrilème*,

---

[1] Lorsque les vaisseaux de la pie-mère s'engorgent ou se brisent, il en résulte une *apoplexie*.

[2] Le reste de la colonne vertébrale est occupé par des ramifications de la moelle, mais non par la moelle épinière elle-même.

et qui est comme une continuation des membranes protectrices de la moelle. On compte chez l'Homme

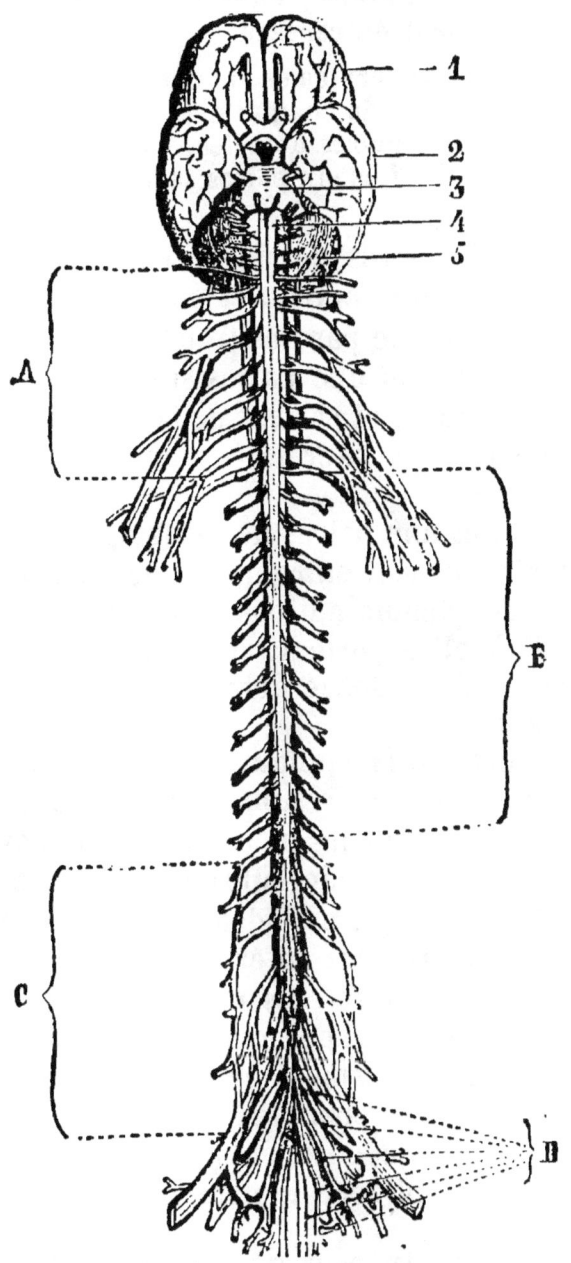

Fig. 23. *Encéphale et nerfs spinaux.*

1. Lobe antérieur du cerveau. — 2. Lobe moyen du cerveau. — 3. Protubérance annulaire. — 4. Bulbe rachidien. — 5. Cervelet, au-dessous duquel se trouve le lobe postérieur du cerveau.

A. Les huit paires cervicales de nerfs spinaux (observez comment la racine de chaque nerf est toujours double). — B. Les douze paires dorsales. — C. Les cinq paires lombaires. — D. Les six paires sacrées.

quarante-trois paires de nerfs, dont les douze premières naissent du cerveau et de la moelle allongée, et sortent du crâne par des trous situés à sa base [1]; et dont les trente et une paires suivantes viennent de la moelle épinière, et sortent de la colonne vertébrale par des ouvertures latérales nommées *trous de conjugaison*.

Les trente et une paires de nerfs spinaux ou rachidiens se répartissent entre quatre sections auxquelles on donne des dénominations différentes, suivant les régions d'où elles partent. Ainsi l'on distingue huit paires cervicales, douze dorsales, cinq lombaires et six sacrées.

Chacun des nerfs spinaux a une racine double : l'antérieure, formée de substance blanche, renferme les fibres qui règlent les mouvements; la postérieure, formée d'un mélange de substance blanche et grise, contient les fibres qui président aux sens.

Après que les racines antérieures et postérieures se sont réunies, les différents nerfs ou les divers filets de chacun d'eux se rapprochent, s'accolent, se croisent, en un mot, forment un réseau inextricable de fibres motrices et sensitives qui pénètrent tous les organes. Les enchevêtrements des principales branches nerveuses ont reçu le nom de *plexus*. Le plexus

---

[1] Pour le détail des nerfs crâniens, voyez *fig.* 21 et *fig.* 22, *pages* 96 et 98.

cervical envoie ses rameaux dans le cou, le plexus brachial distribue les siens dans le bras, etc.

Système grand sympathique.

84. Le système grand sympathique ou ganglionnaire consiste dans un double cordon nerveux, entremêlé de petites masses de même nature appelées ganglions. Ces deux chaînes sont situées de chaque côté de la colonne vertébrale, et forment de nombreux plexus depuis la tête jusqu'au bassin. De chacune d'elles partent des rameaux qui se distribuent au cœur, aux poumons, à l'estomac, au foie, aux intestins, etc.; et d'autres, qui, reliant ce système au cérébro-spinal, portent le nom de *racines du grand sympathique*. Comme on le voit, la division du système nerveux en deux systèmes secondaires *absolument distincts* n'est plus admissible aujourd'hui.

PHYSIOLOGIE

85. FONCTIONS DE L'ENCÉPHALE. — *Fonctions du cerveau*. Personne n'a jamais pu comprendre l'union mystérieuse de l'esprit avec la matière; néanmoins tout homme de bon sens admet que, pendant la durée de notre existence terrestre, l'âme est intimement liée au corps [1], et qu'il existe dans l'économie un organe spécialement affecté à sa manifestation. Ce *siège*

---

[1] « Il a plu à Dieu, dit Bossuet, que des natures si différentes fussent étroitement unies. Et il était convenable, afin qu'il y eût de toutes sortes d'êtres dans le monde, qu'il s'y trouvât et des corps qui ne fussent unis à aucun esprit, tels que sont la terre et l'eau et les autres de cette nature; et des esprits qui, comme Dieu même, ne fussent unis à aucun corps, tels que sont les anges; et aussi des esprits unis à un corps, telle qu'est l'âme raisonnable, à qui, comme à la dernière de toutes les créatures intelligentes, il devait échoir en partage ou plutôt convenir naturellement de faire un même tout avec le corps qui lui est uni. (*Connaissance de Dieu et de soi-même*, ch. III.)

de l'âme[1], comme on dit quelquefois, c'est l'encéphale, et plus particulièrement le cerveau. En effet, lorsque les deux hémisphères cérébraux sont enlevés, on tombe dans une stupeur profonde, et le corps est plongé dans une complète insensibilité.

Dans la majorité des cas, la capacité intellectuelle est proportionnée au développement du cerveau[2].

---

[1] Cette expression a besoin d'être expliquée. Le cerveau est le *siège de l'âme*, non en ce sens qu'il puisse sécréter la pensée, comme le veulent les matérialistes; mais en ce sens que l'appareil encéphalique est l'instrument de l'intelligence, qu'il est le principe d'où émanent et qui gouverne toutes les opérations animales.

Le cerveau n'est pas non plus le *siège de l'âme* d'une manière exclusive, de sorte que l'âme réside *seulement* dans l'encéphale. Saint Augustin nous dit que, « dans tout corps, l'âme est tout entière dans le tout, et tout entière dans chaque partie. » Et saint Thomas enseigne que « l'âme est tout entière dans chaque partie du corps, selon la totalité de sa perfection et de son essence, mais non selon la totalité de sa vertu, parce qu'elle n'est pas dans chaque partie du corps par chacune de ses puissances ou facultés... Elle est, dit-il, par la faculté de la vue, dans l'œil; par celle de l'ouïe, dans l'oreille, et ainsi des autres sens. »

[2] Le Hollandais Camper, et après lui l'Allemand Gall, ont essayé de fonder une science sur les rapports qui existent entre le développement du cerveau et l'intelligence. C'est ce qu'on appelle la phrénologie.

Camper mesurait le volume du cerveau avec l'angle facial. Pour obtenir cet angle, il faisait arriver à la base du nez deux lignes droites, dont l'une rasait la mâchoire supérieure et le front, et l'autre passait par le trou de l'oreille. Plus cet angle était ouvert, plus, d'après lui, le cerveau était volumineux et l'intelligence étendue. L'angle facial des Européens se trouvait ainsi de 80 à 85 degrés, celui des Mongols de 75 et celui des nègres de 70, ce qui semblait assez conforme au principe. Mais Bérard a renversé tout cet échafaudage en montrant que, si l'on prenait un point de repère plus fixe et moins sujet à contestation, on obtenait un angle de même ouverture pour les têtes de toutes les races humaines. Ajoutons que la mesure de l'angle facial, telle que l'entendait Camper, a donné dans la pratique une foule de résultats contraires à la vérité.

Gall soutenait que l'encéphale est composé d'un certain nombre de parties, dont chacune correspond à une faculté particulière;

Par une étrange anomalie, le centre commun d'où rayonnent tous les mouvements, où aboutissent toutes les sensations, est lui-même insensible. On peut piquer, couper, brûler le cerveau sans faire éprouver aucune douleur ni déterminer aucun mouvement.

86. *Fonctions du cervelet.* De nombreuses expériences autorisent à croire que le cervelet sert à régler et à coordonner les mouvements.

87. *Fonctions de la moelle allongée.* Cette partie de l'encéphale préside aux phénomènes de la respiration. Le principe des mouvements respiratoires se trouve, paraît-il, dans le nœud vital.

88. Fonctions de la moelle épinière. — La moelle épinière est extrêmement sensible. La moindre piqûre qu'on y fait produit une vive douleur et détermine des mouvements convulsifs. Il est clair cependant qu'elle ne possède pas par elle-même la propriété de recevoir les sensations et de provoquer les mouvements, car elle tombe dans l'insensibilité et comme dans la mort, sitôt que, par une coupure transversale, on l'empêche de communiquer avec le cerveau. Ce gros cordon nerveux est essentiellement un organe de transmission : il envoie aux nerfs les impressions qu'il reçoit de l'encéphale, et à l'encéphale les impressions qu'il reçoit des nerfs.

En plus de son rôle de conducteur, la moelle possède une autre propriété importante : c'est celle de renvoyer vers la périphérie du corps les excitations

---

que le développement de chacune de ces facultés est proportionné au volume de son siège, et que, la boîte du crâne étant exactement moulée sur l'encéphale, on peut y observer toutes les saillies qui existent à l'intérieur. Ce système dangereux ne repose sur rien de solide, et il a le tort de compromettre à la fois l'unité et la liberté de l'âme. Il fait de l'Homme une espèce d'automate qui agirait en aveugle et n'aurait aucune responsabilité de ses actes. Plusieurs physiologistes distingués, et entre autres Flourens, ont fait bonne justice des localisations cérébrales.

qui en viennent. La plupart de nos mouvements ne sont ainsi qu'une sorte de réponse aux impressions reçues. Ces phénomènes, qui sont surtout d'ordre moteur, ont été qualifiés de *réflexes*, non qu'ils soient déterminés par la réflexion, ni qu'ils se produisent sous l'empire de la volonté, mais uniquement parce que l'excitation transmise à la moelle épinière par les nerfs sensitifs est *refléchie* par elle, et revient par les nerfs moteurs agir sur les muscles de la partie irritée. Peu importe d'ailleurs que la sensation ait été perçue ou non. Supposons, par exemple, une Grenouille décapitée, privée par conséquent de ses hémisphères cérébraux, si je pince l'extrémité d'une de ses pattes, je verrai cette patte se retirer vivement, comme si l'animal avait encore un cerveau. C'est ici *l'action réflexe* proprement dite. Elle est de plus *adaptée*, parce qu'elle semble se rapporter à un but déterminé : cette patte paraît fuir ce qui l'a blessée.

Mais il est une autre sorte de phénomènes réflexes dans lesquels l'excitation d'un nerf sensitif provoque, non plus un mouvement, mais une autre sensation qui accompagne la première : c'est ce que l'on appelle des *actes sympathiques* [1].

---

[1] Pour plus de clarté, nous allons donner quelques exemples d'actions réflexes, d'actions réflexes adaptées et d'actes sympathiques.

1º *Actions réflexes.* Le cheminement du bol alimentaire dans le canal digestif. — Le vomissement consécutif à l'irritation du voile du palais. — Les convulsions produites quelquefois par la présence de vers dans les intestins. — Le tremblement des membres amené par une forte sensation de froid, etc.

2º *Actions réflexes adaptées.* Le clignement des paupières en face d'une lumière éclatante. — Le retrait subit d'un muscle blessé. — La toux, pour débarrasser des mucosités la trachée artère et le larynx. — L'éternuement, pour dégager les fosses nasales, etc.

3º *Actes sympathiques.* On grince des dents en entendant limer une scie. — On sent un picotement dans le nez et l'on éternue quand on regarde le soleil en face. — Les glandes salivaires, le foie, le

89. Fonctions du réseau nerveux. — Tous les nerfs n'ont pas le même rôle à remplir. Les uns sont *moteurs* et servent au mouvement, en faisant contracter les muscles ; les autres sont *sensitifs*, et ont pour mission de transmettre les sensations ; d'autres, et c'est le plus grand nombre, renferment à la fois des fibres motrices et sensitives [1] : ce sont les nerfs *mixtes*. Enfin Claude Bernard a découvert un quatrième genre de nerfs, provenant des rameaux du grand sympathique, et qui ont pour fonction de dilater et de contracter les artères, veines et vaisseaux lymphatiques, et conséquemment d'activer ou de ralentir la circulation. L'illustre physiologiste les a désignés sous l'appellation générale de nerfs *vaso-moteurs*.

On sait déjà que les nerfs qui sortent de la colonne vertébrale naissent par deux racines situées l'une devant l'autre. Si l'on coupe la racine postérieure d'un nerf, le membre dans lequel il se ramifie devient insensible, mais il peut encore être mû au gré de la volonté. Si l'on coupe la racine antérieure, la sensibilité subsiste, mais tout mouvement devient impossible. Enfin, si l'on coupe les deux racines ou le nerf entier, le membre où il se rend est complètement frappé de paralysie. On voit par là que les nerfs issus du crâne ou de l'épine dorsale ne sont eux-mêmes que des organes de transmission [2].

---

pancréas sont excités par la présence de la nourriture. — La main droite palit, lorsque la gauche vient à être refroidie, etc.

[1] « Lorsque j'approche la main trop près du feu, et que je la retire pour éviter la brûlure, il y a une double transmission. L'impression de chaleur déterminée par le feu à la surface de la peau chemine par les nerfs jusqu'au centre nerveux, où elle est perçue ; puis le centre nerveux réagit, et il en part une excitation motrice qui va déterminer la contraction musculaire, dont l'objet est d'éloigner ma main du foyer. » (*Dictionnaire français illustré et Encyclopédie universelle*, art. NERVEUX.)

[2] « Diverses hypothèses, dit Béclard, ont été invoquées succes-

90. Fonctions du grand sympathique. — Le système ganglionnaire entretient le jeu du cœur, de l'estomac, des intestins, et en général de tous les organes situés dans la poitrine ou dans l'abdomen. Si l'on enlève l'encéphale, à l'instant le grand sympathique cesse d'agir, ce qui démontre par l'expérience que ce nerf ne constitue pas un système isolé. La grande différence qui le caractérise et le distingue des nerfs cérébro-spinaux, c'est qu'il accomplit ses fonctions sans que nous en ayons conscience, et sans aucune intervention de la volonté [1].

sivement pour expliquer le transport des impressions et de l'incitation motrice dans les nerfs. On a parlé de changements moléculaires qui accompagneraient tous les phénomènes de sensibilité ou de motilité. On a comparé les nerfs à des cordes tendues dont les extrémités, placées à la périphérie (*surface du corps*), transmettraient les impressions par des sortes de vibrations centripètes, tandis que d'autres nerfs, ou les mêmes, par des vibrations en sens opposé, transmettraient le mouvement aux muscles. On a supposé que les nerfs étaient parcourus par des courants de liquides, et on les a assimilés à des espèces de vaisseaux particuliers. Toutes ces suppositions n'ont pas aujourd'hui besoin d'être réfutées. A cette heure, beaucoup d'auteurs font circuler dans l'intérieur des nerfs une sorte de fluide impondérable, analogue à l'électricité, auquel on donne le nom de fluide nerveux. C'est là une pure hypothèse à l'appui de laquelle on ne peut apporter aucune expérience directe; c'est tout simplement reproduire sous un autre nom la théorie des *Esprits animaux*, qui a joué un si grand rôle dans les ouvrages physiologiques et philosophiques des deux derniers siècles. Quelques auteurs sont allés plus loin, en identifiant le prétendu fluide nerveux avec le fluide électrique lui-même. Ici l'expérience est absolument contraire à cette assimilation. » (*Ibid.*, art. *id.*) Là donc encore la science est obligée de reconnaître un mystère.

[1] « Ainsi vos aliments une fois mâchés, par exemple, des forces providentielles opèrent seules tout en vous, pour les transformer en chyle et réparer les pertes du sang. Elles décomposent, distillent, mélangent et combinent, avec une habileté et une constance parfaites, sans que vous ayez à prendre, pour le succès de tant d'opérations chimiques, aucune peine, aucun soin.

« Ah! du moins ne méconnaissez pas l'active bienveillance du Créateur pour vous. En prenant vos repas, en vous servant des

91. Système nerveux dans la série animale. — Tous les Vertébrés sont pourvus, ainsi que l'Homme, d'un double système nerveux ; mais les derniers Mammifères, les Oiseaux, les Reptiles et les Poissons n'ont plus de circonvolutions au cerveau.

Les Invertébrés ne possèdent qu'une espèce de système nerveux ganglionnaire, qui rappelle le grand sympathique des animaux supérieurs. A mesure qu'on descend dans l'échelle des êtres animés, ce système se simplifie davantage, et, chez les Éponges, il a complètement disparu.

Nous groupons ici quelques questions relatives à l'encéphale et aux nerfs, pour l'utilité de quelques-uns de nos lecteurs.

1° RAPPORT DE L'ANIMAL ET DU MONDE EXTÉRIEUR ; MOUVEMENT; SENSIBILITÉ GÉNÉRALE; SENSIBILITÉS SPÉCIALES.

Outre les fonctions de *nutrition*, qui sont communes aux deux Règnes organiques, il y en a d'autres, dites fonctions de *relation*, qui sont particulières aux animaux et qui ont pour but de les mettre en rapport avec le monde extérieur. Par la *sensibilité*, l'animal reçoit les impressions du dehors, et il en a conscience : c'est la *sensation*. Par la *motilité volontaire*, il déplace au moins quelques parties de son corps, et le plus souvent son corps tout entier : c'est le *mouvement* et ordinairement la *locomotion*, c'est-à-dire le changement de lieu.

La sensation se produit dans l'âme au moyen des *sens*, qui agissent eux-mêmes par l'intermédiaire des *nerfs sensitifs*. On

instruments qu'il vous a donnés pour cette fin, remarquez quelquefois combien sa bonté est attentive à vos besoins, ingénieuse à y pourvoir, habile à vous conserver la vie. Puis, tandis que s'opèrent en vous les profondes élaborations qui changent en sang, en chair, en os, jusqu'aux froides boissons et aux plantes crues prises dans vos repas; tandis que des forces divines travaillent en vous avec tant d'activité et de succès, ayez au moins quelques pensées de reconnaissance. N'est-il pas juste que vous, chétive et mortelle créature, vous leviez de temps en temps les yeux de votre âme vers le Père éternel et céleste, qui constamment a les siens fixés sur vous avec bonté? » (*Merveilles de la Providence dans la nature et dans la religion*, seconde édition p. 235.)

verra bientôt que les animaux supérieurs sont pourvus de cinq sens, qui sont le *toucher*, le *goût*, l'*odorat*, l'*ouïe* et la *vue*. La *sensibilité tactile*, qui s'exerce à la surface du corps par le moyen des nombreux filets nerveux qui viennent y aboutir, ne manque chez aucun représentant du Règne animal. De là sans doute le nom de *sensibilité générale*, sous lequel les physiologistes la désignent communément. Mais il est d'autres nerfs dont le mode d'action est différent et qui ont des énergies particulières. Ainsi le nerf optique transmet à la conscience une impression d'où résulte la vue; le nerf acoustique, une impression d'où résulte l'ouïe, etc. C'est ce qu'on appelle *sensibilités spéciales*. La locomotion s'opère au moyen des *muscles*, sur lesquels agissent les *nerfs moteurs*, qui leur transmettent les ordres de la volonté. Elle permet aux animaux, guidés par leurs sens, de se mettre en rapport plus intime avec les objets qui les entourent, comme aussi de rechercher ce qui peut leur être utile et d'éviter ce qui est capable de leur nuire.

2° Phénomènes intellectuels. On appelle de ce nom l'exercice des facultés intellectuelles, qui sont : la *perception externe*, le *sens intime* ou *conscience*, la *mémoire*, le *jugement*, le *raisonnement*, l'*imagination*, etc.

A l'égard de ces phénomènes, trois choses sont absolument certaines : premièrement, que l'âme, malgré la multiplicité de ses facultés et de ses manifestations, est cependant essentiellement une et simple.

Deuxièmement, que les phénomènes intellectuels ne sont pas les produits du cerveau. En effet, les actes dont nous parlons sont simples; or le cerveau, comme tout le corps de l'Homme, est étendu et composé; donc il ne peut pas produire la pensée, car un acte est de même nature que le principe d'où il émane.

Troisièmement, que l'âme et le corps, quoique de nature différente, sont en relation si intime et tellement unis, qu'ils réagissent l'un sur l'autre. En vertu de cette liaison, l'âme est servie par des organes dont elle suit les vicissitudes. Le cerveau, qui est, comme nous l'avons dit, le siège et l'instrument de l'intelligence, est-il sain et bien organisé, l'âme produit avec facilité les phénomènes intellectuels; est-il, au contraire, affaibli et malade, l'instrument fait défaut à l'âme, qui, dans ces conditions, ne se manifeste plus que d'une manière imparfaite.

Il n'est pas inutile de revenir sur cette expression *siège de l'âme*, qui n'est exacte qu'autant que le sens en est bien déterminé. Elle ne signifie pas évidemment que l'âme est dans les hémisphères cérébraux comme dans un lieu. Être quelque part, c'est occuper une certaine portion de l'espace. Mais l'âme, qui est spirituelle, n'a pas plus de rapport avec l'espace qu'avec la forme et avec le poids. On ne peut pas dire plus que l'âme est dans le cerveau comme dans un lieu, qu'on ne peut dire combien elle pèse et si elle est ronde ou carrée. Ce que l'on veut exprimer donc quand on dit que le cerveau est le siège de l'âme, c'est qu'en vertu de la liaison mystérieuse établie par le Créateur, l'âme fait du cerveau le *centre de son action*, et qu'elle agit sous sa dépendance.

Nous avons observé que les lésions cérébrales troublent les phénomènes intellectuels; mais, dans le cas même où l'organe présente une constitution anormale, l'intelligence est modifiée d'une manière fâcheuse. C'est ce que l'on peut constater dans les idiots microcéphales. Enfin il est vrai qu'en général la capacité intellectuelle est proportionnée au développement du cerveau. L'anatomie comparée nous apprend que le poids moyen du cerveau de l'Homme étant de 1200 grammes, ce poids s'abaisse quelquefois chez les nègres jusqu'à 872 grammes, ce qu'on peut considérer comme le principe de leur infériorité intellectuelle. Les animaux ont encore le cerveau relativement beaucoup plus petit. Ainsi, tandis que chez l'Homme il pèse cinquante fois plus que la moelle épinière, chez le Chien il ne pèse que cinq fois plus, et deux fois seulement chez le Cheval. D'un autre côté, nous voyons que dans l'homme de génie le cerveau prend des proportions et un poids considérables. Celui de Schiller pesait 1750 grammes; celui de lord Byron, 1800 grammes; celui de Cuvier, 1830 grammes. Enfin il est reconnu qu'en moyenne, et d'une manière générale, les hommes instruits ont le cerveau plus volumineux que les ignorants.

3° PROPRIÉTÉS GÉNÉRALES DES NERFS; EFFETS DIVERS DE LEUR EXCITATION. *Transmettre les excitations*, soit qu'elles émanent du cerveau, soit qu'elles viennent des organes des sens, telle paraît être la propriété générale des nerfs, et tous les conduisent aussi bien dans un sens que dans l'autre. On a soudé des nerfs moteurs avec des sensitifs; après la reprise, les tronçons moteurs transmettent la sensation, et les tronçons sensitifs transmettent le mouvement. En un mot, les expériences ont montré qu'il n'y a aucune différence essentielle entre les propriétés des diverses sortes de nerfs, et que les fibres nerveuses ne diffèrent que par les centres d'où elles partent et par les organes auxquels elles aboutissent.

L'excitation des nerfs produit des effets très variés, dont nous citerons seulement quelques-uns. Celle du nerf facial altère la physionomie; celle du nerf glosso-pharyngien provoque les nausées; celle du pneumo-gastrique, l'expulsion des mucosités qui se trouvent dans les bronches et quelquefois la syncope. D'autres nerfs ont des actions différentes. Ainsi l'excitation du nerf laryngé supérieur produit ordinairement la toux; celle du nerf nasal amène l'éternuement, etc.

Et ce qu'il y a de plus remarquable, c'est que ces effets peuvent être provoqués par des excitations artificielles : par exemple, en pinçant les nerfs ou en les soumettant à des courants et à des décharges électriques.

4° **Rêves, hallucinations**. Le rêve est une combinaison involontaire et le plus souvent confuse d'images et d'idées qui occupent notre esprit pendant notre sommeil. Il n'est pas rare que l'état où l'on se trouve influe sur la nature des rêves. Un repos tranquille s'accompagnera de songes gracieux, tandis qu'une fausse position ou une douleur corporelle feront naître des visions pénibles, qui pourront être aggravées par des cauchemars. Quelquefois l'imagination se trouve tellement surexcitée pendant les rêves qu'elle détermine l'action : c'est le cas des somnambules.

L'hallucination est un trouble cérébral par suite duquel un individu, bien qu'éveillé, croit voir ou entendre des choses qui n'ont aucune réalité. Elle se produit fréquemment dans les affections mentales et dans les maladies inflammatoires du cerveau. L'opium, le hachisch, la quinine, la belladone, etc., peuvent causer artificiellement des hallucinations.

CHAPITRE II

DES SENS

92. Définition. — On appelle sens *les facultés par lesquelles notre âme reçoit l'impression des objets corporels qui nous entourent.*

A chaque sens correspond, dans le corps, un organe particulier.

93. Division. — Tous les objets n'ont pas les mêmes propriétés; aussi la divine sagesse nous a-t-elle pourvus, pour les connaître, de divers appareils. La peau nous révèle le contact des corps étrangers; la langue accuse les saveurs; le nez perçoit les odeurs; l'oreille, les sons, et l'œil, la forme et les couleurs. Comme on le voit, les sens, chez l'Homme, sont au nombre de cinq : le *toucher*, le *goût*, l'*odorat*, l'*ouïe* et la *vue*. Nous verrons qu'il en est de même chez la plupart des animaux.

SENS DU TOUCHER

ANATOMIE

94. Structure de la peau. — Le toucher a pour principal organe la peau, qu'il importe d'étudier.

Cette membrane enveloppe le corps entier, et se compose de deux parties bien distinctes : le *derme* ou *chorion*, et l'*épiderme*.

Le derme est la couche la plus profonde de la peau ;

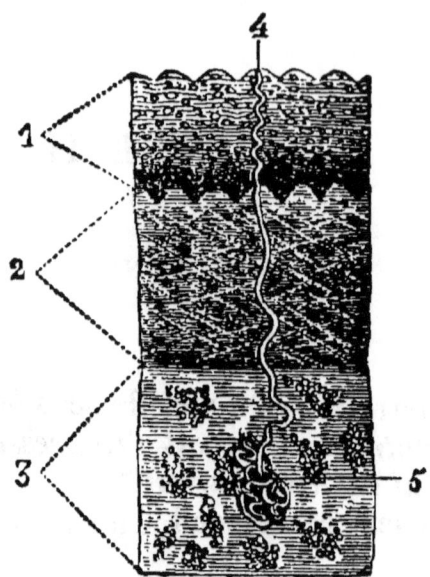

Fig. 24. *Coupe de la peau humaine considérablement grossie.*

1. Épiderme (couche superficielle de la peau), renfermant le pigment ou matière colorante dans sa partie inférieure. — 2. Derme (seconde couche de la peau), au-dessus duquel on aperçoit de petites éminences appelées papilles. — 3. Tissu cellulaire sous-cutané, où l'on remarque des agglomérations de cellules remplies de graisse. — 4. Canal excréteur d'une glande. — 5. Glande sudorifère considérablement grossie.

il est formé par des fibres très fines, qui, en se croisant, produisent une espèce de feutre. Dans certains endroits plus exposés au frottement des corps étrangers, son épaisseur atteint deux millimètres. Lorsque le chorion est dépouillé de l'épiderme, on y aperçoit une multitude de trous et de petites éminences. Les trous correspondent à des glandes, ou à des bulbes chargés de sécréter les poils et les cheveux; et les saillies, qu'on nomme *papilles*, à des filets nerveux qui viennent s'y épanouir. C'est le derme de certains animaux qui, préparé au moyen du tan, constitue le cuir.

L'épiderme est comme un vernis destiné à protéger le derme, et à l'empêcher de se dessécher par l'action de l'air. Sa surface est criblée de *pores*, ouvertures imperceptibles par où passent les poils et les canaux sécréteurs. Au contact répété d'objets durs, il acquiert une épaisseur plus grande : aussi voyons-nous habituellement que les ouvriers ont les mains calleuses. On ne rencontre pas de nerfs ni de vaisseaux sanguins dans l'épiderme; il est simplement formé de cellules superposées. Les plus profondes renferment le *pigment*, petites granulations qui servent à colorer la peau.

D'après certains auteurs, les ongles ne seraient qu'une modification de l'épiderme; d'autres veulent que ce soient des poils réunis et soudés ensemble. Il est difficile de se déterminer entre ces deux opinions.

PHYSIOLOGIE

95. Fonction du toucher. — Le mécanisme du toucher est extrêmement simple. Ébranlés à leur extrémité, les filets nerveux transmettent au cerveau l'impression qu'ils ont reçue, et celui-ci détermine la sensation dans l'âme [1].

---

[1] « Les véritables organes du toucher sont les papilles nerveuses, et la sensation est d'autant plus parfaite que la peau est plus molle, que l'épiderme est moins épais, que les papilles nerveuses sont plus nombreuses. La main de l'homme est admirablement

96. Sens du toucher dans la série animale. — Le sens du toucher, déjà très obtus dans un grand nombre de Vertébrés à cause des poils, des plumes et des écailles, devient de plus en plus imparfait à mesure que l'organisation se simplifie. Les quatre mains chez les Singes, les moustaches chez les Rats et les Phoques, la trompe dans l'Éléphant, le bout du nez dans la Taupe et la Musaraigne, les lèvres dans le Cheval, l'Ane et plusieurs autres animaux, paraissent être les principaux organes de la sensibilité tactile. Les Oiseaux ont le sens du toucher peu développé, et n'emploient guère pour l'exercer que le bec et les pattes. Les Reptiles ne possèdent pas d'organe spécial. Quelques Poissons se servent des barbillons qu'ils ont au museau; la plupart des Insectes, de leurs antennes et de leurs palpes, et certains Mollusques, tels que les Poulpes, de leurs tentacules.

SENS DU GOUT

97. Organe du gout. — L'organe spécial du goût est la langue, à laquelle on doit ajouter une très petite portion du voile du palais. Aucune autre partie de la bouche, ni la voûte palatine, ni les joues, ni les lèvres, ne peuvent nous faire percevoir les saveurs. La langue est surtout sensible dans les endroits où abon-

---

organisée sous ce rapport. Elle offre de plus cet avantage, qu'elle peut s'appliquer, se mouler, pour ainsi dire, sur les corps soumis à son examen, afin de varier et de multiplier les points de contact. De là vient la distinction de deux espèces de toucher : le *tact* ou toucher passif, qui est le résultat des impressions produites par les corps extérieurs en un point quelconque de la peau, et le *toucher* proprement dit ou *toucher actif*, qui s'exerce avec intention. Le tact et le toucher diffèrent donc entre eux comme l'action de voir et celle de regarder, comme celle d'entendre et celle d'écouter. » (*Dictionnaire français illustré*, etc., art. peau.)

dent les papilles, c'est-à-dire à la pointe, aux bords et à la base. Pour que les corps puissent agir sur les nerfs du goût, il est nécessaire qu'ils soient liquides ou délayés par la salive.

La Providence a placé le goût comme une sentinelle à l'entrée du canal digestif, afin de nous prémunir contre les aliments malsains ou empoisonnés.

Tout le monde a remarqué la relation intime qui existe entre le sens du goût et celui de l'odorat. Il suffit d'un rhume de cerveau pour diminuer la saveur des viandes et surtout des liqueurs aromatiques, telles que le thé et le café.

98. Sens du goût dans la série animale. — La langue des Singes, des Chiens et d'un grand nombre de Carnassiers est revêtue, comme la nôtre, d'une multitude de papilles, ce qui suppose un goût assez développé. Chez les Oiseaux, les Reptiles et les Poissons, ce sens doit être très obtus, et on le regarde comme plus douteux encore dans les animaux sans vertèbres.

SENS DE L'ODORAT

ANATOMIE

99. Organe de l'odorat. — Le véritable organe de l'odorat consiste dans une membrane muqueuse appelée *pituitaire*, à l'intérieur de laquelle se ramifie le nerf *olfactif*. Cette membrane tapisse les deux *fosses nasales*, cavités creusées dans la face, et qui communiquent par les narines avec le dehors, et par les arrière-narines avec le pharynx. Trois lames osseuses, situées sur les parois latérales, servent à étendre la surface olfactive [1]. Leur disposition les a

[1] Cette surface est encore agrandie par les *sinus frontaux, sphénoïdaux et maxillaires*. On entend par là des vides qui existent

fait nommer *cornets* Entre chacune de ces lames se trouvent les *méats*, interstices étroits que l'on peut comparer à de petits sillons. Les fosses nasales sont de

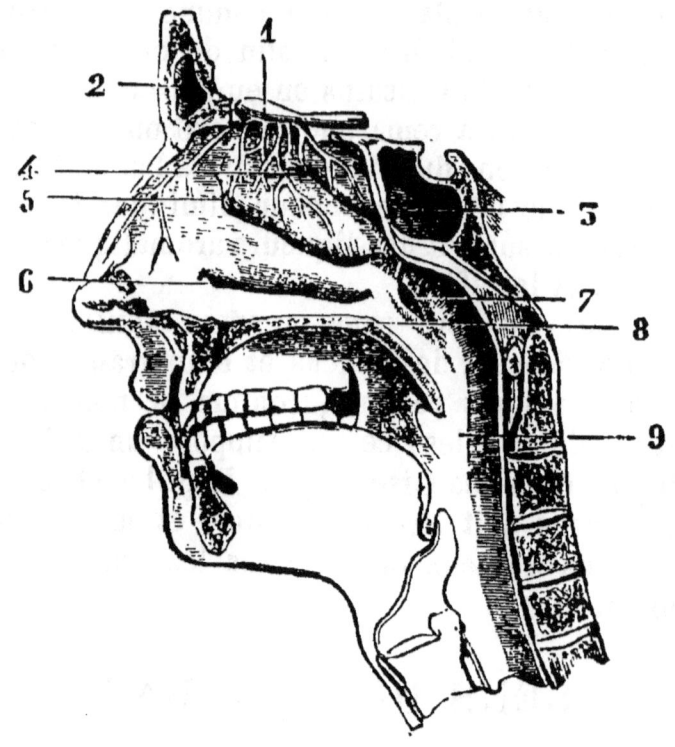

Fig. 25. *Appareil de l'odorat.*

1. Renflement ou bulbe du nerf olfactif et principales ramifications de ce même nerf. — 2. Sinus frontal. — 3. Sinus sphénoïdal. — 4. Cornet et méat supérieurs. — 5. Cornet et méat moyens. — 6. Cornet et méat inférieurs. — 7. Ouverture de la trompe d'Eustache. — 8. Voûte du palais. — 9. Pharynx ou arrière-bouche.

plus séparées par une cloison verticale que forment en arrière l'os *vomer*, et en avant le cartilage du nez.

dans les os du front et de la mâchoire, et qui, comme les fosses nasales, sont revêtus de la membrane pituitaire.

La membrane pituitaire sécrète continuellement le *mucus nasal*, sorte de liqueur filante autrefois nommée *pituite*, qui sert à la lubrifier.

PHYSIOLOGIE

100. Mécanisme de l'odorat. — On comprendra maintenant le mécanisme de l'olfaction avec la plus grande facilité. Tous les corps odorants répandent dans l'air qui les environne une infinité de particules extrêmement ténues. L'organe de l'odorat se trouvant situé sur l'une des voies qui conduisent l'air aux poumons, le fluide laisse nécessairement dans son passage un grand nombre de particules collées à l'aide du mucus sur la pituitaire, et alors le nerf olfactif avertit le cerveau des impressions qu'elles lui font éprouver.

101. Sens de l'odorat dans la série animale. — Une foule de Mammifères, tels que le Chien, le Loup, le Renard, le Bœuf, le Sanglier, ont reçu de la Providence un odorat plus fin que celui de l'Homme. Cet avantage leur était nécessaire pour suivre le gibier à la piste ou pour démêler leur nourriture. Il ne faut pas oublier que, dans tous ces animaux, la perfection de l'odorat résulte toujours de l'étendue de la membrane pituitaire.

Chez les Oiseaux qui vivent de graines, la faculté olfactive est peu développée; le contraire a lieu dans les Oiseaux de proie et dans les Reptiles.

Chez les Poissons, l'eau pénètre simplement dans une poche, et les particules odorantes agissent sur la membrane muqueuse dont elle est tapissée.

On ne sait pas encore d'une manière certaine quel est l'organe de l'odorat chez les Invertébrés; cependant tout fait supposer qu'un grand nombre d'entre eux jouissent de ce sens à une haute perfection. On croit que, chez les Insectes, les antennes jouent un rôle considérable dans la perception des odeurs.

SENS DE L'OUIE

ANATOMIE

102. ORGANE DE L'AUDITION. — L'oreille, organe de l'ouïe, comprend trois parties distinctes : *l'oreille externe*, *l'oreille moyenne* et *l'oreille interne*, plus souvent appelée *labyrinthe*.

103. Oreille externe. — L'oreille externe se compose du *pavillon de l'oreille* et du *conduit auriculaire*.

Le pavillon de l'oreille est une lame cartilagineuse qui forme plusieurs saillies et plusieurs enfoncements. La plus profonde de ces dépressions est une cavité évasée que l'on appelle *conque*.

A la suite de la conque vient le *conduit auriculaire* ou *canal auditif externe*. C'est un tube long de deux centimètres environ, qui est pratiqué dans l'os temporal, et qui aboutit à l'oreille moyenne. La peau dont il est revêtu est couverte de poils, et renferme une multitude de follicules qui sécrètent la matière onctueuse, jaune et amère, nommée *cérumen*.

104. Oreille moyenne. — L'oreille moyenne comprend la *caisse du tympan* et les *osselets de l'ouïe*.

La caisse du tympan est une cavité irrégulière creusée dans l'os temporal. On y observe : la *membrane du tympan*, qui la sépare du canal auditif externe. C'est une cloison mince et tendue comme une peau de tambour sur un cadre osseux. En bas, et du côté de l'arrière-bouche, la *trompe d'Eustache*. On appelle ainsi un canal étroit qui débouche dans le pharynx, et qui sert à la fois à introduire l'air dans la caisse, et à faire écouler le mucus, dont bientôt elle regorgerait. Du côté de l'oreille interne, deux petites ouvertures : la *fenêtre ovale* et la *fenêtre ronde*. Cha-

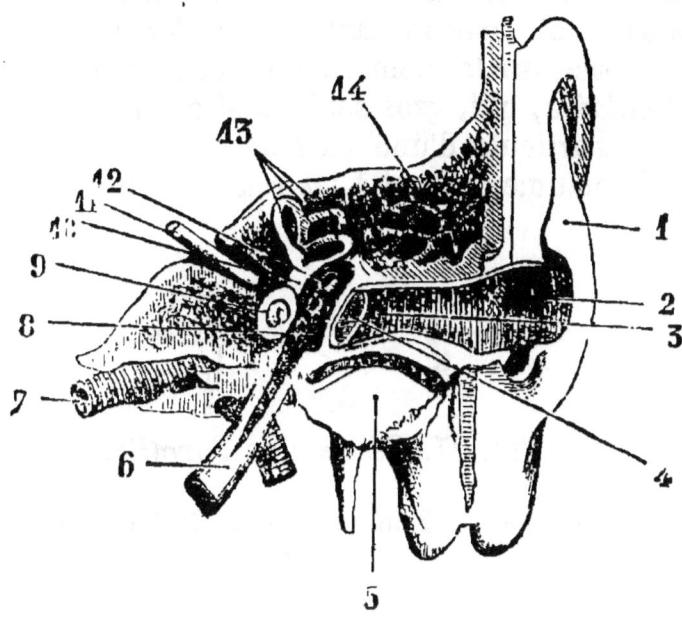

Fig. 26. *Section verticale de l'appareil auditif.*

1. Pavillon de l'oreille. — 2. Conque. — 3. Conduit auriculaire. — 4. Membrane du tympan. — 5. Cavité glénoïdale, dans laquelle vient s'articuler l'os de la mâchoire inférieure. — 6. Trompe d'Eustache. — 7. Artère (carotide interne) traversant le rocher. — 8. Caisse du tympan. — 9. Limaçon. — 10. Vestibule. — 11. Nerf acoustique. — 12. Fenêtre ovale. — 13. Canaux semi-circulaires. — 14. Cellules du rocher ou mastoïdiennes supérieures, communiquant avec la caisse du tympan.

cune d'elles est fermée par une membrane tendue comme celle du tympan. Enfin la caisse communique avec des cellules situées dans le rocher, au-dessus du canal auditif, et dont les cavités contribuent à renforcer le son.

Les osselets de l'ouïe forment une petite chaîne qui traverse la caisse. Chacun d'eux a reçu un nom particulier tiré de sa forme. Ce sont : le *marteau*, dont le manche s'appuie sur le tympan; l'*enclume*, dont la tête s'articule avec le marteau; l'*étrier*, qui s'applique par sa base sur la membrane de la fenêtre ovale; l'*os lenticulaire*, qui, gros seulement comme un grain de sable, s'articule d'une part avec l'étrier, de l'autre avec l'enclume, et sert à les réunir. Cette chaîne d'os-

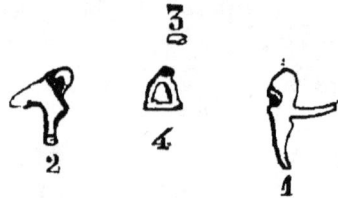

Fig. 27. *Osselets de l'oreille.*

1. Marteau. — 2. Enclume. — 3. Os lenticulaire. — 4. Étrier.

selets est tenue en place et mise en jeu par un grand nombre de muscles, dont un, entre autres, est fixé sur l'étrier, et trois sur différents endroits du marteau.

105. Labyrinthe. — Le labyrinthe ou oreille interne est logé, comme le conduit auriculaire et l'oreille moyenne, dans la portion dure et pierreuse de l'os temporal.

On y distingue trois parties : une en haut, les *canaux semi-circulaires;* une en bas, le *limaçon*, organe en spirale, qui ressemble d'une manière frappante à la coquille du Mollusque dont il porte le nom[1];

---

[1] La partie la plus intéressante du limaçon paraît être l'*organe de Corti*, dans lequel viennent se terminer les innombrables ramifications de la branche principale du nerf acoustique. Cet organe se compose de deux séries de lamelles élastiques adossées l'une à l'autre, et disposées de façon à constituer un appareil vibrant d'une grande richesse qui rappelle quelque idée d'une harpe ou

une au milieu, le *vestibule,* ainsi appelé parce qu'il est comme l'entrée des canaux semi-circulaires et du

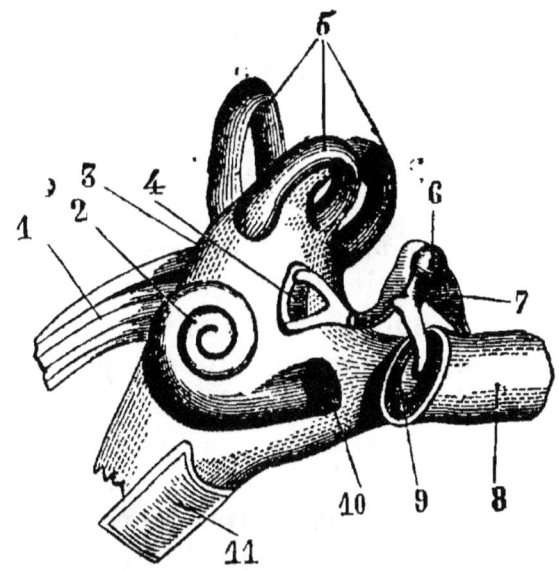

Fig. 28. *Disposition des osselets dans l'oreille moyenne.*

1. Nerf acoustique. — 2. Limaçon. — 3. Vestibule. — 4. Fenêtre ovale, sur laquelle s'applique la base de l'étrier.—5. Canaux semi-circulaires.—6. Tête du marteau s'articulant avec l'enclume (le manche s'appuie sur la membrane du tympan, et l'autre prolongement ou apophyse du marteau, qui s'enfonce dans l'os temporal, a été presque entièrement retranché, pour éviter dans la figure toute espèce de confusion). — 7. Enclume, dont la plus courte branche repose sur le conduit auditif. (Remarquez l'os lenticulaire entre la plus longue branche de l'enclume et le sommet de l'étrier.) — 8. Conduit auditif. — 9. Membrane du tympan. — 10. Fenêtre ronde communiquant avec le limaçon.—11. Trompe d'Eustache.

d'un clavecin. On compte environ 3 000 fibres de cette nature, pouvant ainsi transmettre jusqu'aux moindres nuances harmoniques. La disposition de ce merveilleux organe fait supposer avec grande probabilité que les sons musicaux seraient perçus par le limaçon, et les simples bruits par le reste de l'appareil auditif.

limaçon, avec lesquels il communique par divers orifices. Ces trois cavités de l'oreille interne sont remplies d'un liquide aqueux dans lequel viennent plonger une partie des ramifications du nerf acoustique.

PHYSIOLOGIE

106. Mécanisme de l'audition. — L'ouïe est le sens par lequel on perçoit les sons.

Si l'on jette une pierre dans une pièce d'eau, on aperçoit autour du point où elle est tombée des mouvements ondulatoires qui vont peu à peu en s'affaiblissant. Lorsqu'on heurte un corps élastique, et tous le sont plus ou moins, il se produit quelque chose d'analogue. Les différentes parties de ce corps oscillent et vibrent sous l'impulsion qu'elles ont reçue, et communiquent leur vibration à l'air qui les environne : de là le *son* ou les *ondes sonores*[1].

Longtemps on a cru qu'il y avait des limites au delà desquelles les sons étaient trop graves ou trop aigus pour être perçus. Ces limites sont assez incertaines. On peut cependant les fixer sans trop d'erreur à 8 vibrations par secondes pour les sons graves, et à 38 000 vibrations par seconde pour les sons aigus.

L'unique objet de l'appareil auditif est de faire arriver les ondes jusqu'au nerf acoustique. Pour obte-

---

[1] Les ondes sonores ont besoin d'un milieu qui les transmette : voilà pourquoi il ne se produit aucun son lorsqu'on agite une sonnette sous une cloche de verre dans laquelle on a fait le vide.

Le son ne se propage dans l'air qu'avec une vitesse moyenne de 340 mètres par seconde. La vitesse de la lumière est bien autrement grande ; aussi est-il curieux d'examiner à distance un homme qui casse du bois. Il aura souvent eu le temps de relever son maillet avant que le coup se fasse entendre.

Lorsques les ondes sonores, rencontrant quelque obstacle, reviennent sur elles-mêmes, il en résulte ce qu'on appelle un *écho*.

nir ce résultat, le pavillon les recueille, et le canal auditif les transmet au tympan. Puis, si le son est intense, les osselets de l'ouïe, par un acte d'ordre réflexe que l'on ne saurait assez admirer, appuient sur les membranes et les tendent. De cette manière, les ondes sonores se trouveront calmées, et les filets si délicats du nerf acoustique ne seront pas blessés par une commotion trop violente. Si, au contraire, le son est faible et presque imperceptible, les osselets n'appuieront que d'une façon légère, et les membranes, faiblement tendues, transmettront jusqu'aux moindres fluctuations de l'air [1].

L'état vibratoire des osselets se communique par l'étrier à la membrane de la fenêtre ovale; celui de l'air contenu dans la caisse passe de son côté à la membrane de la fenêtre ronde, et le liquide du labyrinthe, se trouvant agité par là même, transmet ses vibrations au nerf acoustique, qui à son tour avertit le cerveau.

Si le nerf acoustique se trouve ébranlé autrement que par l'impression des *objets* extérieurs, et que cet ébranlement parte de l'organisme même du *sujet,* la sensation ne s'en produira pas moins, et le cerveau sera affecté comme s'il avait perçu un son. C'est ce qui a lieu dans les tintements d'oreilles, les bourdonnements, etc., que l'on met avec raison au nombre des sensations *subjectives.*

---

[1] Quand, par suite d'un état maladif, la membrane du tympan se gonfle et se tend à l'excès, l'ouïe devient excessivement dure. On arrive cependant à faire entendre les sourds à l'aide du *cornet acoustique.* Cet instrument réunit les ondes sonores en plus grande quantité que le pavillon de l'oreille et supplée à son insuffisance.

Si les membranes de la fenêtre ovale ou de la fenêtre ronde se trouvaient déchirées ou trouées par suite d'un accident, le liquide du labyrinthe s'écoulerait dans l'oreille moyenne, et le nerf acoustique ne pourrait plus remplir ses fonctions.

107. Sens de l'ouïe dans la série animale. — L'appareil auditif des Mammifères diffère peu de celui de l'Homme; souvent même il est plus parfait chez ces animaux que chez nous. On doit remarquer que les espèces timides, telles que le Cheval, le Cerf, le Lièvre, ont le pavillon dirigé en arrière, de manière à recueillir les sons tout en fuyant, tandis que les Carnassiers l'ont, au contraire, dirigé en avant, afin de mieux entendre et de mieux poursuivre leur proie.

Les Oiseaux sont pour la plupart dépourvus de toute espèce de pavillon.

Chez les Reptiles, on ne trouve ni pavillon ni conduit auditif externe; la membrane du tympan est à fleur de tête et cachée sous la peau.

Dans les Poissons, l'oreille est réduite au vestibule et aux canaux semi-circulaires.

Si l'on excepte certains Mollusques et les Crustacés, chez qui l'appareil auditif consiste dans une vésicule remplie de liquide, les animaux inférieurs ne présentent aucun organe que l'on puisse regarder comme le siège de l'ouïe. On suppose qu'ils perçoivent les vibrations sonores par les ébranlements imprimés aux nerfs du toucher.

SENS DE LA VUE

ANATOMIE

108. Structure de l'œil. — De tous les sens, celui de la vue est le plus parfait. Nous allons étudier la structure de l'œil, et signaler les principaux détails de son organisation.

Il faut d'abord y distinguer deux choses : l'essentiel et l'accessoire.

DES SENS 127

Les parties essentielles sont :

Le nerf optique, Le globe de l'œil.

Les parties accessoires sont :

Les sourcils, Les muscles moteurs,
Les paupières, L'appareil lacrymal.

Parties essentielles de l'œil.

109. *Nerf optique.* Il a cela de particulier qu'il s'épanouit, à son extrémité, en une sorte de membrane sensible à la lumière.

110. *Globe de l'œil.* Le globe de l'œil, que nous

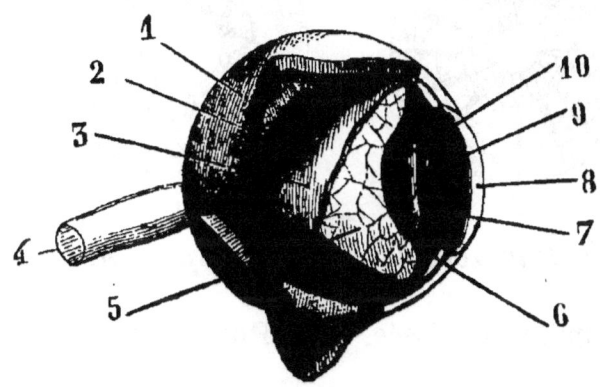

FIG. 29. *Globe de l'œil ouvert.*

1. Sclérotique. — 2. Choroïde. — 3. Rétine. — 4. Nerf optique. — 5. Humeur vitrée, contenue dans la membrane hyaloïde. — 6. Chambre postérieure de l'œil. — 7. Chambre antérieure. — 8. Cornée transparente. — 9. Pupille, ouverture circulaire pratiquée au milieu de l'iris. — 10. Cristallin.

avons à décrire, se trouve logé dans l'orbite, cavité osseuse placée au-dessous du front.

Trois membranes forment les parois de cette boule : la *sclérotique*, la *choroïde* et la *rétine*. Ces trois membranes, interrompues en avant, présentent une ouverture circulaire qui laisse pénétrer les rayons lumineux.

La sclérotique, vulgairement appelée *blanc de l'œil*, est blanche, opaque et très résistante. Elle représente une espèce de coque au-devant de laquelle vient s'enchâsser, comme un verre de montre, un petit cercle membraneux, diaphane et bombé, que l'on nomme *cornée*.

A la face interne de la sclérotique, et en quelque sorte comme doublure, est appliquée la choroïde,

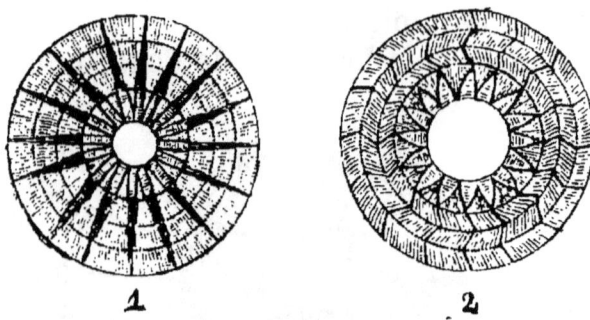

Fig. 30. *Iris avec ses fibres, d'après Arnold.*

1. Pupille rapetissée. — 2. Pupille agrandie.

dans laquelle se répandent d'innombrables vaisseaux sanguins destinés à alimenter l'œil. Les deux côtés de cette membrane sont revêtus d'un pigment noir qui absorbe les rayons lumineux devenus inutiles après la vision.

Enfin, à la face intérieure de la choroïde se trouve la rétine, membrane grisâtre, très mince et demi-transparente, que l'on regarde ordinairement comme un épanouissement du nerf optique.

Mais pénétrons dans le globe même de l'œil. A peu de distance derrière la cornée se rencontre *l'iris*, espèce de rideau circulaire et vertical fixé au bord antérieur de la sclérotique, et dont la couleur varie suivant les individus [1].

On donne le nom de *pupille* à une ouverture ronde percée au centre du rideau. L'iris renferme des fibres circulaires et d'autres rayonnantes, ce qui permet à cette membrane de se contracter ou de se dilater pour laisser passer plus ou moins de lumière. On conçoit facilement, du reste, que les mouvements de contraction dans l'iris agrandissent la pupille, et que les mouvements de dilatation la rapetissent.

L'espace compris entre l'iris et la cornée a reçu le nom de *chambre antérieure* de l'œil.

Derrière l'iris, qui, de ce côté, est d'une teinte foncée, se trouve un autre espace appelé *chambre postérieure*. Ces deux chambres sont occupées par l'*humeur aqueuse*, liquide limpide, composé d'eau, d'un peu d'albumine et de quelques sels.

A une faible distance de la pupille, au fond de la chambre postérieure, est situé le *cristallin*. C'est une lentille diaphane, plus bombée en arrière qu'en avant, et qui est enveloppée dans une membrane également transparente nommée *capsule cristalline*.

La chambre postérieure a peu d'étendue. Tout le reste de l'œil, c'est-à-dire les trois quarts environ, se trouve rempli par une masse gélatineuse, incolore, et parfaitement translucide, que l'on appelle *humeur vitrée* ou *corps vitré*. Elle est renfermée dans la *membrane hyaloïde*, réseau extrêmement délicat, qui envoie des prolongements à l'intérieur de la masse et y forme une multitude de cellules.

En résumé, l'œil traversé de part en part, d'avant en arrière, présente : 1º la cornée; 2º la chambre antérieure et l'humeur aqueuse; 3º l'iris et la pupille; 4º la chambre postérieure et l'humeur aqueuse; 5º le

---

[1] Il est en général bleu chez les personnes blondes, et brun ou marron chez les personnes à cheveux noirs ou châtains.

cristallin; 6° l'humeur vitrée; 7° la rétine; 8° la choroïde; 9° la sclérotique [1].

Parties accessoires de l'œil.

111. *Sourcils.* Les sourcils sont deux arcs de poils qui dominent les yeux. Ils ont pour fonction d'arrêter

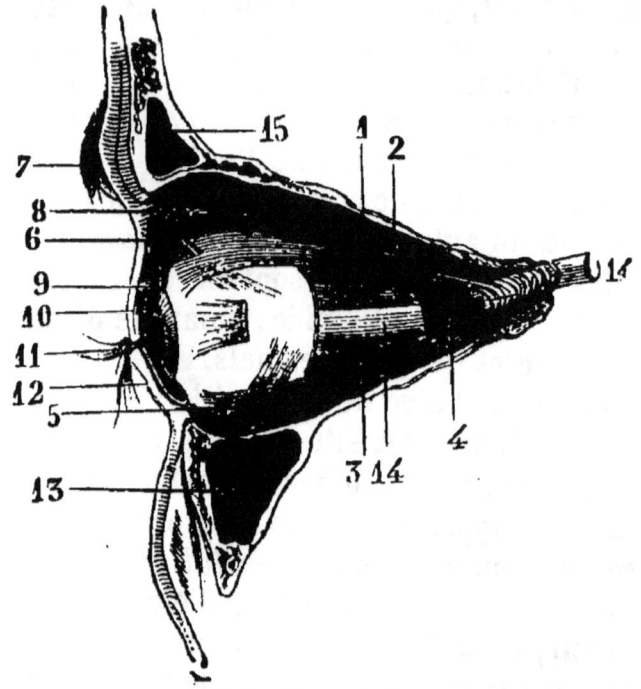

Fig. 31. *Œil avec ses accessoires.*

1, 2, 3, 4, 5, 6. Muscles moteurs du globe oculaire [2]. — 7. Sourcil. — 8. Muscle élévateur de la paupière supérieure. — 9. Membrane conjonctive. — 10. Paupière su-

---

[1] Après avoir parcouru ce résumé, il sera particulièrement utile de jeter un coup d'œil sur la *fig.* 29, *p.* 127.

[2] *Détail des muscles moteurs de l'œil.* — 1. Muscle droit supérieur. — 2. Muscle droit interne. — 3. Muscle droit inférieur. — 4. Muscle droit externe coupé. — 5. Muscle petit oblique. — 6. Muscle grand oblique, dont le tendon passe dans une petite poulie avant de se fixer sur la sclérotique.

périeure. — 11. Cils. — 12. Paupière inférieure. — 13. Sinus maxillaire. — 14. Nerf optique. — 15. Sinus frontal.

une partie de la lumière lorsqu'elle est trop intense, et aussi de défendre l'œil contre la sueur qui découle du front.

112. *Paupières.* Les paupières représentent de petits voiles mobiles qui, en s'étendant, couvrent entièrement le globe oculaire et servent à le protéger. Elles sont au nombre de deux pour chaque œil : une supérieure, et l'autre inférieure, qui a moins d'étendue.

Chaque paupière est constituée en dehors par la peau, en dedans par la *conjonctive*, membrane muqueuse qui se replie sur la face antérieure de l'œil, et la recouvre tout entière, sauf la cornée. Entre la peau et la conjonctive est placée une lame fibreuse et résistante nommmée *cartilage tarse*, ainsi que des muscles destinés à mouvoir les paupières. Sur le bord du cartilage tarse sont implantés les *cils*, petite rangée de poils longs et déliés qui brisent les rayons lumineux, et abritent contre les corps étrangers l'organe si délicat de la vision.

113. *Muscles moteurs de l'œil.* Ces muscles sont au nombre de six, insérés d'une part sur la sclérotique, et de l'autre sur le fond de l'orbite. Ils ont pour effet de tourner l'œil en tous sens, et de lui faire ainsi embrasser un plus vaste champ d'observation [1].

114. *Appareil lacrymal.* Les larmes, dont nous

---

[1] De ces six muscles, quatre sont droits, et deux sont obliques. Voici leurs noms : *muscle droit supérieur, muscle droit inférieur, muscle droit interne, muscle droit externe, muscle grand oblique, muscle petit oblique.* C'est à l'inégalité de longueur ou de force de l'un de ces muscles qu'il faut attribuer le *strabisme*, vulgairement appelé *loucherie.* L'opération qui, pour guérir cette difformité, consiste à couper les muscles vicieux, ne paraît pas mériter toute la vogue dont elle jouissait naguère.

avons déjà parlé, sont le produit de la *glande lacrymale*. Cette petite glande, de même structure à peu près que les salivaires, est logée sous la voûte de l'orbite, vers l'angle externe de l'œil. L'humeur qu'elle sécrète arrive sur le globe oculaire par sept ou huit canaux d'une extrême ténuité. C'est là qu'à proprement parler les larmes remplissent leurs fonctions, en nettoyant l'œil des corpuscules étrangers qui auraient pu

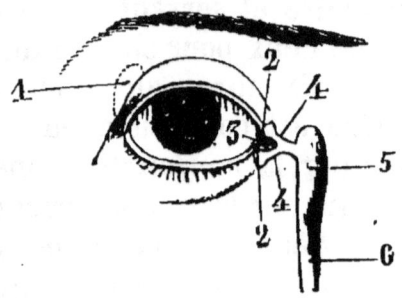

Fig. 32. *Appareil lacrymal.*

1. Glande lacrymale. — 2. Points lacrymaux. — 3. Caroncule lacrymale. — 4. Conduits lacrymaux. — 5. Sac lacrymal. — 6. Canal nasal.

s'y attacher, et en facilitant ses mouvements sous les paupières.

A mesure que la sécrétion les remplace, elles se trouvent portées du côté de l'angle interne de l'œil, où elles sont pompées par les deux *points lacrymaux*, *supérieur* et *inférieur*. On appelle ainsi deux petits orifices toujours béants, situés au bord de chaque paupière, près du bouton rosé nommé *caroncule lacrymale*.

Les larmes se rendent ensuite, par les *conduits lacrymaux*, dans le *sac lacrymal*, sorte de réservoir logé derrière l'os maxillaire, et de là, par le *canal nasal*, dans le méat inférieur des fosses nasales.

En général, les points lacrymaux suffisent à absorber le liquide ; quelquefois pourtant, par exemple dans un excès de tristesse ou de joie, la quantité sécrétée est si considérable, que l'équilibre est rompu, et que les larmes coulent en abondance le long des joues.

PHYSIOLOGIE

115. Mécanisme de la vision. — Nous exposerons d'abord la vision *monoculaire* et *monochromatique;* en d'autres termes, nous procéderons comme si l'appareil visuel était simple et comme si tous les objets qu'il perçoit étaient de la même couleur. Ensuite nous étudierons la vision des couleurs et la vision binoculaire ou des deux yeux.

Vision monoculaire monochromatique.

116. Marche des rayons lumineux dans l'œil; formation de l'image rétinienne. — Pour bien comprendre le phénomène de la vue, il est nécessaire de se rappeler quelques notions de physique.

Parmi les corps, les uns, tels que le soleil, les étoiles, etc., produisent de la lumière; les autres n'ont d'autre propriété que de la réfléchir; mais un corps n'est jamais visible que s'il envoie à notre œil des rayons lumineux. Ces rayons, le globe oculaire se charge de les rassembler, afin qu'ils impressionnent plus vivement la rétine. Il agit à peu près comme une lentille de cristal, qui, recevant la lumière, la concentre à son foyer.

Pour comprendre le mécanisme de la vision, supposons d'abord qu'il s'agit de voir un seul point lumineux. Un faisceau de rayons émanés de ce point tombe sur la cornée, et traverse la chambre antérieure de l'œil. Le rayon central du faisceau conserve à peu près la direction qu'il avait en entrant; mais les autres rayons se rapprochent du rayon central [1], et le faisceau arrive à l'iris moins divergent qu'il ne l'était. Une portion du faisceau remplit l'ouverture de la pupille, et entre par là dans la chambre postérieure de l'œil. Les substances qui s'y trouvent, savoir le cristallin et l'humeur vitrée, agissent sur les rayons plus puissamment que ne l'avait fait l'humeur aqueuse de la chambre antérieure, et achèvent de rapprocher les rayons les uns des autres, de sorte qu'ils arrivent tous ensemble en un même point de la rétine, situé sur le prolongement de la droite menée par le point lumineux et par le centre de la pupille.

Ce qui se passerait pour un seul point lumineux se passe pour tous les points qui composent un objet. Autant de faisceaux de rayons que nous voyons de points à la fois pénètrent en même temps, sans se confondre, à travers la pupille, et vont se concentrer chacun en un point spécial de la rétine. Il se forme ainsi sur cette membrane comme une image de tous les objets que nous apercevons [2]; et cette image est

---

[1] En vertu d'une loi d'après laquelle tout rayon de lumière qui passe d'un milieu moins dense dans un milieu plus dense, par exemple, de l'air dans l'eau, tend à se rapprocher de la perpendiculaire au point d'incidence. A l'appui de cette loi, dont il serait trop long de développer la théorie, on cite plusieurs expériences curieuses. En voici deux que tout le monde peut faire :

1º Plongez un bâton à moitié dans l'eau, et il vous paraîtra brisé au milieu.

2º Placez une pièce de monnaie au fond d'une cuvette; reculez-vous jusqu'à ce que cette pièce ne soit plus visible que par le bord, ou même qu'elle ait entièrement disparu. Si, gardant la même position, vous faites verser de l'eau dans la cuvette, vous reverrez bientôt la monnaie tout entière.

[2] Il est pourtant sur la rétine un point circulaire, de deux millimètres environ de diamètre, qui est absolument insensible à la lumière; aussi a-t-il été nommé *punctum cæcum*, tache aveugle.

renversée par rapport aux objets, parce que les faisceaux de rayons partis de points placés en haut aboutissent au bas du globe de l'œil, et réciproquement [1].

C'est l'endroit où le nerf optique pénètre dans l'œil pour s'épanouir de là dans toutes les directions. Par une sorte de compensation, il y a sur la rétine une autre tache, d'une très belle teinte jaune, qui est d'une exquise sensibilité. Lorsque nous voulons voir très nettement un objet, nous dirigeons involontairement l'œil sur lui de manière que son image vienne se peindre sur la tache jaune. Dans l'épaisseur de la rétine se trouvent divers éléments. On y observe des couches de fibres nerveuses, des couches de cellules nerveuses, plusieurs couches de granules divers, et enfin une couche très remarquable, contiguë à la choroïde, et qui est formée de bâtonnets et de petits cônes. Ces bâtonnets et ces cônes paraissent être les véritables organes de la perception des sensations lumineuses, tandis que les fibres nerveuses seraient par elles-mêmes insensibles à la lumière. Une preuve à l'appui, c'est que le *punctum cæcum*, si riche en fibres nerveuses, est complètement dépourvu de bâtonnets et de cônes, tandis que les fibres nerveuses s'écartent de la tache jaune pour laisser les rayons lumineux arriver directement, dans cet endroit, sur les cônes et les bâtonnets.

[1] Il est facile de constater l'existence de l'image en question. Si l'on insère dans un trou pratiqué au volet d'une chambre obscure l'œil d'un animal albinos, tel qu'un lapin blanc, on verra à travers les membranes de cet œil un tableau très petit et renversé des objets extérieurs.

Mais, puisque les objets se peignent renversés dans notre œil, pourquoi cependant les apercevons-nous droits? A cette question, il n'y a, croyons-nous, qu'une seule réponse raisonnable, et la voici : C'est uniquement parce que le jugement, guidé par l'expérience et par une sorte d'éducation, a pris l'habitude de les redresser.

L'impression déterminée sur la rétine par la lumière dure encore à peu près un tiers de seconde après que la cause qui l'a produite a cessé d'agir. Il en résulte un certain nombre d'illusions d'optique : ainsi, en particulier, nous voyons un cercle de feu lorsqu'on fait tourner sous nos yeux un tison allumé. Une roue nous paraît pleine et les rayons disparaissent quand la marche de la voiture est rapide. Par la même raison, nous n'apercevons pas un boulet de canon qui traverse les airs, parce que l'impression aura été trop peu durable. Mais voici une expérience vraiment curieuse : si, sur une des faces d'une planchette, on repré-

Les sensations visuelles sont quelquefois *subjectives*, c'est-à-dire qu'elles se produisent sans qu'au-

sente un oiseau, et sur l'autre face une cage, et qu'ensuite, à l'aide d'une ficelle, on fasse tourner la planchette avec rapidité, on verra l'oiseau enfermé dans la cage.

Non seulement les impressions lumineuses persistent quelque temps sur la rétine, mais elles peuvent la *fatiguer* par leur durée et leur vivacité, au point de l'émousser et de nous éblouir. Tout le monde a éprouvé qu'après avoir fixé une lumière très vive, on demeure quelques instants incapable de voir. Quand la rétine est ainsi fatiguée, on ne peut plus distinguer les objets faiblement éclairés. C'est ce qui arrive toutes les fois que nous passons de la pleine lumière à un endroit obscur.

La persistance des impressions lumineuses et la fatigue de la rétine se traduisent aussi par l'intéressant phénomène des *images consécutives*, qui reste encore sans explication bien satisfaisante. Si, après avoir regardé le soleil pendant quelques minutes, on jette les yeux sur un toit d'ardoise ou sur une muraille grise, on voit aussitôt une image claire du soleil, puis une image noire, puis une image claire, puis une image noire, et ainsi de suite, en sorte pourtant que ces images diminuent d'intensité jusqu'à leur entière disparition. Les uns attribuent ces phénomènes à une fatigue de la rétine, qui a été trop vivement impressionnée par l'objet lumineux ; les autres à la persistance dans la rétine des impressions lumineuses ; mais les oscillations successives restent toujours insuffisamment expliquées.

Pour que la vision soit nette et précise, il faut que l'*image*, ou, en d'autres termes, que le foyer de la lentille oculaire tombe exactement sur la rétine. Or ce foyer varie suivant l'éloignement des objets. Comment se fait-il donc que nous voyons clairement des corps placés à des distances très différentes ? Ce phénomène, connu sous le nom d'*accommodation* de l'œil, a été expliqué d'une manière satisfaisante par deux physiologistes éminents, MM. Crammer et Helmholtz. Ils ont démontré par une série d'expériences que, grâce au muscle ciliaire qui l'entoure, le cristallin peut devenir plus ou moins convexe et s'adapter ainsi à toutes les distances.

La portée ordinaire de l'œil, pour la lecture, par exemple, est de 25 à 30 centimètres.

Lorsque la cornée et le cristallin présentent une courbure trop prononcée, l'image, au lieu de se peindre sur la rétine, se forme en avant de cette membrane, dans le corps vitré. Pour remédier à cette trop grande convexité, appelée *myopie* (μύω, je ferme; ὤψ, l'œil, parce que telle est l'habitude des myopes), on a re-

cun objet lumineux vienne impressionner notre œil. Une congestion sanguine vers l'encéphale, un coup violent ou seulement une compression sur l'œil suffisent à provoquer ce genre de sensations, auxquelles on a donné le nom de *phosphènes*[1].

Vision des couleurs; vision binoculaire.

117. Origine des couleurs. — Il paraît aujourd'hui certain que la lumière est le résultat d'ondulations d'ampleur inégale, qui se propagent avec une vitesse de 308 000 kilomètres par seconde, dans un milieu éminemment élastique et subtil qui est répandu partout et que l'on nomme *éther*. Lorsqu'on force un faisceau de lumière solaire, appelée lumière blanche, à traverser un prisme transparent, les diverses parties qui constituent ce faisceau se dispersent, et l'on voit s'étaler le *spectre solaire*, avec les couleurs de l'arc-en-ciel. Il existe dans le spectre une infinité de teintes; mais on en distingue sept principales, disposées dans l'ordre suivant : *violet, indigo, bleu, vert, jaune, orangé, rouge*. L'indigo peut être ré-

---

cours aux lunettes à verres concaves, qui diminuent la convergence des rayons lumineux.

Un défaut contraire, c'est la *presbytie*, ainsi nommée parce qu'elle se développe souvent avec les progrès de l'âge (πρέσβυς, vieillard). La cornée et le cristallin sont alors trop aplatis, et le foyer se trouve derrière la rétine. Les personnes presbytes se servent de verres convexes, qui ont pour but de faire converger la lumière.

Les maladies de l'œil sont extrêmement nombreuses et variées. On fera bien d'apporter à les guérir une grande vigilance, car, à l'état aigu, elles peuvent entraîner, dans un temps très court, des conséquences graves, et, à l'état chronique, elles seront d'autant plus rebelles au traitement, qu'elles auront été plus longtemps négligées.

[1] *Phosphène*, de φῶς, lumière, et de φαίνω, je fais luire aux yeux.

parti entre le violet et le bleu, ce qui réduit à six les couleurs principales.

Trois de ces couleurs, le *bleu*, le *jaune* et le *rouge*, sont *primitives*, et ne peuvent être obtenues par la réunion d'autres couleurs. Le violet, le vert et l'orangé ne sont que des mélanges : le violet, du rouge et du bleu ; le vert, du bleu et du jaune ; l'orangé, du jaune et du rouge.

118. Couleurs complémentaires. — Newton, qui, le premier, décomposa la lumière blanche par le prisme, nomma couleurs complémentaires celles qui, réunies suivant certaines proportions, produisent la sensation du blanc. Le rouge et le vert, le jaune et le violet, le bleu et l'orangé sont de ce nombre. Toute couleur a sa couleur complémentaire ; car, dès qu'elle n'est pas blanche, il lui manque quelques rayons du spectre pour former du blanc, et ces rayons qui lui manquent donnent par leur réunion sa couleur complémentaire.

Placées à côté l'une de l'autre, les couleurs complémentaires se relèvent mutuellement et produisent leur plus grand effet. Ceux qui s'occupent de peinture et de décors ont donc intérêt à les bien connaître [1].

119. Contraste simultané et successif des couleurs. — Les contrastes des couleurs sont particulièrement curieux à observer.

Placez sur un fond blanc un cercle de papier fortement coloré ; éclairez vivement et fixez. Bientôt vous verrez le fond blanc se teindre, autour du cercle, de la couleur complémentaire. Le cercle est-il rouge, le liseré sera vert ; le cercle est-il vert, le liseré sera rouge, etc. C'est ce qu'on appelle le *contraste simultané*.

---

[1] En mélangeant les couleurs principales dans des proportions variées, on obtient des *nuances* dont le nombre est indéfini. La collection de la manufacture de tapis des Gobelins, à Paris, en contient, dit-on, plus de vingt mille.

Pendant que vous regardez attentivement, sur le fond blanc, le cercle rouge, enlevez-le brusquement et continuez de fixer; la place qu'il occupait vous semblera verte. C'est le *contraste successif*.

120. Daltonisme. — Il y a en moyenne deux ou trois personnes sur cent chez qui la rétine est insensible à la couleur rouge. On les appelle *daltoniens*, de Dalton, célèbre physicien et chimiste anglais, qui était atteint de cette infirmité et qui l'a parfaitement décrite. Les daltoniens ne démêlent pas une fleur rouge du feuillage qui l'entoure. Arago disait agréablement d'une famille de sa connaissance dont tous les membres étaient daltoniens : Pour eux, les cerises ne sont jamais mûres. »

On trouve aussi des personnes qui ne distinguent pas le vert, mais elles sont plus rares.

121. Vision binoculaire; mouvements associés des deux yeux. — Jusqu'ici nous avons étudié les phénomènes de la vision comme s'il n'existait qu'un seul œil. Mais, puisque nous avons deux yeux, et que dans chacun d'eux se forme une image des objets, comment se fait-il que ces objets ne nous paraissent pas doubles? On peut répondre à cette difficulté que nous avons reconnu, à l'aide du toucher et par une longue habitude, que les deux images qui se forment dans nos yeux proviennent d'un objet unique, et que c'est pour cela qu'elles ne produisent qu'une seule sensation. D'ailleurs, un objet ne nous paraît simple que si les deux images se peignent sur *deux points correspondants* de la rétine. Toutes les fois que cette condition n'est pas réalisée, nous voyons double. C'est ce qui arrive pour tout ce qui est situé en deçà ou au delà de ce que nous fixons. Pour le constater par l'expérience, il suffit de placer un crayon à quelque distance de nos yeux, et de regarder attentivement un objet plus éloigné ou plus rapproché de nous. Dans les deux cas, le crayon nous apparaîtra double.

122. AXES OPTIQUES, ANGLE OPTIQUE, ANGLE VISUEL. — On nomme *axe optique principal* la droite qui unit le centre du cristallin avec le point visuel. Dans un œil bien conformé, elle passe à la fois par le centre du cristallin et par le centre de la pupille. Les *axes optiques secondaires* sont les lignes qui unissent chaque point de l'objet avec le centre du cristallin.

Il faut se garder de confondre l'*angle optique* avec l'*angle visuel*.

L'angle optique est celui qui est formé par les axes optiques principaux des deux yeux, dirigés sur un même point. Plus les objets sont éloignés, plus cet angle est petit.

L'angle visuel est celui que forment les axes secondaires menés du centre optique du cristallin de chaque œil aux extrémités opposées de l'objet. Pour une même distance, cet angle décroît avec la grandeur de l'objet, et pour un même objet il décroît avec la distance.

123. APPRÉCIATION DES DISTANCES. — Elle dépend singulièrement de l'éducation de la vue, c'est-à-dire de l'habitude que nous avons contractée sans effort de discerner la clarté des objets, l'état d'accommodation de l'œil, la valeur de l'angle optique et celle de l'angle visuel.

L'appréciation est en général aisée lorsqu'on se sert des deux yeux ; mais elle devient difficile lorsqu'on ne regarde qu'avec un seul œil, parce qu'alors l'angle optique fait défaut. On pourra s'en rendre compte par l'expérience suivante :

Suspendez à la hauteur des yeux et environ à un mètre de distance un anneau dont vous ne puissiez voir l'ouverture ; puis, avec un bâton muni d'une pointe à angle droit, essayez d'enfiler cet anneau ;

vous y réussirez presque toujours à la première tentative, si vous regardez avec les deux yeux; au lieu qu'en ne vous servant que d'un œil, vous n'y parviendrez qu'avec une extrême difficulté.

124. Illusions d'optique. — Elles se produisent à chaque instant. Une colonnade, une avenue d'arbres nous paraissent se resserrer à mesure qu'elles se prolongent. Un bâton plongé à moitié dans l'eau nous semble brisé. Le soleil et la lune nous apparaissent plus grands vers l'horizon qu'au zénith. Un observateur placé au pied d'une tour la voit inclinée de son côté. Est-on à l'extrémité d'une pièce d'eau, on croit que la surface s'élève de plus en plus à mesure que la distance augmente. Les causes de ces illusions sont multiples, et on ne peut en éviter les suites que par l'éducation de la vue. C'est l'avantage dont se trouvent privés les aveugles de naissance, à qui l'on fait l'opération de la cataracte. Ils voient tous les objets à la même distance, et quelquefois s'imaginent que ces objets les touchent immédiatement.

125. Relief des corps; stéréoscope. — Lorsqu'un objet n'est pas à une trop grande distance et que nous le regardons avec les deux yeux, la perspective change pour chaque œil, et certaines parties, visibles pour l'un, ne le sont pas pour l'autre; aussi les deux images, quoique à peu près semblables, ne sont-elles pas identiques. Il est facile de le constater en regardant un objet, un dé, par exemple, alternativement avec les deux yeux. C'est en combinant les sensations de ces deux images différentes avec les notions que nous possédons sur la forme des objets que nous arrivons à nous rendre compte de leur relief.

Le principe du stéréoscope [1] repose précisément sur les considérations qui précèdent. « Il consiste, dit

---

[1] *Stéréoscope*, de στερεὸς, et de σκοπεῖν, voir.

M. Ganot [1], à placer devant chaque œil une image différente d'un même objet, l'une avec la perspective correspondant à l'œil droit, et l'autre avec celle qui correspond à l'œil gauche, lorsqu'ils regardent cet objet à une petite distance. Si l'on dispose alors l'appareil de manière que, l'œil droit ne voyant que l'image qui lui est destinée et l'œil gauche l'autre, les deux images se superposent, il est évident qu'il doit se former sur chaque rétine exactement la même image que si l'on regardait l'objet même. En effet, on obtient ainsi une perception tellement vive et distincte du relief, que l'illusion est complète et vraiment surprenante. »

Dans le stéréoscope inventé, en 1838, par Wheatstone, c'était par la réflexion sur deux miroirs planes qu'on obtenait la superposition des deux images; dans le stéréoscope modifié par Brewster et tel qu'il se construit aujourd'hui, on l'obtient à l'aide de deux lentilles convergentes.

Un autre instrument non moins ingénieux que le stéréoscope, et dû, comme lui, à Wheatstone, c'est le *pseudoscope* [2], ainsi nommé parce qu'il trompe comme invinciblement les yeux. Le pseudoscope consiste dans une sorte de lorgnette dans laquelle sont ajustés deux prismes, l'un devant l'œil droit, l'autre devant l'œil gauche. Chacun des prismes déviant les rayons lumineux et renversant l'objet, la coïncidence des deux images ainsi renversées fait paraître plus rapprochés les points les plus distants et plus distants les plus rapprochés, en d'autres termes, transforme les creux en reliefs et les reliefs en creux. Cet instrument, encore peu connu, peut rendre de grands services aux graveurs.

---

[1] *Traité élémentaire de physique*, 14e édition.
[2] *Pseudoscope*, de ψεύδω, tromper, et σκοπεῖν, voir.

126. Sens de la vue dans la série animale. — Dans tous les Vertébrés, l'œil ressemble beaucoup à celui de l'Homme.

Les Oiseaux ont une troisième paupière, nommée *membrane clignotante*, qui, naissant de l'angle interne de l'œil, s'étend sur le globe oculaire comme une espèce de rideau.

On trouve encore cette membrane dans la plupart des Reptiles; mais un certain nombre d'animaux de cette classe, tels que les Serpents, sont totalement dépourvus de paupières.

Les Poissons manquent à la fois de paupières et d'appareil lacrymal.

Plus on se rapproche des animaux inférieurs, plus l'œil se simplifie; il faut cependant faire une exception pour la plupart des Insectes et des Crustacés. Dans ces deux classes, l'instrument de la vision offre vraiment une disposition admirable. Il consiste en une multitude de petits cônes agglomérés, qui aboutissent par leur grosse extrémité à une cornée tantôt lisse et unie, tantôt couverte d'une infinité de facettes. Chaque tube est revêtu à l'intérieur d'une couleur sombre; de plus, il renferme de l'humeur vitrée et reçoit un filet nerveux. On connaît des Insectes chez lesquels on compte, dans un même œil, jusqu'à vingt-cinq mille de ces tubes [1].

---

[1] Les matérialistes ne se montrent-ils pas tout simplement ridicules, lorsqu'ils attribuent au hasard ou à je ne sais quelle force aveugle ces milliers d'appareils visuels, dont la délicatesse et la perfection sont incomparables? Qu'il est bien plus digne d'une intelligence droite de reconnaître dans ces chefs-d'œuvre la sagesse de Dieu!

CHAPITRE III

DES MOUVEMENTS

ANATOMIE

127. Deux sortes d'organes concourent aux mouvements : les *os* ou organes passifs, et les *muscles* ou organes actifs.

Des os.

128. STRUCTURE DES OS. — Les os se composent d'une substance cartilagineuse qui en constitue le fond et comme la trame, et d'une matière pierreuse qui se trouve incrustée dans le tissu de la première[1]. Il est facile d'isoler ces deux éléments. Lorsqu'on brûle un os, on détruit par là même le cartilage, et l'on n'a plus que la matière minérale, blanche, et aisée à pulvériser[2]. Si l'on veut, au contraire, faire dis-

---

[1] La partie organisée ou cartilagineuse est formée de gélatine, autrement appelée colle forte. Elle constitue à peu près les 33 centièmes de l'os. Quant à la partie inorganique ou minérale, qui comprend 67 centièmes, elle se décompose ainsi : 53 centièmes de phosphate de chaux, 11 centièmes de carbonate de chaux, 3 centièmes de différents sels.

[2] On fait une grande consommation de charbon d'os ou *noir*

paraître cette substance, et ne conserver que la partie cartilagineuse, il suffit de plonger l'os dans certains acides, tels que l'acide chlorhydrique, et de l'y laisser séjourner quelque temps.

Par une sage disposition de la divine Providence, les enfants ont les os plus cartilagineux et plus flexibles; aussi, malgré leurs chutes fréquentes, se brisent-ils rarement les membres. A mesure qu'ils avancent en âge, le cartilage s'encroûte de plus en plus de matière calcaire, et l'ossification est complète de vingt à vingt-cinq ans.

Bien que le tissu des os soit tout entier de même nature, il diffère cependant en certains endroits par une contexture plus lâche ou plus serrée; dans le premier cas, il reçoit le nom de *tissu spongieux*, et dans le second, celui de *tissu compact*.

Tous les os sont entourés d'une membrane fibreuse appelée *périoste*, qui adhère intimement à leur surface, et dans laquelle rampent un grand nombre d'artères, de veines et de filets nerveux [1]. Les vaisseaux

---

animal pour raffiner le sucre, et, quand il n'est plus propre à cet usage, il fournit encore un excellent engrais.

[1] Il est maintenant avéré que le périoste est l'organe réparateur des os. Le docteur Maisonneuve a présenté à l'Académie des sciences un exemple très intéressant, dans lequel un des os de la jambe a été remplacé.

« Un jeune ingénieur, à la suite d'un grave accident, avait la jambe dans un tel état de désorganisation, que l'amputation avait été jugée nécessaire. Cependant, au lieu d'amputer le membre au-dessus de l'articulation du genou, conformément à la pratique ordinaire, Maisonneuve pratiqua le long de la jambe une large ouverture longitudinale, détacha, à l'aide de la scie, le tibia, en le réséquant à ses deux extrémités, et conserva dans toute son intégrité le périoste, qui pouvait régénérer un os nouveau et sain à la place de l'os malade enlevé. Un étonnant succès a suivi cette opération, car l'os s'est reproduit d'une manière complète. Le sujet de cette opération jouit aujourd'hui d'une parfaite santé. La jambe anciennement malade ne diffère en aucune manière de l'autre, et ne s'en distingue que par une longue cicatrice, seule

sanguins pénètrent même jusque dans le tissu osseux, à l'intérieur duquel ils se ramifient. On croit qu'il en est de même des nerfs et des vaisseaux lymphatiques, mais jusqu'ici on n'a pu les découvrir.

Les os présentent à leur surface des éminences ou des rugosités, sur lesquelles viennent s'attacher les muscles. Lorsque ces saillies sont considérables, on les désigne sous le nom d'*apophyses*.

129. Forme des os. — On a coutume de classer les os en trois catégories, suivant la forme qu'ils affectent, et l'on distingue les *os longs*, les *os courts* et les *os plats*.

Les os longs ressemblent généralement à des cylindres ou à des prismes triangulaires. Leur extrémité, qui est renflée afin de présenter plus de surface à l'articulation, se compose de tissu spongieux. La partie moyenne, au contraire, est rétrécie et formée de tissu compact; à l'intérieur se trouve la cavité longitudinale du *canal médullaire*, qui est remplie d'une graisse fine appelée *moelle*. Il faut rapporter à cette première catégorie les grands os des bras et des jambes.

---

trace d'une opération salutaire. Ce jeune homme peut courir, sauter, chasser, comme s'il n'avait jamais subi d'opération, et sans que l'on puisse reconnaître quelle a été la jambe antérieurement malade.

Mais ce n'est pas tout, la propriété du périoste est telle, que si, comme le docteur Ollier l'a expérimenté le premier, on transporte des lambeaux de périoste, détachés d'un os, au milieu d'autres tissus normalement dépourvus de toute ossification, on voit apparaître de véritables os au sein de ce milieu inaccoutumé. » (*Dictionnaire français illustré et Encyclopédie universelle*, art. os.)

Il y a plus encore : le docteur Mac Ewen, de Glasgow, est parvenu à régénérer plus d'un décimètre de l'humérus en transportant, à la place de l'os enlevé, des fragments d'os munis de leur périoste et de leur moelle, qui avaient été pris sur un autre individu. Ces fragments, placés à distance, se sont accrus sur leur nouveau possesseur, puis soudés, et ont fini par reconstituer un os parfaitement solide.

Les os courts se rencontrent à la main, au pied, dans la colonne vertébrale; ils sont composés de tissu spongieux que recouvre une couche mince de tissu compact.

Les os plats sont ceux du crâne, des côtes, du sternum, du bassin. On y observe deux lames extérieures de tissu compact, et, au milieu, une troisième lame de tissu spongieux.

Que l'on veuille bien réfléchir sur ce que nous venons d'expliquer, et l'on remarquera avec admiration que la Providence a pris tous les moyens d'alléger la charpente du corps sans lui rien faire perdre de sa solidité.

130. ARTICULATIONS. — Les assemblages si variés des os peuvent être ramenés à trois genres différents : ils sont *fixes*, *mobile* ou *mixtes*.

Lorsque l'articulation est fixe, les parties destinées à s'emboîter sont munies de dents ou d'inégalités qui s'engrènent à demeure. On dit alors qu'il y a *suture*. Les os du crâne sont unis de cette façon.

Dans les articulations mobiles, comme celles des bras et des jambes, les faces articulaires sont revêtues d'un cartilage lisse et légèrement élastique, qui permet un glissement facile et amortit les chocs. Elles sont de plus configurées de manière à se mouler exactement l'une sur l'autre, et maintenues en place par des *ligaments* ou liens fibreux qui règlent leurs mouvements. Enfin la *synovie*, liqueur visqueuse dont nous avons parlé plus haut, facilite encore le jeu et diminue le frottement de ces jointures.

Mais quelquefois l'articulation, sans être fixe, n'est pas non plus mobile, et l'on cite comme exemple la manière dont sont assemblées les vertèbres ou petits os qui constituent l'épine dorsale. Le seul mouvement possible, en ce cas, est une espèce de balancement

148 ÉLÉMENTS D'HISTOIRE NATURELLE

qui résulte de l'élasticité des ligaments. Cet assemblage des os s'appelle articulation mixte.

131. Squelette. — Le *squelette* est, à proprement

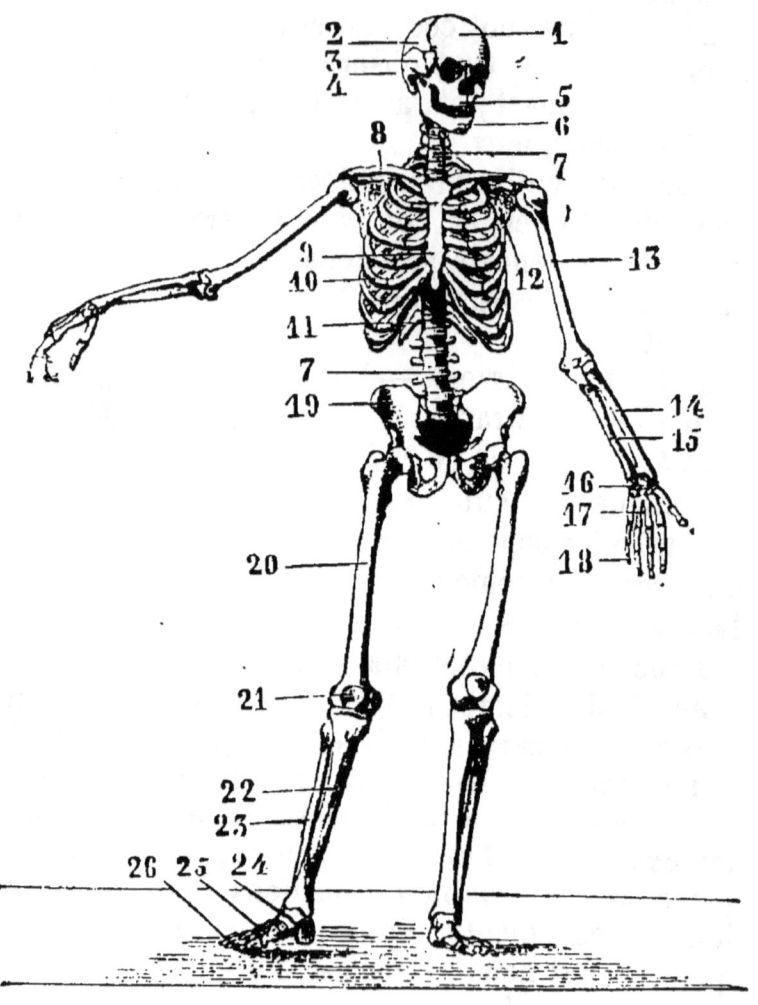

Fig. 33. *Squelette humain.*

1. Os frontal. — 2. Os pariétal. — 3. Os temporal. — Vis-à-vis du chiffre 4, mais en arrière, et au-dessous des deux pariétaux, os occipital (non visible dans cette position). — 5. Os maxillaires supérieurs. — 6. Os maxillaire inférieur. — 7. Colonne vertébrale. — 8. Clavicule. —

9. Sternum. — 10. Sixième vraie côte. — 11. La dernière côte flottante. — 12. Omoplate. — 13. Humérus. — 14. Radius. — 15. Cubitus. — 16. Carpe. — 17. Métacarpe. — 18. Phalanges des doigts. — 19. Os iliaque. — 20. Fémur. — 21. Rotule. — 22. Tibia. — 23. Péroné. — 24. Tarse. — 25. Métatarse. — 26. Phalanges des orteils.

parler, une charpente destinée à soutenir les chairs. Pour le mieux étudier et éviter toute confusion, nous le diviserons en trois parties : la *tête*, le *tronc*, les *membres*.

132. LA TÊTE. — On peut y considérer deux parties, le *crâne* et la *face*.

Au crâne appartiennent les os suivants :

L'os *coronal* ou *frontal*, en avant;

Les deux *pariétaux*, sur les côtés et en haut;

Les deux *temporaux*, sur les côtés et au-dessous;

L'*occipital*, en arrière et en bas.

Il faut ajouter le *sphénoïde* et l'*ethmoïde*, que l'on ne peut voir, parce qu'ils sont placés sous le cerveau et à l'intérieur de la tête.

Tous ces os sont unis entre eux par des sutures très solides.

L'os occipital présente le trou de même nom, par où se prolonge la moelle épinière, et plusieurs autres moins considérables qui livrent passage à des nerfs et à des vaisseaux. De chaque côté du *trou occipital* se trouve une éminence appelée *condyle*, qui sert à l'articulation de la tête sur la première vertèbre.

Les os de la face sont au nombre de quatorze, savoir :

Les deux *os maxillaires supérieurs*, qui s'engrènent sur le frontal;

Les deux *os du nez*, continués par des cartilages;

Les deux *unguis*, petits os très minces placés dans les orbites;

Les deux *os jugaux* ou des *pommettes*, qui constituent la saillie des joues [1];

Les deux *os palatins*, qui forment en arrière la voûte du palais ;

Les deux *cornets inférieurs*, situés en dedans de la tête, et composant la paroi externe des fosses nasales ;

Le *vomer*, par lequel les deux fosses nasales sont séparées ;

L'*os maxillaire inférieur*, dont la forme rappelle celle d'un fer à cheval.

Les deux extrémités de la mâchoire inférieure s'emboîtent, de chaque côté de la tête, dans une cavité du crâne appelée *fosse glénoïdale*.

De la disposition des os de la face résultent cinq cavités importantes : les deux *orbites*, les deux *fosses nasales* et la *bouche*.

On doit rattacher encore aux os de la tête les *osselets de l'oreille*, et l'os *hyoïde*, qui maintient à la fois la langue et le larynx.

133. Le tronc. — Il se compose de la *colonne vertébrale*, des *côtes* et du *sternum*.

La colonne vertébrale est formée d'une série de vertèbres, petits os empilés les uns sur les autres, et reliés entre eux par une articulation mixte. Chacun de ces os présente : vers le centre, un *trou* arrondi pour loger la moelle épinière ; en avant, un gros disque que l'on regarde comme le *corps* de la vertèbre ; de chaque côté, deux éminences nommées *apophyses transverses*, et, en arrière, une troisième saillie, appelée *apophyse épineuse* [2].

---

[1] De l'os de la pommette à l'os temporal s'étend l'*arcade zygomatique*, espèce de cintre destiné à protéger les muscles des mâchoires, et à leur fournir un point d'attache.

[2] On observe de plus dans chaque vertèbre quatre apophyses articulaires, qui servent à la réunir aux autres ; et quatre légères

L'ensemble de ces dernières apophyses constitue l'espèce de crête vulgairement dite *épine du dos*.

La colonne vertébrale comprend trente-trois vertèbres ainsi réparties :

Dans la région *cervicale* ou du *cou*, sept vertèbres[1] ;

Dans la région *dorsale* ou du *dos*, douze vertèbres ;

Dans la région *lombaire* ou des *reins*, cinq vertèbres ;

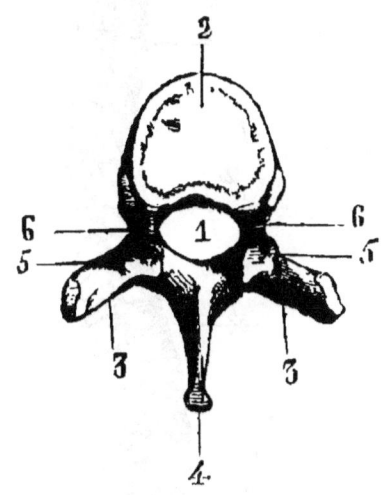

Fig. 34. *Vertèbre.*

1. Trou vertébral. — 2. Corps de la vertèbre. — 3. Apophyses transverses. — 4. Apophyse épineuse. — [5. Apophyses articulaires. — 6. Échancrures servant à former les trous de conjugaison.]

Dans la région *sacrée*, cinq vertèbres soudées en un seul os appelé *sacrum*.

échancrures, qui concourent à former les trous de conjugaison, et donnent ainsi passage aux nerfs.

[1] Deux de ces vertèbres sont particulièrement à signaler : ce sont, la première, nommée *atlas*, dont le corps est réduit à une simple lame, et qui supporte la tête, comme le géant fabuleux *Atlas* était dit supporter le monde ; et la deuxième, l'*axis*, ainsi appelée parce qu'elle présente, dans la partie supérieure, une sorte de pivot, l'*apophyse odontoïde*, autour duquel tourne la tête.

Dans la région *caudale* ou *coccygienne*, quatre petites vertèbres, également réunies en un seul os nommé *coccyx*.

Ce sont ces dernières vertèbres qui, chez une foule

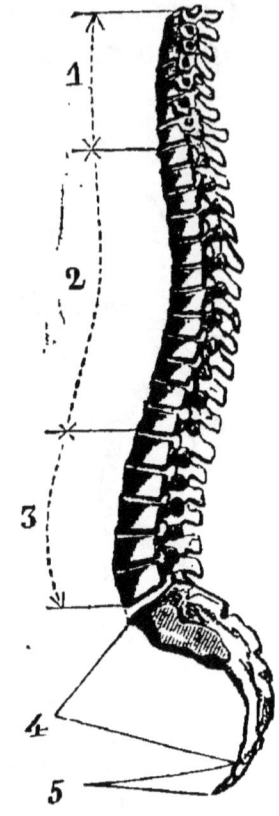

Fig. 35. *Colonne vertébrale.*

1. Les sept vertèbres de la région cervicale. — 2. Les douze vertèbres de la région dorsale. — 3. Les cinq vertèbres de la région lombaire. — 4. Les cinq vertèbres de la région sacrée, ou sacrum. — 5. Les quatre vertèbres de la région caudale, ou coccyx.

d'animaux, constituent la queue; mais elles sont alors beaucoup plus nombreuses et plus développées.

Les côtes, espèces d'arcs osseux allongés et aplatis,

forment les parois de la poitrine. Chez l'Homme, elles sont au nombre de douze paires, articulées en arrière avec les douze vertèbres dorsales. Les sept premières paires, appelées *vraies côtes*, s'articulent en outre par devant avec le *sternum*, au moyen d'un prolongement cartilagineux. Des cinq dernières paires, nommées *fausses côtes*, trois se réunissent à la septième, également par un cartilage; les deux autres ont l'extrémité antérieure mobile et non fixée; aussi les appelle-t-on *côtes flottantes*.

Le sternum est un os plat situé en avant de la poitrine, qui est soudé latéralement avec les côtes, et, dans sa partie supérieure, avec les deux clavicules.

134. LES MEMBRES. — Distinguons d'abord les *membres antérieurs* ou *supérieurs*, et les *membres postérieurs* ou *inférieurs*.

Les membres supérieurs, au nombre de deux, se composent de l'*épaule*, du *bras*, de l'*avant-bras* et de la *main*.

L'épaule comprend deux os : en arrière, l'*omoplate*, grand os plat et triangulaire appliqué sur le dos; en avant, la *clavicule*, espèce d'arc-boutant qui s'articule d'une part avec l'omoplate, et de l'autre avec le sternum.

Le bras consiste dans un seul os, l'*humérus*, uni à l'omoplate par une articulation mobile.

L'avant-bras présente deux os : en dedans, le *cubitus*[1]; et en dehors, c'est-à-dire du côté du pouce, le *ra-*

---

[1] L'articulation du coude est particulièrement admirable. Toutes les précautions y ont été prises par le Créateur, en vue d'une plus grande commodité, comme aussi d'une solidité très grande. A son extrémité inférieure et interne, l'humérus forme une sorte de poulie sur laquelle le cubitus tourne d'avant en arrière, tandis qu'en dehors il porte une petite tête sur laquelle s'articule le radius. La partie supérieure, et par conséquent correspondante du cubitus, présente une échancrure qui se moule sur la poulie de l'humérus, et deux apophyses, dont l'une plus remarquable, l'*olé-*

dius. A leur extrémité supérieure, ces deux os s'articulent avec l'humérus; mais le cubitus n'a aucun rapport direct avec la main. Le radius seul s'articule avec les os du poignet, tout en conservant une grande mobilité pour tourner autour de son voisin et faciliter ainsi les mouvements des extrémités.

La main comprend : 1° le *carpe* ou *poignet*, composé de huit petits os; 2° le *métacarpe* ou *paume de la main*, renfermant cinq os; 3° les doigts, qui présentent chacun trois os, à l'exception du pouce, où l'on n'en trouve que deux. Les os des doigts se comptent à partir du métacarpe : le premier s'appelle *phalange*, le deuxième *phalangine*, et celui qui supporte l'ongle *phalangette* [1].

Les membres inférieurs offrent une grande analogie avec les membres supérieurs. Comme eux, ils se composent de quatre parties, qui sont : la *hanche*, la *cuisse*, la *jambe* et le *pied*.

La hanche représente l'épaule. Elle est formée, de chaque côté, par l'*os iliaque*, os très large et très fort qui se soude en arrière avec le sacrum, et en avant avec son pareil. De la réunion de ces trois os résulte le *bassin*, sorte de grand vase destiné à contenir et à protéger les viscères du bas-ventre. Sur le côté extérieur et vers le bas, l'os iliaque présente une cavité dans laquelle vient s'emboîter l'os du fémur.

La cuisse ne contient qu'un seul os, le *fémur*, mais c'est le plus long et le plus volumineux de tous ceux du squelette. L'os de la cuisse s'unit à celui de la jambe par une articulation mobile, que consolide un petit os plat nommé *rotule*.

---

crâne, qui, lorsque l'avant-bras se redresse, vient s'appuyer contre l'humérus et arrête à temps le mouvement d'extension.

[1] Le premier doigt se nomme le *pouce*, le second l'*index*, le troisième le *médius* ou *doigt du milieu*, le quatrième l'*annulaire*, et le cinquième l'*auriculaire* ou *petit doigt*.

Ainsi que l'avant-bras, la jambe comprend deux os : l'un plus gros, situé en dedans, le *tibia*; l'autre plus petit, situé en dehors, le *péroné*. Ce dernier n'est pas directement en rapport avec le fémur; mais il est appliqué sur le tibia, auquel il sert de contrefort. Dans leur partie inférieure, les deux os s'articulent avec le tarse, et concourent, chacun de leur côté, à former la *malléole* ou *cheville*.

Le pied se compose : 1° des sept os du *tarse*, dont le plus remarquable est celui du *talon* ou *calcanéum*; 2° des cinq os du *métatarse* ou *plante du pied*; 3° des *orteils*, qui consistent, comme les doigts de la main, en *phalanges*, *phalangines* et *phalangettes* [1].

---

[1] C'est la charpente osseuse du corps humain qui fixe les dimensions de ce superbe édifice, en détermine les formes, en compose les principales cavités, en soutient les parties tant intérieures qu'extérieures. C'est elle aussi qui fournit pour le mécanisme du mouvement les leviers nécessaires.

Toutes les pièces du squelette sont recouvertes de chair et de peau. L'Architecte de ce monument admirable, voulant joindre à une habile structure un aspect gracieux, place au dedans tous les os, parties trop grossières pour être agréables à la vue. Cette situation intérieure ne gêne du reste aucunement ni l'organisation ni les fonctions. Dieu a pratiqué dans les os, sur tous les points où il convenait de le faire, des aplanissements, des trous, des fosses, des sillons, des rainures, des coulisses, des conduits, pour laisser place à certains organes, recevoir des muscles et des nerfs, livrer passage à des artères ou à des veines.

Voulez-vous encore une preuve de la divine habileté avec laquelle est construit le squelette humain? Regardez les durs travaux de certains artisans; voyez quels fardeaux transportent de robustes portefaix. La machine osseuse remue des poids énormes, pousse et tire avec une force étonnante, marche chargée de deux à trois cents kilogrammes. Et tout cela sans craquer, sans fléchir, sans s'user. Tant le génie de Dieu a mis de puissance et de talent dans la construction de nos corps! (*Les Merveilles de la Providence*, 2e édition.)

Des muscles.

135. Structure des muscles. — Les muscles forment la plus grande partie du corps ; ce sont eux que l'on appelle *chair*, et qui en particulier constituent la viande de boucherie. Lorsqu'on les découvre dans un

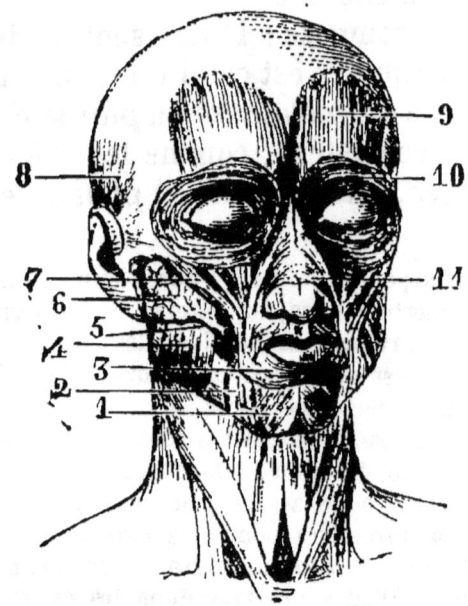

Fig. 36. *Les principaux muscles de la tête* [1].

animal, ils apparaissent rouges, mais ils seraient blanchâtres s'ils n'étaient imprégnés de sang.

En examinant au microscope la nature intime d'un muscle, on le trouve composé de petites fibres dont le

---

[1] *Détail des principaux muscles de la tête.* — 1. Carré du menton. — 2. Triangulaire du menton. — 3. Orbiculaire des lèvres. — 4. Masseter. — 5. Canal excréteur de la glande parotide. — 6. Glande parotide. — 7. Zygomatique. — 8. Auriculaire supérieur. — 9. Frontal. — 10. Orbiculaire des paupières. — 11. Triangulaire du nez.

diamètre ne présente souvent qu'un millième de millimètre, et qui sont par conséquent d'une finesse extrême. Ces éléments primitifs se groupent de dif-

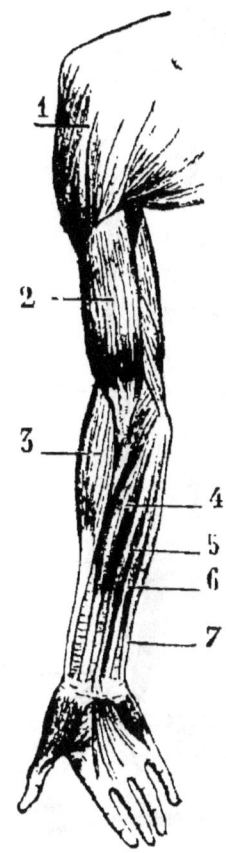

Fig. 37. *Les principaux muscles du bras*[1].

férentes manières, et forment soit des espèces de fuseaux, soit des membranes, dont la contraction détermine les mouvements du corps.

Il y a deux sortes de muscles : les *volontaires*,

[1] *Détail des principaux muscles du bras.* — 1. Deltoïde. — 2. Biceps. — 3. Long supinateur. — 4. Grand palmaire. — 5. Petit palmaire. — 6. Fléchisseur superficiel des doigts. — 7. Cubital antérieur.

autrement appelés *muscles de la vie animale*, qui obéissent aux ordres de l'âme ; et les *involontaires*, ou *muscles de la vie organique*, dont les fonctions

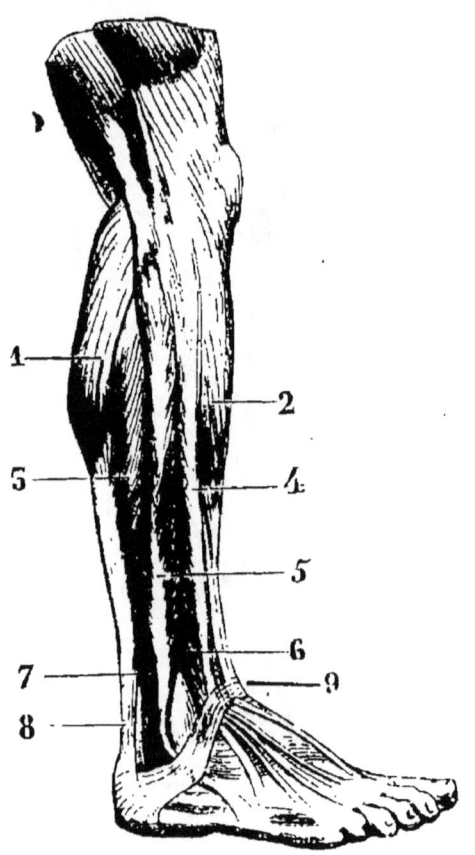

Fig. 38. *Les principaux muscles de la jambe* [1].

sont entièrement soustraites à l'influence de la volonté. On peut citer comme exemple des premiers les muscles des bras, des jambes, de l'œil et des mâ-

[1] *Détail des principaux muscles de la jambe.* — 1. L'un des deux jumeaux (l'externe). — 2. Jambier antérieur. — 3. Soléaire. — 4. Extenseur commun des orteils. — 5. Long péronier latéral. — 6. Péronier antérieur. — 7. Court péronier latéral. — 8. Tendon d'Achille. — 9. Ligament annulaire supérieur du tarse.

choires, et comme exemple des seconds, le cœur et les tuniques contractiles de l'estomac et des intestins [1]. Du reste, les muscles de la vie de relation et ceux de la vie organique ou végétative diffèrent peu quant à la structure.

136. Contractilité des muscles. — La grande propriété des muscles, c'est d'être *contractiles*, ou, en d'autres termes, susceptibles de se raccourcir [2]. On pense généralement aujourd'hui que les fonctions musculaires sont sous la dépendance du système nerveux, et que, dans tous les cas, les nerfs, pareils à des fils conducteurs, communiquent aux muscles les stimulants qui les font agir [3].

---

[1] Le nombre des muscles du corps humain s'élève à 470. On les divise en muscles *fléchisseurs, extenseurs, élévateurs, abaisseurs, adducteurs, abducteurs, rotateurs*, suivant qu'ils *fléchissent, étendent, élèvent, abaissent, approchent, éloignent, font tourner* les membres sur lesquels ils sont insérés.

[2] Les muscles de la vie animale ne peuvent rester longtemps contractés ; fût-on suspendu sur un précipice, en peu de temps les mains devraient céder à une nécessité irrésistible.

[3] Une piqûre, une forte compression, une brûlure, une application de potasse caustique produisent sur les nerfs du mouvement, et en même temps sur les muscles des impressions qui ont quelque analogie avec celles que leur communique la volonté ; mais le plus efficace de ces agents est sans contredit *l'électricité galvanique*.

Le 20 septembre 1780, Galvani, professeur d'anatomie à Bologne, avait préparé des grenouilles pour exécuter quelques expériences, et, par hasard, les avait suspendues à un balcon de fer au moyen de petits crochets de cuivre qui passaient entre la moelle épinière et les nerfs lombaires. Tout à coup, à son grand étonnement, il vit que les membres des grenouilles étaient agités de mouvements convulsifs, toutes les fois que le vent les poussait contre le balcon. Il essaya de renouveler l'expérience, et constata qu'en prenant certaines précautions, on pouvait très sûrement reproduire le phénomène. Galvani venait de faire, sans le vouloir, une des plus grandes et des plus précieuses découvertes des temps modernes. Il avait trouvé le *galvanisme*. Le bruit de son invention se répandit dans le monde savant avec la rapidité d'un éclair, et y produisait une immense sensation.

Voici un moyen bien simple de faire cette expérience. On choi-

Lorsqu'un muscle se contracte, on le voit considérablement diminuer de longueur, et en même temps

sit, parmi les plus vivaces, une Grenouille, que l'on coupe un peu au-dessous des membres supérieurs. On enlève la peau de la partie restante, et l'on aperçoit, de chaque côté de la colonne vertébrale, deux gros cordons blancs qui sont les nerfs des membres abdominaux. Il faut détacher, par leur extrémité antérieure, ces faisceaux nerveux, et les envelopper dans une petite feuille d'étain (papier à chocolat). On accroupit alors les membres inférieurs sur une plaque de cuivre, et, chaque fois que l'on fait toucher la feuille d'étain à l'autre métal, les muscles se contractent avec violence, les pattes s'agitent et se replient. Il y a plus : lorsque l'opération est dirigée adroitement, et que le contact ne dure qu'un instant, cette moitié de Grenouille bondit comme si elle était vivante.

Des effets aussi étonnants ne sont point particuliers à cet animal ; ils s'observent même chez l'Homme. M. Milne Edwards affirme qu'en faisant passer un courant électrique à travers le corps de quelques suppliciés, on a vu ces cadavres agités de convulsions horribles.

« On pourrait, dit le R. P. M. Liberatore, dans son excellent ouvrage *Du Composé humain*, on pourrait opposer contre l'unité du principe vital dans l'Homme et les animaux en général la permanence de la vertu contractile de quelques muscles après la mort... Afin de résoudre cette objection, il faut distinguer deux choses : la faculté de se contracter et la cause qui en détermine l'action. L'une est inhérente au muscle même tant que sa texture organique n'est pas altérée. L'autre consiste dans l'irradiation nerveuse, soit du système cérébro-spinal, soit du système ganglionnaire, par les nerfs moteurs ou automatiques, suivant qu'il s'agit de la contraction animale, ou simplement de la contraction végétative. La première des deux n'est pas essentiellement vitale, et elle a lieu dans les êtres vivants seulement, en tant que la substance musculaire est établie et conservée dans la structure et dans la disposition de fibres nécessaires à sa subsistance. La seconde est vitale par elle-même; mais elle peut être plus ou moins imitée par quelque agent physique ou chimique, qui, appliqué au muscle, y produit une excitation analogue. De là vient que, surtout dans la mort violente, le tissu musculaire de l'animal ne s'altérant point par le fait même, la faculté de contraction demeure, pour quelque temps au moins, dans quelques muscles, jusqu'à ce que la rigidité, qui ne tarde pas à s'emparer du cadavre, la fasse cesser entièrement. Cette faculté peut être mise en jeu par l'impression d'un irritant capable d'imiter en eux l'influence de la force nerveuse. Ainsi il arrive que l'électricité communiquée par les nerfs aux

devenir plus dur et plus épais. Longtemps on a cru que le tissu musculaire, pour se raccourcir, se repliait en zigzags sur lui-même; de récentes expériences ont démontré qu'il n'en est pas ainsi. Au moment même du raccourcissement, il est impossible d'apercevoir dans le muscle aucune modification de structure. La fibre musculaire se comporte comme un cordon de caoutchouc que l'on aurait allongé, et qui reviendrait à son état primitif en augmentant d'épaisseur. Quant au mécanisme même de la contraction dans l'intérieur des fibres, on voit qu'il reste toujours imparfaitement expliqué.

137. Mode d'insertion des muscles. — Les muscles sont attachés par leurs extrémités aux os, cartilages ou membranes qu'ils doivent mettre en mouvement; mais cette insertion n'a pas lieu d'une manière directe. Elle se fait par l'intermédiaire d'un tissu fibreux, résistant, d'un blanc nacré, qui se continue d'une part avec le tissu du muscle, et de l'autre avec celui du périoste, des cartilages ou de la peau. Lorsque ces ligaments ressemblent à des cordons, ils portent le nom de *tendons*, et lorsqu'ils sont dispo-

---

muscles de la Grenouille en tord pendant quelque temps les membres, et que le simple contact de l'air ou d'un autre stimulant produit, même après la mort, des contractions organiques ou même locomotives dans les parties d'autres animaux. Mais ces mouvements ne sont point vitaux, parce qu'ils sont déterminés par un agent extérieur, et non par un principe intrinsèque, qui informe et actue le sujet dans lequel ils se produisent. C'était précisément le contraire qui avait lieu, lorsque ces mouvements étaient déterminés par l'action des nerfs, agissant en vertu du principe de vie qui informait à la fois les nerfs, les muscles et tous les organes du corps. C'est pourquoi ces mêmes mouvements peuvent être à bon droit considérés, dans un corps privé de vie, comme purement mécaniques, quoiqu'ils procèdent activement d'une force réactive, inhérente au muscle déjà mort; de même que les phénomènes d'élasticité, que nous voyons dans plusieurs corps inorganiques, sont purement mécaniques, quoiqu'ils procèdent de la réaction du sujet contre la cause qui, par le choc, en a envahi le volume.

11

sés en membranes, ils s'appellent *aponévroses d'insertion* [1].

PHYSIOLOGIE

138. Mécanisme des mouvements. — Par le fait même de la contraction, les muscles rapprochent les deux parties auxquelles sont fixées leurs extrémités, lorsque ces parties sont mobiles : c'est un genre de mouvement. Mais si, comme il arrive la plupart du temps, l'une des deux parties est fixe, la seconde seule se déplacera et se rapprochera de la première : c'est un autre genre de mouvement. Prenons pour exemple de ce dernier le jeu de l'avant-bras.

Un muscle nommé *biceps du bras* est fixé d'une part à l'omoplate, os de l'épaule qui habituellement demeure immobile, et d'autre part au radius, os de l'avant-bras qui s'articule avec l'humérus de façon à pouvoir se replier sur lui. Qu'arrivera-t-il au moment de la contraction? L'épaule ne pouvant se déplacer, l'avant-bras seul sera entraîné par la puissance du muscle, se fléchira sur l'humérus, et se comportera comme un véritable levier. En même temps, l'on apercevra au-devant du bras le muscle, qui, devenu plus dur, compensera par son épaisseur la longueur qu'il aura perdue. On peut se rendre compte par cet exemple des principaux mouvements du squelette.

---

[1] Les muscles agissent avec d'autant plus de force que leur insertion est moins oblique, et qu'ils présentent plus d'épaisseur. Il est reconnu que l'exercice contribue à les développer. Chez les danseurs, par exemple, les muscles des mollets deviennent plus charnus; et chez les boulangers ceux du bras acquièrent un volume considérable. Cette augmentation vient de ce que le tissu musculaire reçoit plus de sang pendant la contraction que dans l'état de repos, et par là même est le siège d'une nutrition plus active.

139. Attitudes, et phénomènes de la locomotion.
— Par *attitudes* on entend les positions du corps qui

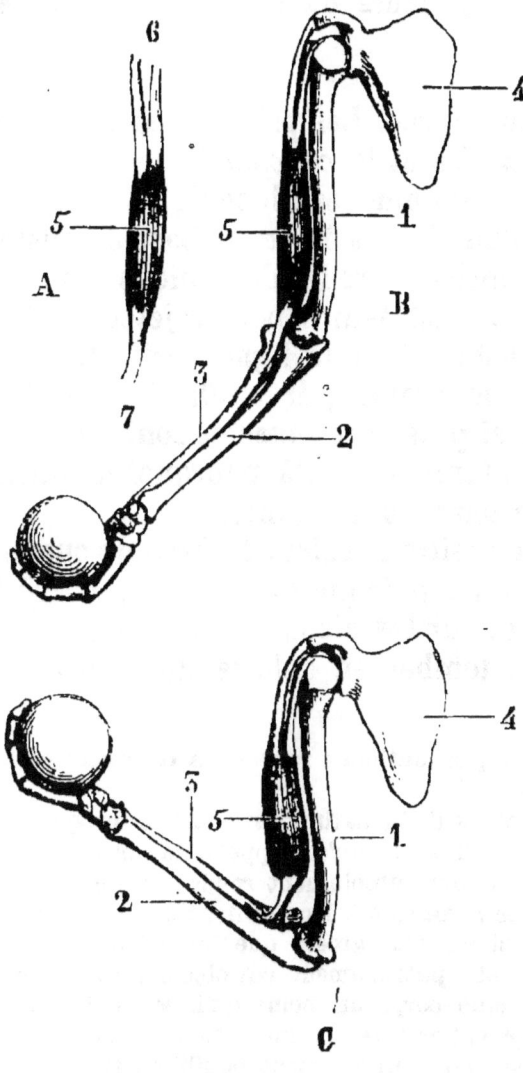

Fig. 39. *Action du muscle biceps dans le jeu de l'avant-bras.*

A. Le muscle biceps du bras. — B. Le bras déployé. — C. Le bras ployé.

1. Humérus. — 2. Cubitus. — 3. Radius, sur lequel est

inséré le tendon inférieur du muscle. — 4. Omoplate.
— 5. La partie charnue du muscle biceps. — 6. Les deux tendons supérieurs du muscle. — 7. Le tendon inférieur.

ont quelque durée. Les principales sont la *station*, la *position assise* et le *coucher* [1].

Lorsque l'Homme est debout, le centre de gravité est situé dans le bassin, et la base de sustentation se trouve comprise entre les deux pieds. Pour faire perdre l'équilibre, c'est-à-dire pour rejeter en dehors de la base de sustentation la ligne verticale qui passe par le centre de gravité, il suffirait d'un léger mouvement; aussi plusieurs muscles sont-ils contractés afin de l'y maintenir, et voilà pourquoi la station devient en peu de temps si fatigante.

Dans la position assise, la base de sustentation est plus étendue, puisque le corps s'appuie à la fois sur le bassin et sur les pieds. La verticale est donc moins exposée à tomber en dehors de cette base; cepen-

---

[1] Il ne sera pas inutile de rappeler à ce propos certaines notions de physique.
Tous les corps de la nature s'attirent réciproquement en raison de leur masse. C'est ce qu'on appelle la force d'attraction. Dans les sphères ou corps absolument ronds, la force d'attraction agit comme si elle s'exerçait à leur milieu; aussi la terre, qui est une sphère, et qui est plus grosse que les objets répandus à sa surface, attire-t-elle puissamment ces objets vers son centre. Mais il est dans chaque corps un point qu'il suffit d'appuyer pour soutenir le corps entier : c'est celui autour duquel les parties qui le composent se font mutuellement équilibre. On a appelé ce point *centre de gravité*. La *base de sustentation* est l'espace que limitent les points extérieurs par lesquels un objet porte sur une surface résistante. Pour qu'un corps ne soit pas renversé, la condition à remplir est que la ligne verticale qui passe par le centre de gravité tombe dans la base de sustentation. On comprendra donc sans peine que les animaux conserveront l'équilibre tant que la ligne passant par leur centre de gravité tombera dans l'espace circonscrit par leurs pieds.

dant, pour que le dos et la tête se tiennent droits et ne la déplacent pas trop, il faut encore un certain effort musculaire.

C'est le coucher qui est le moins pénible, car alors la base de sustentation est très large, et les muscles n'ont pas besoin d'être contractés.

Expliquons maintenant les principaux *phénomènes de la locomotion* ou du déplacement; quelques mots suffiront sur la *marche*, le *saut*, la *course*, la *natation*, le *vol* et la *reptation*.

La marche se compose d'une série de pas produits par l'écartement des membres inférieurs [1]. Dans cet acte, le corps ne quitte jamais complètement la terre. Les pieds se portent tour à tour en avant, et entraînent avec eux le centre de gravité [2].

Dans le saut, on fléchit d'abord les articulations, puis on les déploie soudainement, et l'on se trouve lancé en l'air par l'élasticité des muscles, à la manière d'un projectile.

La course est une succession de sauts, entre chacun desquels le corps touche la terre d'un seul pied.

La natation présente encore avec le saut une grande analogie; mais elle s'exerce dans l'eau, qui, d'une part, est moins solide que le sol comme point d'appui, et qui, de l'autre, oppose à la progression du corps plus de résistance que l'air.

Le vol n'est autre chose qu'une sorte de nage dans

---

[1] Dans la marche, comme dans la station, nous faisons, sans nous en douter, des efforts incessants pour replacer la verticale dans la base de sustentation. C'est ainsi que nous nous servons de nos bras comme de balanciers, et que nous portons un pied à droite ou à gauche, en avant ou en arrière, suivant que le corps incline du même côté.

[2] D'après le traité d'hygiène de M. Lévy, l'infanterie parcourt : par heure, au pas ordinaire, 3 000 mètres; au pas de route, 4 000 mètres; au pas accéléré, 4 680 mètres; au pas de charge, 4 992 mètres; au pas maximum, 6 000 mètres.

l'air, milieu, comme on sait, beaucoup moins dense que l'eau.

Les animaux condamnés à ramper s'attachent au sol par leur partie antérieure, rapprochent la queue de la tête, puis, adhérant à la terre par leur partie postérieure, portent la tête en avant. La répétition de ces mouvements alternatifs constitue la reptation.

Les deux derniers modes de progression n'appartiennent point à l'homme.

140. Mouvements dans la série animale. — La Providence a toujours établi un merveilleux rapport entre les organes locomoteurs des animaux et le milieu dans lequel ils sont appelés à vivre. S'ils doivent fendre les eaux, comme les Phoques, les Baleines et les Poissons, leurs membres sont conformés en palettes ou rames, que l'on appelle nageoires. S'ils sont destinés à parcourir les airs, ces membres constituent des ailes, espèces de voiles tantôt membraneuses, comme dans les Chauves-Souris et les Insectes, tantôt formées de plumes, comme chez les Oiseaux.

Un grand nombre d'animaux sont complètement dépourvus de membres; pour y suppléer, leur corps a la faculté de s'allonger et de se raccourcir, de manière à favoriser la reptation.

CHAPITRE IV

DE LA VOIX

ANATOMIE

141. ÉTUDE DE L'APPAREIL VOCAL. — Le *larynx* ou appareil vocal est situé à la partie supérieure et antérieure du cou, entre l'arrière-bouche et la trachée-artère. Il est suspendu à l'os hyoïde, et présente quelque ressemblance avec un entonnoir. Lorsqu'on le dissèque, on le trouve composé de plusieurs cartilages reliés ensemble par des membranes. On y remarque, en avant, une saillie que l'on désigne sous le nom de *pomme d'Adam*, et qui est plus volumineuse chez les hommes que chez les femmes.

A l'intérieur du larynx est une membrane muqueuse qui forme, sur les côtés, deux replis considérables : ce sont les *cordes vocales*, ou *ligaments inférieurs* de la glotte. Ils ne laissent entre eux qu'une sorte de fente ou de boutonnière assez étroite. A une faible distance au-dessus se trouvent deux autres replis, mais dont les bords restent plus éloignés. On les appelle *ligaments supérieurs*. Les enfoncements latéraux situés entre les replis inférieurs et supérieurs

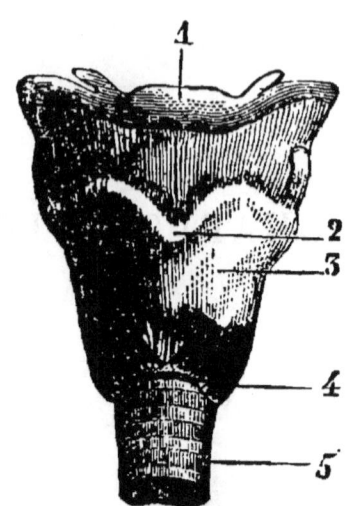

Fig. 40. *Appareil vocal humain vu de face.*

1. Os hyoïde. — 2. Saillie appelée vulgairement pomme d'Adam. — 3. Cartilage thyroïde. — 4. Cartilage cricoïde. — 5. Trachée-artère.

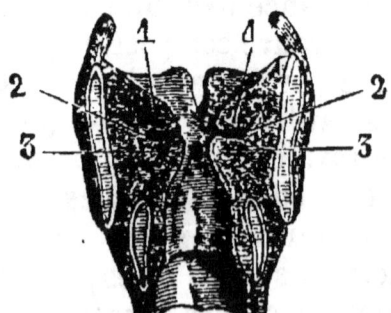

Fig. 41. *Coupe verticale et de face du larynx humain.*

1. Ligaments supérieurs de la glotte. — 2. Ventricules du larynx. — 3. Ligaments inférieurs de la glotte ou cordes vocales.

ont reçu le nom de *ventricules du larynx*. La *glotte* comprend tout l'espace qui se trouve entre les quatre ligaments.

Une languette fibro-cartilagineuse, fixée par sa base au-dessous de la racine de la langue, garde l'ou-

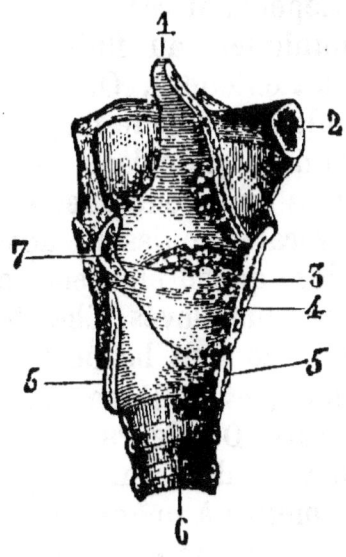

Fig. 42. *Coupe verticale et de profil de l'appareil vocal humain.*

1. Épiglotte. — 2. Os hyoïde coupé. — 3. L'une des cordes vocales. — 4. Section du cartilage thyroïde. — 5. Cartilage cricoïde. — 6. Trachée-artère. — 7. Cartilage aryténoïde, servant par son déplacement à tendre plus ou moins les cordes vocales.

verture supérieure du larynx. Cette languette, que l'on nomme épiglotte, est ordinairement levée, mais elle s'abaisse dans l'acte de la déglutition.

PHYSIOLOGIE

142. Mécanisme de la voix. — Dans l'état ordinaire, la glotte présente une ouverture assez large pour que l'air y passe librement et sans produire aucun son; mais, dans certaines circonstances, qui dépendent du reste de notre volonté, les muscles du larynx se contractent, et les ligaments, rapprochés et tendus, frémissent sous le courant d'air envoyé par les poumons. Cependant ces vibrations des cordes vocales se communiquent au fluide qui nous entoure, et la voix se fait entendre. On voit qu'il existe une grande ressemblance entre le larynx et un instrument à anche: dans l'un comme dans l'autre, c'est un tremblement de lames qui produit les sons [1].

Les cordes vocales jouissent aussi des propriétés des autres cordes : quand elles sont plus courtes, elles donnent des tons plus élevés. Chez les femmes, les ligaments de la glotte sont beaucoup moins longs que chez les hommes, et voilà ce qui explique la différence de leurs voix. D'ailleurs les cordes vocales peuvent se raccourcir à différents degrés dans un même individu, et le mettre à même de graduer la hauteur de sa voix selon sa volonté. Pour obtenir ce résultat, leurs extrémités se rapprochent, sur une longueur plus ou moins grande, au point de se toucher, et les seules portions qui demeurent libres conservent la faculté de produire des vibrations. Le jeu des cordes vocales peut donc parfaitement se comparer à celui des lèvres dans une embouchure de cor. On sait que la rapidité de leur frémissement, et par suite l'élévation des sons, dépendent de la tension et du degré d'écartement qu'on leur fait subir.

En terminant, nous expliquerons brièvement la

---

[1] Le *mutisme* résulte en général de la paralysie des cordes vocales. Il est fréquemment accompagné de la surdité; mais souvent alors on est muet parce que, n'ayant jamais entendu le langage des autres, on a été dans l'impossibilité de le reproduire. La charité ingénieuse est arrivée aujourd'hui à faire parler les sourds de naissance.

mue de la voix. Ce changement, qui s'opère habituellement chez les jeunes garçons de quatorze à quinze ans, à l'âge où la voix des femmes devient seulement plus claire et plus forte, doit être attribué au développement des cordes vocales. A cette époque, en effet, elles atteignent une longueur presque double de celle qu'elles avaient dans l'enfance. Il faut éviter de se fatiguer la voix pendant qu'elle mue, et jusqu'à ce qu'elle soit complètement assurée.

143. MODIFICATIONS DE LA VOIX. — Les diverses modifications de la voix sont le *cri*, la *parole* et le *chant*.

Le cri est un son habituellement aigu, rauque et désagréable, peu ou point modulé, le seul que puissent produire l'enfant et la plupart des animaux. Dans la parole, les sons se trouvent modifiés par le pharynx, la langue, les dents et les autres organes de la prononciation. Enfin on réserve le nom de chant à une succession de sons musicaux[1]. Il suffira d'insister

[1] L'étendue générale des voix humaines est d'environ quatre octaves; mais il est rare qu'un chanteur puisse faire entendre aisément plus de douze à quinze notes. Sous le rapport de leur élévation dans l'échelle musicale, les voix se divisent naturellement en deux classes : les *voix d'hommes* et les *voix de femmes* ou *d'enfants*. Chacune de ces grandes divisions forme à son tour trois catégories. Parmi les voix d'hommes on distingue : la *basse*, le *baryton* et le *ténor*; parmi les voix de femmes ou d'enfants, le *contralto*, le *mezzo-soprano* et le *soprano*.
La basse s'étend en moyenne depuis le *mi* grave jusqu'au *la* de la deuxième octave inclusivement; le baryton, depuis le *la* de la première octave jusqu'au *fa* de la troisième; le ténor, depuis l'*ut* de la deuxième jusqu'à l'*ut* de la quatrième : le contralto, depuis le *fa* de la deuxième jusqu'au *fa* de la quatrième; le mezzo-soprano, depuis le *la* de la deuxième jusqu'au *la* de la quatrième; le soprano, depuis l'*ut* de la troisième jusqu'à l'*ut* de la cinquième. La plupart des individus capables de chanter ont comme deux registres dans la voix, et peuvent produire deux séries de sons de caractère tout à fait différent. A la série inférieure on a donné le nom de voix de *poitrine*, et la série supérieure a été appelée voix *de tête* ou voix *de fausset*. Dans la première, les cordes vocales vibrent, paraît-il, dans toute leur épaisseur; au lieu que, dans la

sur la parole et sur le chant. Mais nous ne le pourrons faire utilement qu'après avoir donné quelques développements sur les sons.

Son simple, son composé. Nous l'avons dit précédemment en étudiant le mécanisme de l'audition, le son est toujours le résultat du mouvement vibratoire des corps. Lorsqu'il ne se produit qu'une seule espèce de vibration, comme dans la résonnance d'un diapason, c'est le son *simple*; mais les sons simples sont rares, et il n'y a guère que les diapasons qui en donnent. En général plusieurs sons se superposent, à des hauteurs différentes, et il en résulte des sons *composés*. Dans la nature, on n'entend que des sons de cette espèce.

Intensité, hauteur et timbre des sons. Nous ne parlons pas ici du *bruit*, c'est-à-dire du son provenant de vibrations irrégulières et brusquement interrompues; mais du *son musical*, dont on peut prendre l'unisson, et qui est produit par des vibrations continues, rapides et isochrones. Or on distingue dans ce son l'intensité, la hauteur et le timbre.

L'intensité est d'autant plus grande que les vibrations du corps sonore ont plus d'amplitude.

La hauteur dépend du nombre des vibrations. Plus ce nombre est grand, plus le son est élevé ou aigu. Plus ce nombre est petit, plus le son est bas ou grave.

Depuis 1863, époque où M. Helmholtz, professeur à l'université d'Heidelberg, fit ses ingénieuses expériences, on admet que le timbre de la voix humaine et des divers instruments dépend des sons harmoniques, c'est-à-dire des sons accessoires qui accompagnent le son fondamental [1].

---

seconde, le bord libre, voisin de l'orifice de la glotte, est seul mis en mouvement.

[1] « Le timbre de la voix, dit M. Milne-Edwards, paraît tenir en partie aux propriétés physiques des ligaments de la glotte et des parois du larynx, et en partie à celles de la portion suivante du

Sons harmoniques. Si l'on fait vibrer une corde entière, une oreille exercée entendra, outre la vibration totale, le son que donnerait la moitié, le tiers, le quart de cette corde. On a donné le nom de *sons harmoniques* aux sons provenant de ces vibrations partielles, et l'on a appelé *son fondamental* celui qui est produit par les vibrations de la corde entière. Les nombres de vibrations des sons harmoniques sont entre eux comme la suite des nombres entiers 1, 2, 3, 4, 5...

Voyelles, consonnes. Nous rappellerons d'abord qu'il n'est question ici que de la phonation ou formatuyau vocal. On sait que le timbre des instruments de musique varie beaucoup suivant qu'ils sont construits en bois, en métal, ou en toute autre substance, et l'on a remarqué une coïncidence entre certaines modifications de la voix humaine et l'endurcissement plus ou moins grand des cartilages du larynx. Chez les femmes et les enfants, dont la voix a un timbre particulier, ces cartilages sont flexibles et n'ont que peu de dureté; tandis que chez les hommes et chez les femmes dont la voix est masculine, le cartilage thyroïde est très fort et quelquefois même plus ou moins complètement ossifié. » (*Zoologie*, 6ᵉ édit., p. 217.) Bien que ces lignes fussent écrites avant la découverte de M. Helmholtz, elles conservent néanmoins toute leur vérité, car il est clair que la production des sons harmoniques dépend singulièrement des circonstances dont parle ici M. Milne-Edwards.

« Les chanteurs désignent, en outre, sous le nom de timbre, une modification singulière de la voix que l'on peut produire à volonté, et qu'ils appellent *timbre sombre*, ou encore *voix sombrée*, par opposition au timbre naturel de la voix, qui reçoit alors le nom de *timbre clair*. Les chanteurs français n'emploient guère que le timbre clair, qui est le timbre normal; mais les chanteurs italiens font un fréquent usage du timbre sombre, qui a quelque chose de couvert, et qui donne à certains morceaux ou passages de chant un charme inexprimable. Ce qu'il y a de remarquable, c'est que les mêmes notes peuvent être données en timbre clair ou en timbre sombre. » (B. Dupiney de Vorepierre, *Dictionnaire français illustré*, etc., art. VOIX.)

On croit que cette modification doit être attribuée aux sons harmoniques que produisent, par une disposition différente, la bouche et le pharynx.

tion des sons. La parole à voix basse, qui se réduit à des bruits, ne doit donc pas nous occuper.

On appelle voyelles des sons vocaux produits uniquement par le larynx, mais diversifiés par le pharynx, les fosses nasales et la bouche, qui restent fixes dans la position qu'ils ont prise. Il est aujourd'hui démontré que les voyelles ne diffèrent entre elles que par le timbre, ou, ce qui est la même chose, par la variété des harmoniques. A l'aide de plusieurs diapasons et en faisant prédominer tel ou tel harmonique, Helmholtz a pu faire entendre les voyelles, comme si elles avaient été proférées par une voix humaine. Sans entrer dans des détails qui sont du ressort de la physique, remarquons seulement que les harmoniques prédominants montent d'octave en octave, et que l'ordre des voyelles obtenues est le suivant : *ou, o, a, e, i*.

Ce qui caractérise les consonnes, c'est qu'elles se prononcent presque toutes sans aucun concours du larynx, et qu'elles ne sont articulées et distinguées les unes des autres que par la manière dont l'air est expulsé à travers les orifices situés au-dessus de la glotte. Il y a les consonnes *soutenues*, dont la prononciation dure aussi longtemps que l'haleine le permet, et les consonnes *explosives*, dans l'articulation desquelles l'air comprimé s'échappe d'un seul coup.

Les consonnes soutenues se divisent en soutenues *orales* et soutenues *nasales*. Dans la prononciation des premières, le canal oral est tantôt entièrement ouvert, comme pour l'*h* aspirée; tantôt modifié par certaines parties de la bouche qui se mettent en opposition, comme dans l'articulation de *f, v, ch, s, r* et *l*. Pour l'émission des consonnes soutenues nasales, qui sont *m, n, gn*, il est nécessaire que le canal nasal soit entièrement ouvert, la cavité orale étant close.

Les consonnes explosives se divisent aussi en deux

groupes, celui des explosives simples : *b, d, g;* et celui des explosives aspirées : *p, t, k.* Notons que, dans l'articulation de *b* et de *v*, on entend vibrer le larynx.

Si l'on veut s'assurer par l'expérience de la vérité de ce qui précède, ce qui est facile, on comprendra combien est vicieuse la classification des grammairiens, qui réunit des consonnes complètement différentes au point de vue physiologique.

Intervalles musicaux. L'intervalle des sons est le rapport de leurs vibrations. On distingue l'intervalle de *ton majeur*, qui équivaut à $\frac{9}{8}$, exemple : *ut-ré, fa-sol, la-si;* l'intervalle de *ton mineur*, égal à $\frac{10}{9}$; exemple : *ré-mi, sol-la*, et l'intervalle de *demi-ton*, qui est $\frac{16}{15}$; exemple : *mi-fa, si-ut.*

La gamme ordinaire ou *diatonique* se compose de huit sons dans les rapports suivants : de *ut* à *ré*, un ton; de *ré* à *mi*, un ton; de *mi* à *fa*, un demi-ton; de *fa* à *sol*, un ton; de *sol* à *la*, un ton; de *la* à *si*, un ton; de *si* à *ut*, un demi-ton. Et si l'on examine dans quel ordre ces intervalles sont disposés, on verra qu'il y a d'abord deux tons, suivis d'un demi-ton; et ensuite trois tons, également suivis d'un demi-ton. En pratique, on ne distingue pas les tons majeurs des tons mineurs, au moins dans le sens où nous venons d'en parler.

Il y a une autre gamme qui procède par demi-tons. Elle s'étend, comme l'autre, de *ut* à *ut*, se compose de treize sons et s'appelle gamme *chromatique.*

Outre les intervalles des notes consécutives que nous venons d'énumérer, il faut signaler encore les intervalles de chaque note par rapport à l'ut fondamental. On les désigne sous les noms suivants : de *ut* à *ré*, une *seconde;* de *ut* à *mi*, une *tierce;* de *ut* à *fa*, une *quarte;* de *ut* à *sol*, une *quinte;* de *ut* à *la*, une *sixte;* de *ut* à *si*, une *septième;* de *ut* à *ut*, une octave.

Mais les intervalles de même nom ne sont pas tous de même étendue. On a donné le nom de *majeurs* aux plus grands, et le nom de *mineurs* aux plus petits. Il y aura donc des *tierces majeures*, comme *ut-mi*, et des *tierces mineures*, comme *ré-fa*, etc.

144. Voix dans la série animale. — Séparés de l'Homme par un intervalle infranchissable, les animaux n'ont point de véritable langage. Cependant ceux qui respirent par les poumons, et qui sont pourvus d'un larynx, jouissent de la faculté de produire des sons. Dans les Mammifères, l'organe de la voix se rapproche de celui de l'Homme[1]. Les Oiseaux possèdent deux larynx : un *supérieur*, situé, comme celui des Mammifères, au haut de la trachée, et un *inférieur*, très compliqué, qui se trouve à l'origine des bronches. C'est à ce dernier surtout qu'il faut attribuer la voix parfois ravissante des Oiseaux chanteurs.

Certains Poissons, tels que les Grondins, font entendre, quand on les prend, des grognements, dont on n'a pas encore découvert la cause.

Enfin, les animaux invertébrés n'ont aucune espèce de voix : on ne peut appeler de ce nom les bruits que produisent quelques Insectes, soit en volant, soit en frottant leurs jambes contre leurs ailes.

---

[1] Plusieurs animaux de cette classe, tels que l'Ane et l'Alouate ou Singe hurleur d'Amérique, poussent des cris assourdissants. L'intensité de leur voix est due à la résonnance de grandes cellules qui sont creusées dans l'os hyoïde, et qui communiquent avec la glotte.

CHAPITRE V

DES RACES HUMAINES

145. L'espèce humaine est unique[1]; mais la plupart des naturalistes y reconnaissent trois variétés bien

---

[1] Nous extrayons d'un ouvrage récent un excellent résumé des différences qui séparent l'Homme des animaux même les plus parfaits. On pourra y puiser des réponses solides à l'adresse de ceux qui soutiennent que l'Homme est un Singe de race améliorée.

« L'homme, considéré au point de vue zoologique, est le couronnement du règne animal, et se place au sommet de la classe la plus élevée de ce règne, c'est-à-dire de la classe des mammifères. Dans le système de Cuvier, il forme à lui seul un ordre distinct, celui des *Bimanes*. Mais au point de vue philosophique, la distance qui sépare l'homme de toute la série animale, envisagée même dans ses représentants les plus élevés, les quadrumanes, est véritablement incommensurable, et, pour ainsi dire, infinie. En conséquence, plusieurs naturalistes ont proposé de le détacher complètement de la série animale, et de le classer tout à fait à part sous la dénomination significative de *règne humain*.

« Les *caractères* du genre humain peuvent se résumer ainsi : Tête arrondie, plus développée dans sa partie crânienne que dans sa partie faciale, et articulée par sa base avec les vertèbres du cou. Tronc élargi aux épaules et au bassin, avec deux mamelles tranchées, qui, tout en provenant de la même source, ont subi des variations notables. Ces trois groupes

pectorales écartées et saillantes. Membres dissemblables : les supérieurs plus courts que les inférieurs, impropres à la translation, et seuls terminés par des mains ; les inférieurs terminés par des pieds qui posent dans toute leur étendue sur le sol. Station verticale résultant des dispositions harmoniques de la tête, du tronc et des membres. Distribution spéciale du système pileux, qui est abondant sur la tête, sur quelques parties de la face et sur quelques autres points peu étendus, mais qui est court, rare ou nul, sur la plus grande partie du corps. A ces caractères zoologiques on doit ajouter les suivants : Intelligence dépassant les limites du présent et du monde sensible. Sentiment moral. Détermination libre. Langage articulé et varié.

« Certains naturalistes ont voulu classer dans le même ordre que l'homme quelques espèces qui appartiennent à l'ordre des quadrumanes. Cette prétention, même à ne l'envisager qu'au point de vue purement anatomique, et en faisant abstraction des caractères supra-zoologiques qui distinguent essentiellement l'espèce humaine, est insoutenable. En effet, l'homme est le seul animal vraiment bimane et vraiment bipède, tandis que les espèces supérieures des singes, qu'on a prétendu rapprocher de lui, sont des *quadrumanes imparfaits*, et des *quadrupèdes* également *imparfaits*, selon que l'on considère les extrémités de leurs membres comme des mains ou comme des pieds. Le pied de l'homme est large, la jambe porte verticalement sur lui ; le talon est renflé en dessous ; les doigts sont courts et ne peuvent presque pas se ployer ; le pouce, plus long et plus gros que les autres, est placé sur la même ligne et ne leur est point opposable : ce pied est donc admirablement propre à porter le corps ; mais il ne peut servir ni à saisir, ni à grimper. Chez les singes supérieurs, l'orang, par exemple, à l'extrémité des membres postérieurs, est une main imparfaite ; elle pose sur le sol par sa tranche externe, et ne fournit pas une base de sustentation suffisante, de sorte que l'animal, dans la station normale, est obligé de se soutenir à l'aide des membres antérieurs. La main antérieure des quadrumanes se distingue de la main humaine par la longueur et la courbure de la région palmaire, par un pouce moins avancé et relativement court, par la dépendance des doigts dans leurs mouvements : aussi cette main est-elle limitée à des actes de préhension qui n'exigent que des mouvements d'ensemble. Notre main est plus large à la paume ; elle a le pouce plus long, mieux opposable ; tous nos doigts sont indépendants, et peuvent exécuter des mouvements séparés. Ainsi donc, comme les pieds de l'homme

sont, d'après Cuvier, la race *blanche* ou *caucasique*, la race *jaune* ou *mongolique*, et la race *noire* ou *éthiopique*.

sont contruits de façon à porter seuls le poids tout entier du corps, il conserve la pleine liberté de ses mains pour les arts et pour l'industrie. L'homme, comme le seul animal vraiment bipède, est aussi le seul dont le corps soit disposé pour la *station verticale*. Ses pieds, ainsi que nous venons de le voir, lui présentent une base plus large que celle d'aucun mammifère; les muscles qui retiennent le pied et la cuisse dans l'état d'extension sont plus vigoureux, d'où résulte la saillie du mollet et de la fesse; le bassin est plus large, ce qui écarte les cuisses et les pieds, et donne au tronc une forme pyramidale favorable à l'équilibre; le col du fémur forme avec le corps de l'os un angle qui augmente encore l'écartement des pieds, et élargit la base du corps; la tête s'articule avec la colonne vertébrale, non tout à fait en arrière, mais par sa base, et de manière à se trouver en équilibre sur cette colonne, qui, en outre, présente une suite de courbures parfaitement calculées pour amener le centre de gravité à passer par l'axe du corps, et pour corriger l'inégale distribution des viscères renfermés dans le thorax et dans l'abdomen. La station verticale n'est donc point, comme quelques auteurs l'ont avancé, le résultat de l'éducation. Elle est tellement naturelle à l'homme que, quand bien même il le voudrait, il ne pourrait marcher commodément à la façon des quadrupèdes. Son pied de derrière, court et presque inflexible, et sa cuisse trop longue, ramèneraient son genou contre terre; ses épaules écartées et ses bras jetés trop loin de la ligne moyenne soutiendraient mal le devant de son corps; le muscle grand-dentelé, qui, dans les quadrupèdes, suspend le tronc entre les omoplates comme une sangle, est plus petit dans l'homme que dans aucun d'entre eux; la tête est plus pesante à cause de la grandeur du cerveau et de la petitesse des sinus ou cavités des os, et cependant les moyens de la soutenir sont plus faibles; car l'homme n'a ni ligament cervical, ni disposition des vertèbres propres à les empêcher de se fléchir en avant; il pourrait donc tout au plus maintenir sa tête dans la ligne de l'épine; mais alors ses yeux et sa bouche seraient dirigés contre la terre, et il ne verrait pas devant lui. La situation de ces organes, au contraire, est la plus parfaite, en admettant que l'homme est destiné à marcher debout. Enfin, les artères qui vont à son cerveau ne se subdivisant point, comme dans beaucoup de quadrupèdes, et le sang nécessaire pour un organe si volumineux s'y portant avec trop d'affluence, la position horizontale détermine-

La race blanche, que l'on croit originaire du Caucase, est la plus belle comme la plus ingénieuse de toutes. Elle habite l'Europe, l'ouest de l'Asie et le nord de l'Afrique; et, à cause de ses relations commerciales et de ses colonies, elle se trouve aujourd'hui répandue dans l'univers entier. Ses principaux caractères sont : un crâne et un visage ovales, des yeux horizontaux, un nez long et droit, une bouche moyenne, des lèvres minces et rouges, des dents verticales, une taille svelte, des membres bien dessinés, une peau plus ou moins blanche, suivant les climats, les tempéraments et la manière de vivre.

Dans la race mongolique, on remarque : une face large et plate, des yeux dont l'angle externe est relevé et les paupières comme bridées, un nez gros et épaté à narines très ouvertes, une bouche grande, des lèvres épaisses, des incisives inclinées, des membres gros, charnus et mal dessinés, une peau d'un blanc mat, ou d'un jaune olivâtre.

rait des congestions et apoplexies fréquentes. » (*Dictionnaire français illustré et Encyclopédie universelle*, art. HOMME.)

A ce résumé si substantiel ajoutons encore quelques lignes :

Aucun Quadrupède ne peut être comparé à l'Homme pour le volume relatif des hémisphères cérébraux et les circonvolutions qui se voient à leur surface.

La dentition du Singe présente, il est vrai, une certaine ressemblance avec celle de l'Homme, mais elle en diffère notablement par les proportions des canines : chez l'Homme, ces dents dépassent peu les autres; chez le Singe, elles sont si longues, qu'elles exigent dans la mâchoire opposée un espace vide pour loger leur pointe.

L'Homme porte sur son visage la noblesse de son origine, l'autorité de son rang et la grandeur de sa destinée; dans ses traits si fins, si mobiles et si expressifs se reflètent et se peignent tous les sentiments de son âme, au lieu que la tête du Singe ne produit jamais que de hideuses grimaces. Seul enfin de tous les animaux, l'Homme peut s'élever au-dessus des sens, réfléchir, faire des observations, les transmettre à la postérité par la parole ou par l'écriture, et profiter de celles que lui ont léguées ses devanciers ou ses contemporains.

Cette race comprend tous les peuples de l'Asie orientale. Beaucoup d'auteurs y rattachent la race *malaise*, répandue dans la presqu'île de Malacca et dans l'ouest de l'Océanie, et la race *rouge*, aujourd'hui réduite à quelques tribus, mais qui errait autrefois en grand nombre dans les solitudes de l'Amérique du Nord. Ces deux types offrent pour caractère commun une peau rouge fortement cuivrée; mais, dans la race américaine, les traits prononcés, le nez saillant, les yeux grands et ouverts se rapprochent des formes caucasiques.

La race noire a la tête déprimée au sommet, le crâne allongé, le front étroit et resserré aux tempes, le nez court, gros et très épaté, les mâchoires saillantes, les lèvres épaisses, les bras longs, les jambes arquées en dedans, remarquables par l'aplatissement du mollet, enfin la peau noire ou d'un brun plus ou moins foncé.

La race noire a éprouvé comme toutes les autres l'influence des climats, et subi de nombreuses variations. Il semble cependant qu'on puisse la subdiviser en deux races secondaires : la race *nègre*, qui habite l'Afrique, et qui a été transportée par les Européens en Amérique et dans plusieurs autres de leurs possessions coloniales, et la race *brune* ou *polynésienne*, répandue dans la Nouvelle-Hollande et dans le plus grand nombre des îles de l'Océanie.

LIVRE SECOND
ZOOLOGIE GÉNÉRALE

―――♦♦♦♦♦―――

CHAPITRE I

DE LA CLASSIFICATION

146. L'INDIVIDU. — Dans le sens étymologique et général, on entend par individu (*individuum*) tout être qui a son existence propre et qui ne peut être divisé sans cesser d'exister. Au point de vue zoologique, un individu est *tout être organisé animal considéré seul, et abstraction faite des autres êtres de même nature*[1].

147. PROBLÈME DE L'ESPÈCE. — Il est une question de zoologie générale qui a pris de nos jours une im-

---

[1] Un instant de réflexion fera comprendre qu'en botanique l'individu se définit de la même façon, en substituant au mot *animal* le mot *végétal*; mais en minéralogie, où il n'y a plus d'organisation, l'individu est *tout corps simple ou qui n'est pas décomposé*.

portance considérable et domine toute l'Histoire naturelle : c'est celle de l'espèce. Pour tous les naturalistes, une espèce est la réunion des individus qui se sont engendrés successivement, et qui sont capables de perpétuer leur lignée.

Mais les uns avec Linné, Jussieu, Cuvier, Milne Edwards, Paul Gervais, non contents d'admettre dans l'espèce la filiation, soutiennent qu'on y trouve aussi la ressemblance. D'après eux, la filiation suppose la transmission d'un type particulier, qui, au moins dans ses traits essentiels, s'est maintenu invariable et fixe depuis son origine ; en sorte que l'existence des différents types nécessite la création d'autant d'organismes à part. Ainsi entendue, l'espèce peut se définir d'une façon plus précise : *Un ensemble d'individus semblables qui se reproduisent indéfiniment entre eux*[1].

D'après les autres, le type n'aurait rien de fixe, et la ressemblance ne serait pas nécessairement trans-

---

[1] Les espèces, dit Linné, sont ces formes diverses organisées que Dieu a produites à l'origine, et qui, en vertu des lois de la génération, produisent des individus sans nombre, mais toujours semblables.

Cuvier définit l'espèce : la collection de tous les corps organisés, nés les uns des autres ou de parents communs, et de ceux qui leur ressemblent autant qu'ils se ressemblent entre eux.

Enfin voici ce que disent de la fixité de l'espèce deux savants contemporains dont l'autorité ne sera mise en doute par personne. « Pour moi, dit M. de Quatrefages, l'espèce est quelque chose de primitif et de fondamental. Des actions, des milieux ont modifié et modifient sans cesse les types premiers de l'hérédité... Toutefois il ne se forme pas pour cela des espèces nouvelles, et la parenté spécifique des dérivés d'un même type spécifique peut toujours être reconnue par voie d'expérience, quelles que soient les différences très réelles qui les séparent. »

Après M. de Quatrefages, c'est M. Godron qui se prononce contre la transformation des espèces. « Les révolutions du globe, dit-il, n'ont pu altérer les types originairement créés ; les espèces ont conservé leur stabilité, jusqu'à ce que des conditions nouvelles aient rendu leur existence impossible ; alors elles ont péri, mais elles ne se sont pas modifiées. »

mise avec la filiation. Ce fut Lamarck qui, l'un des premiers, se déclara pour la variabilité indéfinie des espèces [1]. Imbu de la doctrine d'Épicure et de la philosophie sensualiste du xviii° siècle, il soutint que « ce ne sont pas les organes, c'est-à-dire la nature et la forme des parties du corps d'un animal qui ont donné lieu à ses habitudes et à ses facultés particulières ; mais que ce sont, au contraire, ses habitudes, sa manière de vivre, et les circonstances dans lesquelles se sont rencontrés les individus dont il provient, qui ont avec le temps constitué la forme de son corps, le nombre et l'état de ses organes, enfin les facultés dont il jouit. » Or les habitudes des animaux et le milieu où ils vivent étant des causes dont l'action est incessante, il est évident que, d'après Lamarck, les types spécifiques devraient continuellement se modifier.

Cette opinion fut soutenue par Geoffroy Saint-Hilaire, qui, lui aussi, admettait la puissance modifiante des milieux, et soutenait la mutabilité des espèces contre Cuvier, partisan de leur immutabilité.

Mais le plus célèbre champion de cette cause est le naturaliste anglais Darwin, dont les idées ont eu de-

---

[1] Buffon, avant Lamarck, avait posé le problème, et s'était demandé si les genres et les espèces ne pourraient pas subir eux-mêmes des transformations, et s'il ne serait pas possible de réduire les espèces connues à un petit nombre de familles ou de sources principales. Après avoir défendu un moment la mutabilité, il se ravisa et prit franchement parti pour l'immutabilité. « La nature, dit-il, a imprimé à l'espèce certains caractères inaltérables. L'espèce n'est autre chose qu'une succession constante d'individus semblables et qui se reproduisent. L'empreinte de chaque espèce est un type dont les principaux traits sont gravés en caractères ineffaçables et permanents à jamais, quoique toutes les touches accessoires varient ou puissent varier. La transformation des espèces est impossible. » C'est à Buffon en particulier que revient l'honneur d'avoir, le premier, signalé la *fécondité continue* comme le caractère distinctif de la *fixité* de l'espèce.

puis trente ans un retentissement si considérable [1], et ne sont pourtant au fond que celles de Lamarck rajeunies par une plus habile exposition.

148. Classification naturelle. — Familles. Classes. Le nombre des corps organisés aujourd'hui connus est déjà très considérable, et il s'accroît de plus en plus par les découvertes des naturalistes. Dans le Règne animal seul, on ne compte pas moins de six cent mille espèces, dont plus de deux cent mille appartiennent à la faune contemporaine. Pour se reconnaître au milieu d'êtres si nombreux et si divers, pour les signaler aux autres avec certitude, il ne suffit pas de donner un nom à chacun. La mémoire la plus heureuse serait incapable de retenir toutes ces dénominations, et l'étude de l'Histoire naturelle resterait comme impossible. Il est nécessaire, ou du moins très utile, que le nom emporte avec lui une signification précise; qu'il rappelle les principaux traits de la conformation; en un mot, qu'il soit une description sommaire. Ce résultat ne peut être obtenu que par la méthode. Pour établir de l'ordre parmi les innombrables êtres qui peuplent l'univers, les naturalistes ont recouru à ce qu'ils appellent une *classification*. Ce sont des cadres, comme on dit dans l'armée, qui s'emboîtent les uns dans les autres, des divisions dont les supérieures contiennent les inférieures. Les êtres compris dans les premières catégories n'ont entre eux que des rapports généraux; mais

---

[1] La facilité avec laquelle on peut s'en faire une arme contre le christianisme, voilà uniquement ce qui a concilié tant de faveur au système de Darwin. Écoutons, du reste, le naïf aveu d'un de ses commentateurs. « D'après ce système, dit Charles Vogt, l'homme n'est plus une créature séparée; il émane du groupe des Mammifères les plus rapprochés de lui par l'organisation, des Singes; et le Créateur personnel, avec son intervention alternative dans les changements progressifs de la création organique, et en particulier dans la création de notre espèce, est congédié. »

à mesure que l'on passe d'une division à l'autre, les ressemblances deviennent plus nombreuses et plus frappantes.

Pour qu'une classification soit bien faite, il faut que les particularités diverses d'un animal ou d'une plante conduisent sans trop de peine à trouver leur nom, et inversement, il faut que le nom, avec la place qu'il occupe dans la série des êtres, permette de remonter aux caractères distincts et à la description complète.

Quelques exemples feront bien saisir l'utilité des classifications.

Je suppose que je veuille correspondre avec l'un de mes amis, étudiant à Baltimore; si je me contentais d'indiquer son nom, je mettrais la poste dans le plus grand embarras et même dans l'impossibilité de faire parvenir ma lettre; mais si je rédige l'adresse de la façon suivante : **M. William Richardson, étudiant, place de l'Athenœum, n° 2, Baltimore, Maryland, États-Unis, Amérique**, la lettre arrivera à sa destination avec la plus grande facilité. D'un seul regard on connaîtra le continent, la nation, l'État ou province, la ville, l'endroit de la ville, la maison, et, dans cette maison, l'individu, distingué par son prénom des autres enfants de la même famille.

Si j'écrivais à un soldat, outre son nom, j'indiquerais le corps d'armée auquel il appartient, la division, la brigade, le régiment, le bataillon et la compagnie.

Appliquons maintenant ces comparaisons. Si, en dehors de toute classification, je voulais, dans une nombreuse ménagerie, reconnaître un Tigre royal sans en avoir jamais vu, il me faudrait prendre une description détaillée du Tigre et la comparer successivement avec tous les animaux de la ménagerie, ce qui serait fastidieux.

Admettons, au contraire, que j'aie recours à une

classification naturelle. Je verrai que le Tigre est un animal de l'embranchement des Vertébrés, de la classe des Mammifères, de l'ordre des Carnivores, de la famille des Digitigrades, de la tribu des Chats, du genre Chat proprement dit, et qu'il a pour distinction spécifique une grande taille avec un pelage fauve parsemé de raies transversales d'un noir foncé. Alors, non seulement je démêlerai sans peine l'animal en question, mais, éclairé par les caractères que m'auront fournis les divisions successives, je connaîtrai les principaux traits de son histoire. D'ailleurs, cette méthode m'aura fait économiser un temps considérable. Tout d'abord j'aurai laissé de côté, dans le Règne animal, sept embranchements ; dans le type Vertébré, quatre classes ; dans la classe des Mammifères, de nombreux ordres, et ainsi de suite pour les autres subdivisions.

Nous avons suffisamment expliqué ce que c'est que les méthodes naturelles ; répétons cependant que ces sortes de classifications reposent sur l'ensemble des caractères rangés d'après leur degré d'importance, et qu'elles présentent ainsi le tableau des principales modifications organiques.

Les classifications artificielles, au contraire, ne sont fondées que sur tel ou tel organe choisi arbitrairement, ce qui leur donne une valeur beaucoup plus superficielle, et en général les rend peu profitables pour l'étude [1].

---

[1] De tout temps on a reconnu le besoin des classifications pour aider la mémoire ; mais au lieu de les baser sur l'organisation même des êtres, comme l'ont fait Bernard de Jussieu pour les plantes, et Cuvier pour les animaux, on les faisait reposer sur quelques-unes de leurs particularités, sans se préoccuper de l'importance relative des organes. On réunissait ainsi dans une même division les choses les plus disparates. En classant d'après le nombre des membres, on plaçait dans la même section les Bœufs, les Grenouilles, les Lézards, et l'on séparait ces derniers des Serpents,

Quelques naturalistes, s'appuyant sur ce principe de Leibnitz que la nature ne procède point par saut, ont cru, avec Bonnet, que l'ensemble des êtres constituait une série unique, dont les divers termes s'écartaient également les uns des autres. D'autres, avec Lamarck, ont entendu par échelle des animaux, non pas une série linéaire, mais une série assez régulièrement graduée dans les masses principales, c'est-à-dire dans les principaux systèmes d'organisation qui donnent lieu aux classes et aux grandes familles. Ni l'une ni l'autre de ces deux théories n'est acceptable. La vérité est qu'il n'y a pas seulement dans la nature une série d'êtres linéaire et continue, mais plusieurs séries, qui, tantôt marchent parallèlement, tantôt s'embranchent les unes avec les autres.

Ajoutons, après Woodward, que M. Milne Edwards a fait une comparaison extrêmement juste quand il a fait remarquer que l'apparence réelle du Règne animal n'est pas celle d'une armée bien ordonnée, mais plutôt celle du ciel étoilé, sur lequel sont disséminées des constellations de diverses grandeurs, avec ici et là une étoile solitaire qui ne peut être rattachée à aucun groupe voisin.

Pour établir une classification naturelle, il faut avant tout bien connaître les animaux. On les range ensuite par catégories d'après les degrés de ressemblance qu'ils ont entre eux et d'après les différences qui les distinguent; enfin l'on partage ces catégories

qui ont cependant avec eux une grande analogie. Linné lui-même a distribué les plantes en vingt-quatre classes, d'après la seule considération des étamines, et il associait le Myriophylle, qui se cache dans les eaux, avec le Chêne, l'un des géants de la végétation. Au résumé, les *classifications artificielles* peuvent contribuer à un certain ordre et conduire au nom d'un animal ou d'une plante; mais elles présentent toujours l'immense inconvénient de ne donner que des renseignements extrêmement superficiels sur leur nature, qu'il importerait cependant principalement de connaître.

elles-mêmes en divers groupes et on les coordonne suivant le principe si fécond de la subordination des caractères.

Tous les caractères, en effet, n'ont pas la même importance. Il y en a de prépondérants, et, comme l'on dit, de *dominateurs* : telle est la conformation du squelette, du système nerveux, des dents, des membres, etc. Il y en a d'autres qui n'ont qu'une valeur secondaire et qui sont *subordonnés*, par exemple, la taille, la coloration [1]. Comme on le voit, au lieu de compter les caractères, il faut les apprécier et, pour ainsi dire, les peser.

« On a remarqué, dit M. Milne Edwards, que les
« parties les moins sujettes à varier dans les divers
« animaux sont presque toujours celles qui ont le plus
« d'importance, et qui, en se modifiant, entraînent
« le plus de changement dans le reste de l'organisa-
« tion, tandis que les parties dont la structure est la
« plus variable ne remplissent que des rôles secon-
« daires dans l'économie et n'influent que peu sur la
« conformation générale de l'être. Il en résulte que la
« fixité est un indice de domination organique, et que
« les caractères propres à faire distinguer entre eux
« les groupes très nombreux sont en général aussi des
« traits d'une haute importance pour l'histoire des

---

[1] « Les parties d'un être devant toutes avoir une convenance mutuelle, il est tels traits de conformation qui en excluent d'autres; il en est d'autres qui, au contraire, en nécessitent; quand on connaît donc tels ou tels traits dans un être, on peut calculer ceux qui coexistent avec ceux-là ou ceux qui leur sont incompatibles; les parties, les propriétés, ou les traits de conformation qui ont le plus grand nombre de ces rapports d'incompatibilité ou de coexistence avec d'autres, ou, en d'autres termes, qui exercent sur l'ensemble de l'être l'influence la plus marquée, sont ce qu'on appelle les *caractères importants*, les *caractères dominateurs;* les autres sont les *caractères subordonnés*, et il y en a ainsi de différents degrés. » (CUVIER, *Introduction au Règne animal*.)

« animaux, tandis que ceux qui varient d'un petit
« groupe à un autre sont ordinairement d'un médiocre
« intérêt. Dans la plupart des cas, on peut aussi juger
« jusqu'à un certain point de la valeur zoologique
« d'une modification de structure, par la nature et le
« degré de développement des facultés dont l'organe
« ainsi modifié est l'instrument [1]. »

Appuyé sur ces deux principes de la ressemblance de structure et de la subordination des caractères, on réunira donc d'abord les individus très semblables qui sont capables de se reproduire entre eux avec les mêmes caractères essentiels, et l'on en fera le premier groupe, le groupe fondamental, l'*espèce*.

Mais il arrive souvent qu'entre plusieurs espèces il n'y a pas une notable différence. Le Chien et le Loup, par exemple, le Lion et le Tigre, le Cheval et l'Ane ont entre eux de grands rapports. On réunit ces espèces en groupes supérieurs aux premiers, qu'on appelle *genres*; et, quand on veut désigner une espèce, on lui donne deux noms : un nom générique ou de parenté et un nom spécifique ou nom propre. Ainsi l'on dira l'Ours brun, l'Ours blanc, l'Aigle royal, la Tortue grecque, la Limace grise, etc. Chaque animal est ainsi doté, à l'imitation des hommes, d'un nom et d'un prénom. C'est au grand Linné que l'on est redevable de cette méthode qui a rendu tant de services, et que l'on est convenu d'appeler la *nomenclature binaire*.

Mais, de même qu'on a réuni en un genre les espèces voisines, on peut rassembler dans une même *famille* les genres qui ont entre eux des ressemblances frappantes; on obtiendra ainsi un nouveau groupe, supérieur à celui du genre et plus étendu que lui.

[1] *Zoologie*, 6ᵉ édit., p. 284.

En répétant pour les familles ce qu'on a fait pour les genres, on obtiendra les *ordres* ; ceux-ci donneront les *classes*, qui, réunies, formeront les *embranchements* ou divisions supérieures de chaque Règne.

Quelquefois ces dénominations ne suffisent pas. On partage alors les genres en *sous-genres*, les familles en *tribus*, les ordres en *sous-ordres*, etc.

Deux vers techniques feront retenir sans peine les subdivisions les plus usitées :

Embranchement, classe, ordre, et famille, et tribu,
Le genre, puis l'espèce, enfin l'individu.

CHAPITRE II

DU PLAN ET DE LA CONFORMATION DES ANIMAUX

149. CE QU'ON ENTEND PAR UNITÉ DE PLAN. — Aristote avait déjà entrevu *l'unité de composition*. Buffon, dans les temps modernes, nous a laissé des aperçus profonds sur le même sujet.

« Si, dans l'immense variété, dit-il, que nous présentent tous les êtres animés qui peuplent l'univers, nous choisissons un animal, ou même le corps de l'Homme pour servir de base à nos connaissances, et y rapporter, par la voie de la comparaison, les autres êtres organisés, nous trouverons que, quoique tous ces êtres existent solitairement, et que tous varient par des différences graduées à l'infini, il existe en même temps un dessein primitif et général qu'on peut suivre très loin, et dont les dégradations sont bien plus lentes que celles des figures et des autres rapports apparents ; car, sans parler des organes de la digestion, de la circulation, etc., il y a, dans les parties mêmes qui contribuent le plus à la variété de la forme extérieure, une prodigieuse ressemblance qui nous rappelle nécessairement l'idée d'un premier dessein, sur lequel tout semble avoir été conçu [1]. »

Et dans un autre endroit : L'homme d'étude, « prenant son corps pour le modèle physique de tous les êtres vivants, et les ayant mesurés, sondés, comparés dans toutes leurs parties, a vu que la forme de tout ce qui respire est à peu près la même; qu'en disséquant le Singe on pouvait donner l'anatomie de l'Homme; qu'en prenant un autre animal on trouvait toujours le même fond d'organisation, les mêmes sens, les mêmes viscères, les mêmes os, la même chair, le même mouvement dans les fluides, le même jeu, la même action dans les solides; il a trouvé dans tous un cœur, des veines et des artères; dans tous les mêmes organes de circulation, de respiration, de digestion, de nutrition, d'excrétion; dans tous une charpente solide, composée des mêmes pièces à peu près assemblées de la même manière; et ce plan toujours le même, toujours suivi de l'Homme au Singe, du Singe aux Quadrupèdes, des Quadrupèdes aux Cétacés, aux Oiseaux, aux Poissons, aux Reptiles; ce plan, dis-je, bien saisi par l'esprit humain, est un exemplaire fidèle de la nature vivante, et la vue la plus simple et la plus générale sous laquelle on puisse la considérer; et lorsqu'on veut l'étendre et passer de ce qui vit à ce qui végète, on voit ce plan, qui d'abord n'avait varié que par nuances, se déformer par degrés, des Reptiles aux Insectes, des Insectes aux Vers, des Vers aux Zoophytes, des Zoophytes aux Plantes, et, quoique altéré dans toutes ses parties extérieures, conserver néanmoins le même fond, le même caractère dont les traits principaux sont la nutrition, le développement et la reproduction; traits généraux et communs à toute substance organisée, traits éternels et

---

[1] Article ANE.

divins que le temps, loin d'effacer ou de détruire, ne fait que renouveler et rendre plus évidents [1]. »

Si élevées que soient ces vues, elles ne constituaient pas une théorie; il était réservé à Geoffroi Saint-Hilaire de découvrir la loi générale que Buffon avait pressentie et presque indiquée, et de formuler la *théorie des analogues*. En se dégageant de toute idée préconçue en faveur de l'anatomie humaine, et s'élevant au-dessus des considérations de forme, de nature et d'usage, il parvint à reconnaître que les ressemblances ne pouvaient porter que sur les *relations*. D'après lui, *lorsque deux parties se ressemblent par leurs relations et leurs dépendances, elles sont analogues*. De son fameux *principe des connexions*, Geoffroy déduisit cette proposition fondamentale que les *matériaux observés dans une famille existent dans toutes les autres*, et il proclama comme une loi de la nature *l'unité de composition organique*.

Restreinte aux animaux vertébrés, l'unité de composition est incontestable; mais Geoffroy eut le tort d'exagérer son idée et de vouloir faire rentrer dans son type général les Articulés et les Mollusques. Cuvier se déclara son adversaire, et entraîna de son côté tous les esprits observateurs et pratiques. Il démontra qu'il existe dans le Règne animal « quatre formes générales, quatre plans généraux, si l'on peut s'exprimer ainsi, d'après lesquels tous les animaux semblent avoir été modelés, et dont les divisions ultérieures, de quelque titre que les naturalistes les aient décorées, ne sont que des modifications assez légères, fondées sur le développement ou l'addition de quelques parties, qui ne changent rien à l'essence du plan. »

De nos jours, M. Milne Edwards s'est rangé au même sentiment. « Les animaux, dit-il, ne sont pas tous

---

[1] Nomenclature des Singes.

construits sur un même plan fondamental ; il existe au moins quatre types principaux, caractérisés par le mode de groupement des parties constitutives de l'organisme ; et les dérivés de chacun de ces types, tout en ayant une certaine forme commune, peuvent présenter une multitude de degrés différents dans leur complication anatomique [1]. »

On le voit, d'après l'opinion la plus autorisée, ce qu'il faut entendre par unité de plan, ce n'est pas l'unité de composition dans le Règne animal tout entier, mais seulement dans les animaux d'un même type ou embranchement.

Au reste, dans l'exécution de ces plans, le Créateur a procédé avec une sagesse et une économie admirables [2]. « Les organismes, dit M. Milne Edwards, ne

---

[1] Rapport sur les progrès récents des sciences zoologiques en France.

[2] « Que de ressorts, dit Buffon, que de forces, que de machines et de mouvements sont renfermés dans cette petite partie de matière qui compose le corps d'un animal! Que de rapports, que d'harmonie, que de correspondance entre les parties! Combien de combinaisons, d'arrangements, de causes, d'effets, de principes, qui tous concourent au même but, et que nous ne connaissons que par des résultats si difficiles à comprendre, qu'ils n'ont cessé d'être des merveilles que par l'habitude que nous avons prise de n'y point réfléchir [*]! . . . .

« Comparons les œuvres de la nature aux ouvrages de l'homme, cherchons comment tous deux opèrent, et voyons si l'esprit, quelque actif, quelque étendu qu'il soit, peut aller de pair et suivre la même marche, sans se perdre lui-même ou dans l'immensité de l'espace, ou dans les ténèbres du temps, ou dans le nombre infini de la combinaison des êtres. Que l'homme dirige la marche de son esprit sur un objet quelconque; s'il voit juste, il prend la ligne droite, parcourt le moins d'espace et emploie le moins de temps possible pour atteindre à son but. Combien ne lui faut-il pas déjà de réflexions et de combinaisons pour ne pas entrer dans les lignes obliques, pour éviter les fausses routes, les culs-de-sac, les chemins creux, qui tous se présentent les premiers, et en si grand

[*] Si la pensée est belle, il faut avouer que l'expression laisse un peu à désirer. Nous ne recommandons point comme devant être imités tous ces que qui se succèdent.

sont réellement identiques ni dans le temps ni dans l'espace, et la *diversité des produits* semble être la

nombre, que le choix du vrai sentier suppose la plus grande justesse de discernement! Cela cependant est possible, c'est-à-dire n'est pas au-dessus des forces d'un bon esprit; il peut marcher droit sur sa ligne et sans s'écarter : voilà sa manière d'aller la plus sûre et la plus ferme; mais il va sur une ligne pour arriver à un point; et s'il veut saisir un autre point, il ne peut l'atteindre que par une autre ligne; la trame de ses idées est un fil délié qui s'étend en longueur sans autres dimensions. La nature, au contraire, ne fait pas un seul pas qui ne soit en tout sens; en marchant en avant, elle s'étend à côté et s'élève au-dessus; elle parcourt et remplit à la fois les trois dimensions; et tandis que l'homme n'atteint qu'un point, elle arrive au solide, et embrasse le volume et pénètre la masse dans toutes leurs parties. Que font nos Phidias lorsqu'ils donnent une forme à la matière brute? A force d'art et de temps, ils parviennent à faire une surface qui représente exactement les dehors de l'objet qu'ils se sont proposé; chaque point de cette surface qu'ils ont créée leur a coûté mille combinaisons; leur génie a marché droit sur autant de lignes qu'il y a de traits dans leur figure : le moindre écart l'aurait déformée. Ce marbre, si parfait qu'il semble respirer, n'est donc qu'une multitude de points auxquels l'artiste n'est arrivé qu'avec peine et successivement; parce que, l'esprit humain ne saisissant à la fois qu'une seule dimension, et nos sens ne s'appliquant qu'aux surfaces, nous ne pouvons pénétrer la matière et ne savons que l'effleurer : la nature, au contraire, sait la brasser et la remuer à fond; elle produit ses formes par des actes presque instantanés; elle les développe en les étendant à la fois dans les trois dimensions : en même temps que son mouvement atteint à la surface, les forces pénétrantes dont elle est animée opèrent à l'intérieur; chaque molécule est pénétrée; le plus petit atome, dès qu'elle veut l'employer, est forcé d'obéir : elle agit donc en tous sens, elle travaille en avant, en arrière, en haut, en bas, à droite, à gauche, de tous les côtés à la fois, et par conséquent elle embrasse non seulement la surface, mais le volume, la masse et le solide entier dans toutes ses parties. Aussi quelle différence dans le produit! quelle comparaison de la statue au corps organisé! »

Ainsi raisonnait le grand naturaliste sur la perfection de chacune des œuvres du Créateur; quant au plan général, les meilleurs esprits, les savants les plus profonds et les plus expérimentés se déclarent impuissants à le bien saisir. Parlant de ses longues méditations sur la constitution du règne animal, M. Milne Edwards s'exprime en ces termes : « Je n'ai pas cru un seul instant

première condition imposée à la nature dans la formation des animaux... Mais, lorsqu'on vient à étudier avec plus d'attention cette multitude d'animaux variés, on ne tarde pas à s'apercevoir que la nature, tout en satisfaisant si largement à la *loi de la diversité des organismes*, n'a pas eu recours à toutes les combinaisons physiologiques qui auraient été possibles. Elle se montre, au contraire, toujours sobre d'innovations. On dirait qu'avant de recourir à des ressources nouvelles, elle a voulu épuiser en quelque sorte chacun des procédés qu'elle avait mis en jeu; et autant elle est prodigue de variété dans ses créations, autant elle paraît économe dans les moyens qu'elle emploie pour diversifier ses œuvres. La loi d'économie étend son influence sur le Règne animal tout entier. »

Et étendant cette loi aux espèces détruites, le savant naturaliste ajoute : « Aucun des animaux fossiles connus jusqu'ici ne diffère assez des animaux récents pour ne pas être rangé par le zoologiste dans l'une des classes représentées dans la faune actuelle, ou pour ne pouvoir prendre place entre deux de ces groupes comme type intermédiaire. »

Parmi les causes qui ont déterminé les différences dont les animaux nous offrent tant d'exemples, le même auteur signale comme une des plus puissantes la *tendance de la nature à varier les degrés de perfectionnement auxquels s'élève l'organisme de ces êtres*. Et après une suite de considérations très élevées sur les moyens dont la nature semble avoir fait usage pour opérer les perfectionnements organiques, il ajoute :

« Le corps de tout être vivant, que ce soit un animal ou une plante, ressemble à un atelier plus ou

pouvoir deviner la pensée mère dont est sortie cette vaste conception, ni déterminer la route suivie par l'Auteur de toutes choses dans l'exécution de son œuvre. »

moins vaste, où les organes, comparables à des ouvriers, travaillent sans cesse à produire les phénomènes dont l'ensemble constitue la vie de l'individu. Or le résultat ainsi obtenu est tantôt grossier et de peu de valeur; d'autres fois, au contraire, d'une perfection exquise; et dans les créations de la nature, de même que dans l'industrie des hommes, c'est surtout par la *division du travail* que le perfectionnement s'obtient. »

Le cadre de cet ouvrage et son caractère élémentaire ne nous permettent pas d'insister plus longuement sur ces vues générales. Retenons du moins la comparaison aussi juste que féconde d'un organisme avec un atelier. Là où le même ouvrier est chargé seul de toutes les opérations nécessaires à la confection d'un objet, les produits sont habituellement imparfaits; de même, dans le Règne animal, là où chaque portion de l'individu exerce à la fois plusieurs fonctions, les facultés sont plus bornées et la vie plus obscure. Au contraire, quand, dans une usine, la division du travail existe, chaque ouvrier fabrique avec plus de perfection la pièce dont il est exclusivement chargé; et ainsi, dans la nature, lorsque chacun des actes vitaux est effectué par un instrument particulier, les fonctions s'accomplissent mieux et les facultés deviennent plus exquises.

Mais venons au détail, et passons successivement en revue les différents *types*. Nous ne pouvons qu'y gagner; car les grands traits de ces divisions primordiales constituent autant de modèles et de plans généraux suivant lesquels tous les animaux paraissent avoir été créés.

Les zoologistes ne s'accordent pas sur le nombre de types qu'il faut reconnaître.

Cuvier admet quatre formes principales, quatre plans distincts et nettement définis : les *Vertébrés*, les *Mollusques*, les *Articulés* et les *Zoophytes* ou animaux-plantes, autrement appelés *Rayonnés*. Quoique la grande division en *Vertébrés* et *non Vertébrés* semblât indiquée par la nature, Cuvier la supprima; il voulut ainsi écarter l'idée d'une échelle zoologique allant par dégradations successives depuis les Mammifères les plus élevés jusqu'aux derniers Zoophytes.

Les auteurs plus récents ont modifié cette classification de diverses façons; et, croyant reconnaître dans certains groupes assez de caractères communs et importants pour constituer de nouveaux types, ils les ont détachés des quatre grandes catégories de Cuvier et en ont fait autant d'embranchements. Tout le monde avoue que ces dernières coupes ne sont pas aussi bien définies, aussi franchement limitées que les premières. Quoi qu'il en soit, le Règne animal peut actuellement se partager en huit groupes principaux :

Les Vertébrés,
Les Articulés,
Les Vers,
Les Mollusques,
Les Tuniciers,
Les Cœlentérés,
Les Échinodermes,
Les Protozoaires.

Nous nous occuperons tour à tour de chacun de ces types ou plans généraux.

I. Type vertébré. — Les Vertébrés ont pour caractères essentiels l'existence d'une *épine dorsale*, celle d'un squelette *intérieur* et la position des centres nerveux *au-dessus* du système digestif [1].

Dans tous les animaux de cet embranchement nous remarquons un double système de nerfs : celui de

---

[1] Dans l'homme sans doute, les centres nerveux sont situés *en arrière* du système digestif et non *au-dessus*, mais c'est parce qu'il se tient naturellement debout. En réalité, la disposition est la même que chez les autres vertébrés.

la moelle épinière et celui du grand sympathique ou système ganglionnaire. La moelle épinière est logée dans un long étui que l'on appelle colonne vertébrale ou épine dorsale, et qui se compose d'un grand nombre de pièces osseuses nommées vertèbres. A la partie antérieure (supérieure dans l'Homme) de la colonne vertébrale est situé le crâne, qui renferme l'encéphale ou principale masse nerveuse. Des divers points de l'encéphale et de la moelle épinière partent des filets nerveux qui se distribuent dans le corps pour lui communiquer la sensibilité et le mouvement. Les Vertébrés sont pourvus de cinq sens : la vue, l'ouïe, l'odorat, le goût et le toucher, dont les quatre premiers ont leurs organes placés dans des cavités de la tête.

Tous ont le sang rouge, un cœur musculaire au moins à deux réservoirs, une bouche à deux mâchoires situées l'une au-dessus ou au-devant de l'autre, des vaisseaux chylifères et absorbants, un foie, une veine porte, un pancréas, une rate et des reins.

Mais la seule existence d'une colonne vertébrale, c'est-à-dire d'une tige osseuse composée de vertèbres, à laquelle se rattachent ordinairement quatre membres et jamais plus, imprime aux animaux qui en sont pourvus un caractère si spécial, qu'ils se trouvent par là nettement séparés de tout le reste du Règne. Ce plan général est, du reste, modifié de mille manières, sans qu'il soit troublé dans son unité.

Buffon nous expose avec sa clarté habituelle que l'Homme et le Cheval ont été formés d'après un dessein identique. « Le corps du Cheval, dit-il, qui, du premier coup d'œil, paraît si différent du corps de l'Homme, lorsqu'on vient à le comparer en détail et partie par partie, au lieu de surprendre par la différence, n'étonne plus que par la ressemblance singulière et presque complète qu'on y trouve. En effet, prenez le squelette de l'Homme, inclinez les os du bassin, ac-

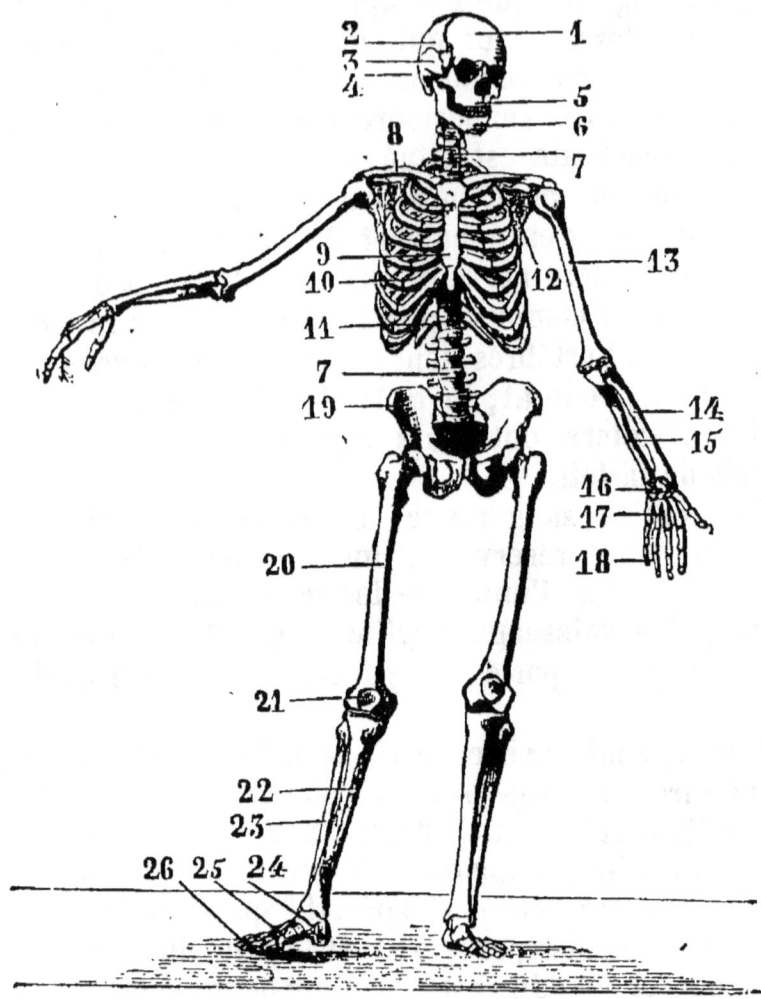

Fig. 43. *Squelette humain.*

1. Os frontal. — 2. Os pariétal. — 3. Os temporal. — Vis-à-vis du chiffre 4, mais en arrière, et au-dessous des deux pariétaux, os occipital (non visible dans cette position). — 5. Os maxillaires supérieurs. — 6. Os maxillaire inférieur. — 7. Colonne vertébrale. — 8. Clavicule. — 9. Sternum. — 10. Sixième vraie côte. — 11. La dernière

côte flottante. — 12. Omoplate. — 13. Humérus. — 14. Radius. — 15. Cubitus. — 16. Carpe. — 17. Métacarpe. — 18. Phalanges des doigts. —19. Os iliaque. — 20. Fémur. — 21. Rotule. — 22. Tibia. — 23. Péroné. — 24. Tarse. — 25. Métatarse. — 26. Phalanges des orteils.

courcissez les os des cuisses, des jambes et des bras,

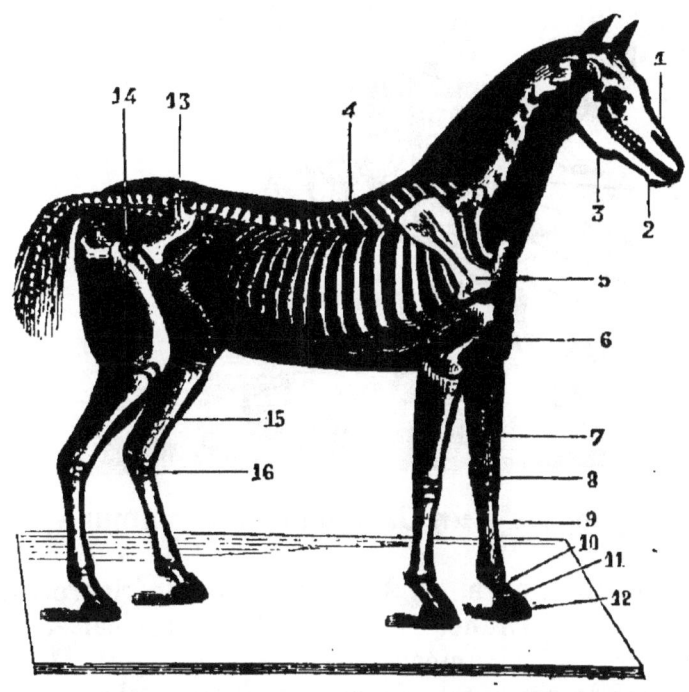

Fig. 44. *Squelette de Mammifère* (Cheval).

1. Os du nez, auxquels correspond, dans l'animal vivant, ce que l'on appelle chanfrein. — 2. Barre, intervalle des dents où l'on place le mors. — 3. Ganache. — 4. Colonne vertébrale, sur laquelle viennent s'articuler les côtes. — 5. Omoplate. — 6. Humérus. — 7. Avant-bras ou cubitus. — 8. Os du carpe (on les appelle vulgairement genou, dans le Cheval). — 9. Métacarpe, dont les os sont soudés en un seul, nommé canon. — 10. 1re phalange. — 11. 2e phalange. — 12. 3e phalange, enveloppée dans le sabot.—13. Os iliaque.—14. Fémur.—15. Tibia.—16. Tarse, appelé jarret dans l'animal vivant, et, au-dessous, le métatarse, que l'on nomme canon, comme le métacarpe.

allongez ceux des pieds et des mains, soudez ensemble les phalanges, allongez les mâchoires en raccourcis-

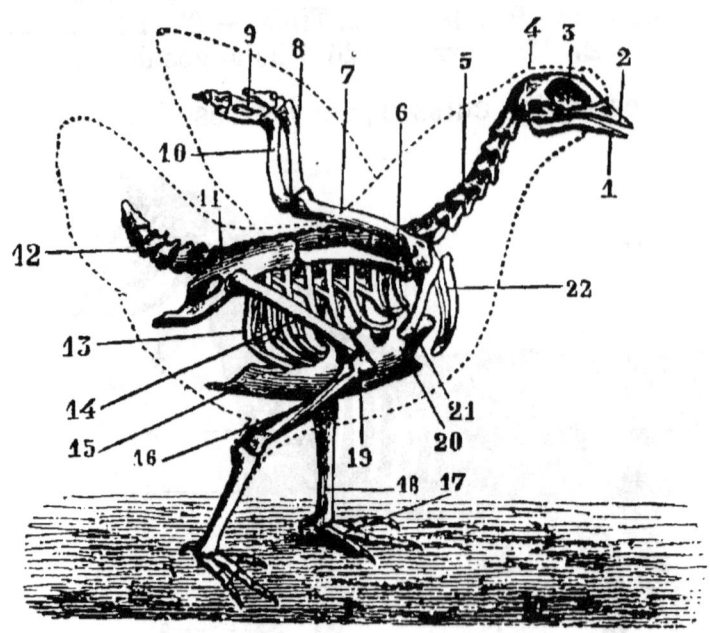

Fig. 45. *Squelette d'un Oiseau* (Poule commune).

1. Mandibule inférieure. — 2. Mandibule supérieure. — 3. Orbite. — 4. Crâne. — 5. Vertèbres cervicales. — 6. Omoplate. — 7. Humérus. — 8. Radius. — 9. Métacarpe, suivi de petits os qui remplacent les phalanges. — 10. Cubitus. — 11. Os du bassin. — 12. Vertèbres caudales. — 13. Côtes avec leurs apophyses. — 14. Fémur. — 15. Partie postérieure du sternum. — 16. Péroné. — 17. Phalanges du pied. — 18. Osselets du métatarse, qui par leur réunion forment l'os qu'on appelle tarse. — 19. Tibia. — 20. Partie antérieure du sternum et bréchet. — 20. Os caracoïdien. — 22. Les deux clavicules soudées ensemble, vulgairement fourchette.

sant l'os frontal, et enfin allongez aussi l'épine du dos, ce squelette cessera de représenter la dépouille d'un Homme, et sera le squelette d'un Cheval; car on peut aisément supposer qu'en allongeant l'épine du dos et les mâchoires, on augmente en même temps le nombre des vertèbres, des côtes et des dents; et ce n'est, en effet, que par le nombre de ces os, qu'on peut regarder comme accessoires, et par l'allongement, le raccourcissement et la jonction des autres, que la char-

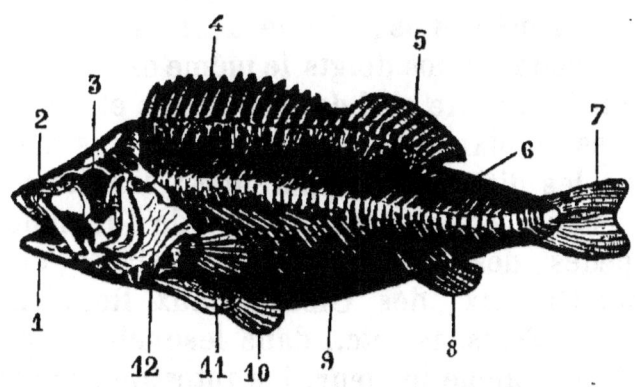

Fig. 46. *Squelette de la Perche.*

1. Mâchoire inférieure. — 2. Mâchoire supérieure. — 3. Orbite. — 4. Nageoire dorsale antérieure, à rayons épineux. — 5. Nageoire dorsale postérieure, à rayons mous. (L'une et l'autre, comme le montre la figure, sont supportées par les rayons interépineux.) — 6. Colonne vertébrale. — 7. Nageoire caudale. — 8. Nageoire anale. — 9. Côtes. — 10. L'une des nageoires ventrales (elles représentent les membres postérieurs). — 11. L'une des nageoires pectorales (elles correspondent aux membres antérieurs). — 12. Opercule, recouvrant et empêchant de voir les arcs branchiaux.

pente du corps de cet animal diffère de la charpente du corps humain.

Mais, pour suivre ces rapports encore plus loin, que l'on considère séparément quelques parties essentielles à la forme, les côtes, par exemple : on les trouvera dans l'Homme, dans tous les Quadrupèdes, dans les Oiseaux, dans les Poissons, et on en suivra les vestiges jusque dans la Tortue, où elles paraissent encore dessinées par les sillons qui sont sous son écaille; que l'on considère, comme l'a remarqué M. Daubenton, que le pied d'un Cheval, en apparence si différent de la main de l'Homme, est cependant composé des mêmes os, et que nous avons à l'extrémité de chacun de nos doigts le même osselet en fer à cheval qui termine le pied de cet animal; et l'on jugera si cette ressemblance cachée n'est pas plus merveilleuse que les différences apparentes; si cette conformité constante et ce dessein suivi de l'Homme aux Quadrupèdes, des Quadrupèdes aux Cétacés, des Cétacés aux Oiseaux, des Oiseaux aux Reptiles, des Reptiles aux Poissons, etc., dans lesquels les parties essentielles, comme le cœur, les intestins, l'épine du dos, les sens, etc., se trouvent toujours, ne semblent pas indiquer qu'en créant les animaux l'Être suprême n'a voulu employer qu'une idée [1], et la varier en même temps de toutes les manières possibles, afin que l'Homme pût admirer également, et la magnificence de l'exécution, et la simplicité du dessein. »

II. Type articulé. — Ce qui caractérise les animaux de ce type, c'est un squelette *extérieur composé d'anneaux*, et un système nerveux situé *au-dessous* des intestins. Chez eux, on distingue une sorte de moelle épinière qui consiste en deux longs cordons régnant le long du ventre, et renflés, d'espace en espace, en nœuds ou ganglions. Cette moelle épinière les sépare nettement des Mollusques, qui n'en ont pas, mais sans les rapprocher des Vertébrés, parce qu'elle est toujours placée au-dessous du canal digestif, et non pas au-dessus comme dans ceux-ci.

---

[1] Il est évident qu'il ne peut être question ici que des animaux supérieurs.

D'un autre côté, le cœur, qui est situé au-dessous de ce canal dans les Vertébrés, est placé au-dessus dans les Articulés.

L'enveloppe extérieure, presque toujours assez dure, détermine la forme générale du corps, protège les

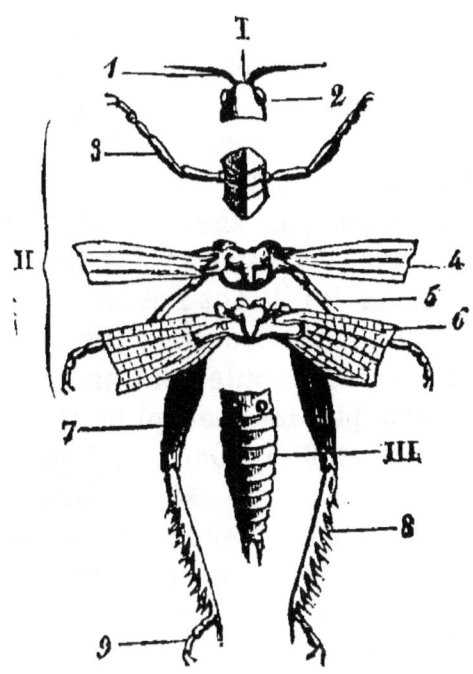

Fig. 47. *Squelette de Criquet.*

I. Tête. — II. Thorax, subdivisé en trois parties : le prothorax, le mésothorax et le métathorax. — III. Abdomen.

1. Antennes. — 2. Yeux. — 3. Première paire de pattes. — 4. Première paire d'ailes. — 5. Deuxième paire de pattes. — 6. Deuxième paire d'ailes. — 7. Cuisse de la troisième paire de pattes. — 8. Jambe ou tibia. — 9. Tarse.

parties molles; à l'intérieur, sert de point d'attache aux muscles, et, à l'extérieur, porte les membres dont les Articulés sont pourvus.

Dans aucun de ces animaux on n'a découvert d'organe distinct pour l'odorat; une seule famille en montre pour l'ouïe; les organes de la vue et du goût se rencontrent généralement et sont assez parfaits; quant au sens du toucher, à cause de la dureté de la peau, il est nécessairement peu délicat.

Les Articulés sont d'une organisation moins homogène que les Vertébrés. De là une plus grande difficulté pour saisir le plan général d'après lequel ils ont été créés. Si l'on veut se rendre compte de ce type organique, ce n'est pas chez ses derniers représentants, mais dans les espèces les plus parfaites de l'embranchement, qu'il faut l'étudier.

Jamais il n'y a, comme chez les Vertébrés, charpente intérieure, mais seulement une enveloppe tégumentaire formée par la peau plus ou moins durcie, plus ou moins encroûtée. Dans ce type, comme dans celui des Vers, le corps est composé d'un certain nombre de segments ou d'anneaux successifs, appelés *zoonites* [1]. Ces zoonites ou tronçons de corps ont quelquefois entre eux beaucoup de ressemblance et une grande uniformité de structure. On dirait autant d'individus réunis en société et travaillant chacun pour soi [2]. Cependant le plus souvent, dans les Arti-

---

[1] Dans les segments, anneaux ou articles qui constituent les parties successives du corps des animaux, certains naturalistes ont voulu voir le type idéal des formes animales. Ce type, ils le nomment *zoonite*. D'après eux, tout animal articulé intérieurement comme les Vertébrés, ou extérieurement comme les Articulés et les Vers, est composé d'une série de zoonites, depuis l'extrémité de la tête jusqu'au bout de la queue.

[2] C'est surtout dans les Vers qu'il faut étudier les zoonites. « Les anneaux, dit Doyère, sont beaucoup plus distincts les uns des autres, beaucoup plus égaux entre eux, et par leur développement en volume, et par leur nombre, la nature et les fonctions de leurs appendices extérieurs et de leurs organes intérieurs. Le corps est cylindrique ou en forme de ruban, partout d'égale grosseur, sans autres étranglements que ceux, peu profonds, qui séparent

culés, les segments se partagent entre un petit nombre de groupes, trois au plus, et constituent la *tête*, le *thorax* et l'*abdomen*.

Chaque zoonite peut donner naissance à deux paires d'appendices ou de membres articulés, l'une sur le dos, l'autre sur le ventre de l'animal. Ceux qui se développent sur le dos sont généralement en petit nombre, et se transforment en ailes ou autres organes semblables. Quant aux appendices inférieurs, dont le développement est beaucoup plus fréquent, ils subissent les modifications les plus diverses : ils deviennent des cornes ou antennes, des yeux, des mâchoires, des pieds, etc. Retenons toutefois que les organes des sens se trouvent plus spécialement localisés dans la tête, et que la région thoracique porte habituellement les organes locomoteurs.

En résumé, ici comme dans les vertébrés, nous découvrirons un plan général, et les parties les plus dissemblables au premier coup d'œil seront, après étude, reconnues pour identiques. Deux choses nous frapperont dans chaque animal : des caractères communs et des caractères propres. Chez tous les Articulés, nous retrouverons des zoonites successifs et des appendices pourvus d'articulations[1]; mais, dans chaque espèce, les anneaux auront leur place marquée, comme aussi leur part au travail de la vie; dans chaque espèce, les appendices auront subi des modifications particulières, et seront en harmonie avec la nature et les conditions d'existence du sujet qui les porte.

les anneaux les uns des autres. Les organes de la locomotion, et même des autres fonctions, sont à peu près également répartis dans toute la longueur du corps, et entre tous ses anneaux; et l'organisation générale de ces animaux serait exprimée avec exactitude par cette formule : que tous les anneaux ont apporté une part égale et complète dans l'organisation commune, mais à la condition de la conserver en propre. »

[1] Au moins à une époque de leur vie.

III. Type des vers. — Leur caractère le plus saillant consiste dans la *privation de pieds à toutes les époques de la vie*. Le squelette extérieur est en général plus mou, les anneaux moins distincts, le corps plus allongé, les facultés instinctives moins développées, en un mot, l'organisation moins parfaite que chez les Articulés, dont cet embranchement a été

Fig. 48. *Animal du type des Vers.*
(Sangsue médicinale.)

détaché. Chez plusieurs de ces animaux, tels que le Ténia ou ver solitaire, il n'y a plus de système digestif, plus d'organes de la respiration, plus de vaisseaux circulatoires ; le système nerveux se réduit à des rudiments de filets, et tout le reste de l'organisme participe à cette infériorité. Aussi Cuvier avait-il relégué les Vers intestinaux dans son dernier embranchement, celui des Zoophytes.

IV. Type Mollusque. — Les animaux construits sur ce type sont, comme les Articulés, dépourvus de squelette intérieur et de système cérébro-spinal ; de plus, les zoonites ont disparu, les membres, quand ils existent, n'offrent plus d'articulations ; les masses nerveuses ne forment plus une chaîne médiane à la face ventrale du corps, elles se bornent ordinairement à trois paires de ganglions disposés en collier autour de l'œsophage.

Mais, si les organes de la vie de relation ne sont pas aussi parfaits que dans le type précédent, ceux de la vie organique sont évidemment supérieurs ; car les appareils de la digestion, de la circulation et de la respiration sont incomparablement plus complets. Aussi les naturalistes ne sont-ils pas d'accord sur le rang que doivent occuper les Mollusques dans le Règne animal. Cuvier, se fondant sur la supériorité de la vie organique, les plaçait avant les Articulés; mais la plupart des savants actuels les placent après, parce

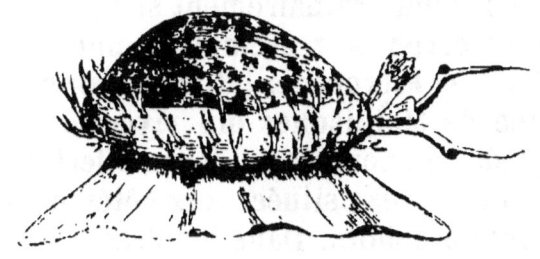

Fig. 49. *Animal du type Mollusque.*
(Porcelaine tigre.)

que les phénomènes végétatifs sont inférieurs en dignité aux fonctions de relation.

Quoi qu'il en soit, les caractères qui dominent dans les Mollusques et qui semblent constituer leur plan général peuvent se résumer ainsi : corps mou, symétrique [1], à lignes courbes ou spirales, revêtu d'une peau contractile et visqueuse; pas de squelette proprement dit, pas de zoonites, pas d'appendices articulés; tête et appareils sensoriaux, tantôt distincts, tantôt à peine visibles, quelquefois même nuls.

Trois particularités se font remarquer dans la plupart des Mollusques : les *pieds*, le *manteau*, la *coquille*.

---

[1] C'est-à-dire dans lequel les organes de la vie de relation sont disposés par paires.

1° **Les pieds.** — On appelle ainsi, chez les animaux de cet embranchement, les organes qui servent à la préhension ou à la locomotion. Tantôt ils sont multiples, tantôt ils se réduisent à un seul, tantôt même ils sont rudimentaires ou nuls. La forme et la situation ne présentent pas une moindre variété. Dans les Céphalopodes (*Poulpes*, *Seiches*, etc.), ce sont des bras ou tentacules attachés à la tête et disposés en couronne autour de la bouche. Les Gastéropodes (*Hélices*, *Limaces*, etc.) rampent ou glissent sur un pied unique, qui s'étend ordinairement sur toute la surface inférieure du corps et ressemble à une semelle contractile. Chez les Ptéropodes (*Hyales*, *Limacines*, etc.), petit groupe de Mollusques qui vivent dans la haute mer, les pieds, au nombre de deux, affectent la forme d'ailes, de nageoires, situées aux côtés de la bouche et s'étendant en dehors. Dans les Brachiopodes (*Térébratules*, *Rynchonelles*, etc.), les pieds ressemblent à de longs bras ciliés, partant, comme dans la classe précédente, des deux côtés de la bouche ; toutefois ce ne sont plus des organes locomoteurs, mais des organes essentiellement respiratoires, à l'aide desquels l'animal établit des courants pour attirer sa nourriture. Enfin, chez les Lamellibranches (*Huîtres*, *Moules*, etc.), le pied manque complètement, ou il est très imparfait et constitué par la région ventrale.

2° **Le manteau.** — On a donné ce nom, par analogie, aux expansions et aux replis que présente la peau des Mollusques, et dans lesquels ils paraissent en quelque sorte se draper. Le manteau prend les formes les plus diverses. Tantôt, comme dans les Céphalopodes, il ressemble à un sac où se logent les viscères, et en dehors duquel la tête fait saillie ; tantôt, et c'est le cas des Lamellibranches, il constitue deux grands voiles qui enveloppent le corps entier ; d'autres fois encore, il s'étend en nageoires, se roule en tube où se borne à un simple disque dorsal.

3º **La coquille.** — Dans un grand nombre de Mollusques, le manteau reste charnu ou membraneux : de là leur nom de *Mollusques nus*. Mais le plus souvent il sécrète à sa surface externe, et principalement sur ses bords, une substance semi-cornée qui s'incruste plus ou moins de carbonate de chaux, et par suite devient plus ou moins dure. Cette cuirasse pierreuse est appelée *coquille*.

La coquille ne s'accroît pas d'une seule pièce ; chacune des couches du manteau se durcit l'une après l'autre de dedans en dehors, et, abandonnée par celui-ci, se superpose et s'unit aux lames de test précédemment formées. Au reste, les lames diffèrent de grandeur entre elles, suivant l'âge de l'animal, comme le manteau qui les a produites ; aussi les couches plus récentes débordent-elles toujours les plus anciennes.

L'épiderme dont les coquilles sont revêtues et les couleurs qui paraissent au-dessous de cette pellicule sont une sécrétion des bords du manteau. Ces couleurs dépendent beaucoup de l'action de la lumière, et elles sont plus vives dans une eau peu profonde et sous un soleil ardent. Quant à la nacre, elle est produite par les parties minces et transparentes qui enveloppent les viscères ; de là vient que la texture nacrée s'observe seulement à l'intérieur du test.

On distingue les coquilles *univalves*, qui n'ont qu'une seule pièce et qui se rencontrent dans les trois quarts des Mollusques ; les coquilles *bivalves*, composées de deux pièces, comme dans l'Huître, et les coquilles *multivalves*, dans lesquelles on compte plusieurs plaques accessoires (Pholades), et jusqu'à huit pièces imbriquées (Oscabrions).

V. Type Tunicier. — Ce type, qui a été détaché des Mollusques, dont il formait naguère encore un sous-embranchement, n'a pas une importance très considérable. Tous les animaux qui s'y rapportent

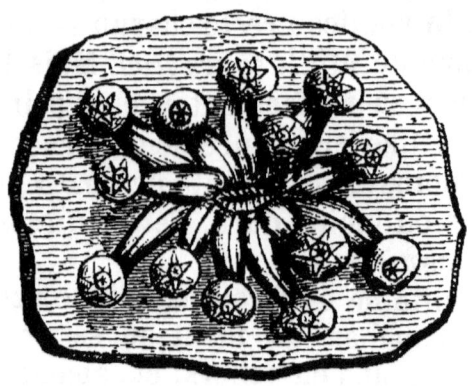

Fig. 50. *Animaux agrégés du type Tunicier.*
(Ascidie composée.)

habitent les eaux, soit des mers, soit des étangs, et un bon nombre d'entre eux sont d'une petitesse presque microscopique.

Les Tuniciers tirent leur nom de la peau coriace dont ils sont revêtus, et qui leur sert de vêtement ou de *tunique*. Ils établissent en quelque sorte le pas-

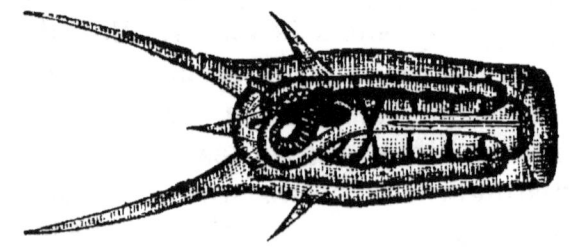

Fig. 51. *Animal isolé du type Tunicier.*
(Biphore.)

sage entre les Mollusques et les Cœlentérés. Comme les premiers, ils ont un tube digestif ouvert aux deux extrémités, un cœur, un appareil respiratoire très développé; mais leur système nerveux, quand il existe, est moins perfectionné que celui des Mollusques; enfin, comme les Polypes, ils se multiplient par bourgeons, et vivent ordinairement en société, tantôt séparés, tantôt réunis dans une masse commune.

VI. Type Coelentéré. — Cet embranchement a été

Fig. 52. *Animaux du type Cœlentéré.*
(Polypes du Corail avec le polypier.)

détaché des Zoophytes ou Rayonnés de Cuvier. Il comprend l'Hydre d'eau douce, les Actinies, le Polype du corail, les Méduses, etc., et répond aux deux anciennes classes des Polypes proprement dits et des Acalèphes. Cette partie de la zoologie a été étudiée, dans ces derniers temps, avec un soin tout particulier et a fait de rapides progrès.

Les caractères habituels de ce groupe sont, avec la forme rayonnée et la consistance gélatineuse, l'existence d'une seule ouverture, située à l'une des extrémités du corps. Cet orifice, qui sert à la fois de bouche et d'anus, est entouré d'une couronne de tentacules disposés comme les rayons d'une fleur composée, et dans lesquels on remarque la fréquence du nombre 4 et de ses multiples. Mais ce qui caractérise principalement le plan général, c'est que les cavités du corps sont en communication directe avec celle qui sert d'estomac. De là le nom de *Cœlentéré*[1]. On ne trouve chez ces animaux ni cœur d'aucune sorte, ni aucun organe de respiration. Le système nerveux est à l'état rudimentaire.

Parmi les Cœlentérés, les uns sont isolés, les autres sont unis par une substance commune; les uns sont nus, les autres ont une enveloppe tégumentaire, que l'on appelle polypier. Ils se reproduisent, tantôt par des œufs, tantôt par des bourgeons, tantôt enfin par la division, soit spontanée, soit artificielle des individus.

VII. Type Échinoderme. — On appelle Échinodermes des animaux très différents de forme, qui ont le corps habituellement revêtu d'une sorte de test calcaire et couvert d'une multitude de pointes articulées et mobiles. Un caractère constant chez eux, c'est d'être pourvus d'une quantité de cirres ou filets contractiles, servant à la fois au tact, à la locomotion et à la respiration. Les plus parfaits ont autour de la bouche un collier de ganglions nerveux, qui correspondent aux rayons ou divisions du corps. Par l'organisme et les fonctions, les Échinodermes sont infé-

---

[1] Κοῖλος, creux; ἔντερον, intestin.

rieurs non seulement aux Vertébrés, mais encore aux Articulés et même aux Mollusques.

Cuvier les classait dans son dernier embranchement,

Fig. 53. *Animal du type Échinoderme.*
(Astérie commune.)

et non sans quelque raison; car la structure de ces animaux est toujours radiaire.

VIII. Protozoaires. — Ils constituent le huitième embranchement et le dernier échelon du Règne animal. Les plus remarquables sont les *Spongiaires*, les *Foraminifères* et les organismes microscopiques appelés *Infusoires* et *Microbes*.

1° *Spongiaires*. — Les Éponges usuelles sont de petites masses que l'on trouve dans la mer fixées aux rochers, et que l'on peut piquer, déchirer ou brûler, sans qu'elles donnent le moindre signe de sensibilité. Ce qui fait croire qu'elles vivent, c'est qu'elles absorbent continuellement une grande quantité d'eau par les pores dont elles sont couvertes, et qu'elles la rejettent en courants rapides par d'autres ouvertures plus grandes. Elles se présentent sous la forme d'un amas de fibres, enduit, à l'état vivant, d'une substance gélatineuse, et soutenu à l'intérieur par une multitude d'aiguilles calcaires ou siliceuses, ou par des filaments cornés qui en forment comme la charpente. Débarrassées de leur enveloppe et des spicules, bien lavées, les éponges se laissent facilement imbi-

Fig. 54. *Éponge.*

ber, et, à cause de cette propriété, sont l'objet d'un fréquent usage et d'un commerce important.

2º FORAMINIFÈRES. — On appelle de ce nom des animaux microscopiques très simples, dont le test calcaire est composé de plusieurs loges qui communiquent habituellement entre elles.

« La puissance infinie du Créateur, dit Alcide d'Orbigny, ne se révèle pas moins dans cette multitude d'êtres inaperçus dont le nombre compense l'extrême petitesse, et dont la multiplicité est telle, qu'ils jouent à notre insu l'un des premiers rôles dans l'ensemble de la nature, que dans les grands animaux qui, par la régularité de leur organisation, la complication de leurs organes et la richesse de leur mécanisme vital, attirent presque exclusivement l'attention des hommes.

En effet, qui ne s'émerveillerait en songeant que le sable de tout le littoral des mers est tellement rempli de ces coquilles microscopiques si élégantes de forme, qu'on peut dire qu'il en est souvent à moitié composé? Plancus en a compté 6000 dans une once de sable de l'Adriatique, et nous en avons trouvé jusqu'à 160 000 dans un gramme de sable choisi des Antilles, ou 3 840 000 dans une once. Ces proportions multipliées dans un mètre cube, par exemple, accroissent tellement le nombre des décimales, qu'on a de la peine à le saisir; mais que sera-ce pour peu qu'on l'étende à l'immensité de la surface des côtes maritimes du globe?

« Maintenant voulons-nous voir quel rôle peuvent jouer dans la nature les petits corps qui nous occupent, et dont beaucoup n'atteignent qu'une moitié ou un sixième de millimètre? L'étude que nous avons faite du sable de toutes les parties du monde nous a démontré que leurs restes constituent en grande partie les bancs qui gênent la navigation, viennent obstruer les golfes et les détroits, combler les ports (nous en avons la preuve par celui d'Alexandrie), et qu'ils forment, avec les coraux, ces îles qui s'élèvent incessamment au sein des régions chaudes du Grand Océan. A l'époque des terrains carbonifères, une seule espèce du genre Fusuline a formé en Russie des bancs énormes de calcaire. Chez nous, les terrains crétacés en montrent une immense quantité dans la craie blanche, depuis la Champagne jusqu'en Angleterre. Le calcaire grossier du bassin de Paris est, en certains lieux, à Gentilly, par exemple, tellement pétri de Foraminifères, que nous en avons trouvé plus de 58 000 dans 29 millimètres cubes (un pouce), soit près de 3 milliards dans un mètre cube. On peut donc conclure sans exagération que la capitale de la France est presque bâtie avec des Foraminifères. »

3° ORGANISMES MICROSCOPIQUES : INFUSOIRES, MICROBES. — Le microscope seul pouvait révéler l'existence de ces êtres infiniment petits ; aussi leur étude a-t-elle commencé avec sa découverte [1] et s'est-elle développée à mesure qu'il s'est perfectionné. Il n'y a guère que deux siècles que les Infusoires sont connus, et cependant ils constituent à eux seuls un monde entier, en dehors du monde connu du vulgaire. Ils remplissent nos aliments et la poussière que nous respirons, et c'est par milliards qu'ils vivent dans nos intestins ; l'atmosphère en est pleine ; ils fourmillent dans la plupart des eaux ; en un mot, sans être aperçus, ils sont partout, et jouent un rôle extrêmement important dans les phénomènes dont nous sommes tous les jours témoins.

Un savant hollandais, Leuwenhoek, en découvrit quelques-uns vers la fin du XVIIe siècle, à l'aide de microscopes qu'il fabriquait lui-même et dont il se servait pour ses études avec une grande habileté [2].

---

[1] On devrait plutôt dire avec son emploi, car si le microscope composé ne date que de trois cents ans à peine, la loupe était certainement connue dans l'antiquité. Vers 1852, on a trouvé une lentille de cristal dans les fouilles de Ninive, et, en 1859, une lentille de verre dans un tombeau romain.

[2] Leuwenhoek devait ses merveilleuses observations au microscope simple. Müller se servit du microscope composé. « Un microscope de cette espèce, même très médiocre et non achromatique, dit Hoefer, suffit pour distinguer la plupart des infusoires. Quelques-uns d'entre eux, tels que les Tardigrades et les Anguillules, sont très bien observables à l'aide du microscope simple ou d'une loupe montée. Enfin il y en a dont les dimensions atteignent jusqu'à un quart ou à un tiers de millimètre ; ceux-là, tels que les Rotifères, les Brachions, les Paramécies, etc., s'aperçoivent même à l'œil nu. On aurait donc grand tort de croire, comme on le fait généralement, que les Infusoires ne peuvent être vus qu'avec le secours de nos microscopes achromatiques les plus parfaits. Ce qui manquait et ce qu'on a obtenu à notre époque, c'est une netteté d'image suffisante pour discerner la forme réelle des différentes parties de l'animalcule, pour constater la présence ou l'absence de tels ou tels organes. » (*Histoire de la Zoologie*.)

Cent ans après, Müller, naturaliste danois, entreprit le premier de classer méthodiquement ces animalcules. Ce ne fut pas sans commettre de nombreuses erreurs.

Mais les vrais travaux sur les êtres microscopiques ne se sont accomplis que dans le siècle présent. Trois hommes surtout y ont pris une part active : un Prussien, Ehrenberg; et deux Français, Dujardin et Pasteur. Les recherches de ce dernier, qui se continuent encore maintenant, et sont principalement dirigées vers un but pratique, ont eu dans le monde savant un retentissement considérable.

Les Infusoires ou animaux microscopiques paraissent devoir être répartis entre deux grandes classes : celle des *Systolides*, qu'Ehrenberg a aussi nommés Rotateurs [1]; et celle des *Infusoires* proprement dits, appelés par lui Polygastriques ou à plusieurs estomacs. De nos jours, le nom de *Microbes* semble avoir prévalu pour ces derniers, et avoir remplacé l'ancienne appellation de Microzoaires.

On découvre dans les Systolides une organisation assez complexe, et en tout cas beaucoup plus parfaite que celle des Cœlentérés. Leur corps est divisé en zoonites et souvent pourvu d'organes locomoteurs.

Chez eux, le système digestif est complet, avec des mandibules à la bouche, et deux orifices, situés chacun aux deux extrémités de l'animal. Quant à la pré-

---

[1] Ces animaux sont ordinairement revêtus d'une peau dure, sous le milieu de laquelle ils peuvent se retirer en se contractant, et qui alors leur sert d'une sorte de cuirasse. De là leur nom de Systolides (συστέλλω, contracter), donné par Dujardin et aujourd'hui universellement adopté. L'autre nom de Rotateurs ou Rotatoires vient de ce que l'on observe chez eux, au moins dans plusieurs genres, des appareils très singuliers situés autour de la bouche ou des deux côtés de la tête. Ce sont de nombreux cils vibratoires qui se meuvent continuellement à leurs bases et simulent des roues tournant avec rapidité.

sence de nerfs, de muscles, de vaisseaux et d'organes pour les sens, les savants ne sont pas d'accord. Erhenberg dit l'avoir constatée; Dujardin prétend que les observations de l'illustre micrographe ont besoin de confirmation.

Vorepierre résume ainsi, avec son habileté accoutumée, les connaissances positives que la science a pu acquérir jusqu'à ce jour sur la structure et la vie des Infusoires proprement dits : « La grandeur moyenne des Infusoires est de un à cinq dixièmes de millimètre. Les plus grands se montrent à l'œil nu sous la forme de points blancs ou colorés fixés à divers corps submergés, ou comme une poussière ténue flottant dans le liquide ; les autres ne se voient qu'avec l'aide du microscope simple ou composé. Presque tous sont demi-transparents et paraissent blancs ou incolores; mais plusieurs sont colorés en vert ou en bleu; d'autres sont rouges, brunâtres ou noirâtres. Tous vivent dans l'eau ou dans les substances fortement humides. Quand on les observe au microscope, les Infusoires semblent formés d'une substance homogène, glutineuse et diaphane, à laquelle Dujardin a imposé le nom de *Sarcode*, et qui est tantôt nue et tantôt revêtue en partie d'une enveloppe plus ou moins résistante.

« Leur forme la plus ordinaire est ovoïde ou arrondie, mais presque constamment asymétrique. Les uns sont pourvus de cils vibratiles qui constituent les organes locomoteurs de l'animal, ou bien simplement des organes de préhension à l'aide desquels il amène les aliments à sa bouche; d'autres n'ont, au lieu de cils vibratiles, qu'un ou plusieurs filaments d'une ténuité extrême, qu'ils agitent d'un mouvement ondulatoire pour s'avancer dans le liquide. Plusieurs enfin n'ont ni cils ni filaments, et ne se meuvent que par des extensions et contractions d'une partie de leur corps.

« Ceux des Infusoires qui présentent distinctement une bouche contiennent souvent à l'intérieur des masses globuleuses de substances avalées qui les colorent, surtout en vert quand ce sont des parties végétales. En outre, tous peuvent présenter une ou plusieurs cavités sphériques remplies d'eau. Ces cavités, que les auteurs nomment *vacuoles* [1], sont essentiellement variables quant à leur grandeur et à leur position, et disparaissent en se contractant, pour être remplacées par d'autres vacuoles creusées spontanément dans la substance charnue vivante.

« La plupart se multiplient par fissiparité, c'est-à-dire par division spontanée. Enfin, lorsque par suite de l'altération chimique du liquide soumis au microscope ou de son évaporation, ou par toute autre cause, un Infusoire n'est plus dans des conditions favorables à son existence, il se décompose par *diffluence,* c'est-à-dire que la substance glutineuse dont il est formé s'écoule en globules hors de la masse, laquelle, si les mêmes circonstances continuent à agir, se décompose tout entière, en ne laissant pour dernier résidu que des particules irrégulières et des globules épars. Mais si, par une addition d'eau fraîche, on change ces circonstances funestes, le reste de l'animalcule reprend sa vivacité primitive et recommence à vivre sous une forme plus ou moins modifiée [2]. »

Des cinq ordres établis par le savant micrographe Dujardin, celui qui a été le mieux étudié, et sur lequel ont porté principalement les ingénieuses expériences de ces derniers temps, est celui qui renferme l'unique famille des *Vibrioniens.* Ces microbes sont filiformes, tantôt droits, tantôt ondulés ou enroulés en spirale, et dans tous les cas tellement petits, que,

---

[1] Ehrenberg les appelle des estomacs.
[2] *Dictionnaire français illustré* et *Encyclopédie universelle,* art. INFUSOIRES.

jusqu'à ce jour, il a été impossible de découvrir leur structure ou leurs moyens de locomotion. Ils apparaissent par myriades dans les liquides où l'on a fait infuser ou macérer des matières soit végétales, soit animales, et on les rencontre en quantité dans les produits morbides de l'organisme. Divers auteurs avaient pensé qu'ils se développaient par génération spontanée, c'est-à-dire sans parents ni germes, d'autant plus que les infusions en fournissent, même après avoir été soumises à une température très élevée ; mais il est aujourd'hui parfaitement démontré que, si l'on a pris des précautions suffisantes pour éviter tout contact de l'atmosphère, par exemple, en faisant passer l'air dans un tube chauffé au rouge ou en le lavant dans l'acide sulfurique, les animalcules ne se produisent pas. C'est donc bien l'atmosphère qui tient en suspension les germes ou les fragments des Infusoires, et on peut la comparer à une mer chargée de particules vivantes qui n'attendent que des circonstances favorables pour se développer [1].

---

[1] Une foule de points restent à éclaircir sur un bon nombre d'Infusoires, et particulièrement sur les Vibrioniens. Et d'abord sont-ce des animaux ? Ne serait-ce pas plutôt un premier état de certaines algues ? On sait qu'Ehrenberg lui-même avait primitivement classé dans les Infusoires les Bacillariées et les Clostériées, que la plupart des naturalistes rangent aujourd'hui parmi les végétaux. Beaucoup de savants croient aussi d'une nature végétale les Infusoires qu'ils appellent Flagellifères, et qui sont pourvus seulement d'un ou deux longs cils. — Comment se reproduisent les Infusoires ? Il est possible que des fragments extrêmement ténus de sarcode aient la propriété de s'accroître quand ils se trouvent dans un milieu convenable, et de reproduire les animalcules dont ils proviennent. Toutefois Ehrenberg, et plus récemment Balbiani, ont soutenu que les Infusoires ne se reproduisent pas seulement par scission, mais surtout par génération ovipare. Le dernier, dont les observations ne remontent qu'à une vingtaine d'années, prétend même que les œufs des Infusoires offrent la même composition fondamentale que ceux des autres animaux, qu'ils sont évacués par la ponte et qu'ils éclosent au dehors. Il s'en faut cependant que cette

Parmi les Vibrioniens, les uns sont *aérobies*, c'est-à-dire ont besoin d'air pour vivre ; les autres sont *anaérobies* [1], et redoutent la présence de l'air. Ces derniers jouent un grand rôle dans les décompositions rapides et dans la destruction des substances organiques.

Quatre genres principaux de Vibrioniens méritent de fixer l'attention : les *Vibrions*, les *Bactéries*, les *Spirilles* et les *Bactéridies*.

Les Vibrions ressemblent à des fils déliés ; les Bactéries et les Bactéridies, à de très courts bâtonnets ; les Spirilles, à des filaments enroulés en hélice ; quelques autres de ces Microbes, au chiffre 8 ou à des chapelets de ce chiffre. Ce qui sert encore à les distinguer ce sont les mouvements : les Vibrions ondulent dans les liquides et peuvent se diriger en divers sens ; les Bactéries s'avancent en vacillant ; les Spirilles tournent sur eux-mêmes avec une grande rapidité ; enfin, dans les Bactéridies, on remarque l'absence de tout mouvement.

dernière opinion soit universellement adoptée, surtout quant aux plus petites espèces parasites, tels que les Vibrioniens ; aussi voyons-nous employer tous les jours par les hommes les plus compétents les noms de spores, de germes, de corpuscules-germes. Et de fait, comment trancher cette question, quand on aperçoit à peine les animalcules dont il s'agit, même avec les instruments les plus perfectionnés ? — Une autre difficulté très sérieuse dans l'étude des Infusoires, c'est celle qui résulte de leurs fréquentes métamorphoses. Il en est, comme les Protées et les Euglènes, qui contractent ou dilatent leur corps, tantôt dans un sens, tantôt dans un autre, et changent continuellement de forme. Les Vibrions, Bactéries, Bactéridies, etc., qui se présentent habituellement sous l'apparence de filaments et de bâtonnets, ont la propriété de se résorber en corpuscules brillants qui peuvent se développer de nouveau et reproduire les mêmes Microbes. A cet état pulvérulent, ils peuvent supporter, sans être détruits, une haute température et jusqu'à 120 degrés.

[1] On dit aussi *anérobies*, mais sans avoir suffisamment égard à l'étymologie du mot.

Parmi les autres Microbes on peut citer les *Monades*, sortes de points si petits, que, d'après les calculs d'Owen, le *Monas crepusculum* peut se trouver dans une seule goutte d'eau au nombre de plus de 500 millions d'individus; les *Cercomonades*, dont la présence se fait remarquer dans les déjections cholériques; les *Volvoces*, qui, réunis par milliers, constituent, dans les eaux marécageuses, de petites masses vertes, épaisses d'un millimètre et animées d'un mouvement de rotation sur elles-mêmes; les *Paramécies*, les plus complets peut-être des Microbes. Leur bouche est munie de cils, dont le mouvement continuel détermine un courant et amène les corpuscules dont elles peuvent se nourrir; les *Urcéolaires*, les *Vorticelles*, etc.

On lira ici avec plaisir quelques détails sur les travaux de nos derniers micrographes, et particulièrement sur les recherches si intéressantes de M. Pasteur.

Dès 1857, l'éminent chimiste démontra que les germes d'Infusoires abondent dans l'atmosphère et dans les eaux, que les ferments sont des organismes vivants, et que le vin, le vinaigre, la bière, etc., ne s'altéreraient jamais s'ils étaient conservés dans un air parfaitement pur. Le sang lui-même placé dans ces conditions est imputrescible, parce que la putréfaction est toujours due à des animalcules microscopiques du genre Vibrionien, et que le sang d'un animal en pleine santé ne renferme jamais, ni de Microbes adultes, ni de germes de Microbes.

Il est aujourd'hui avéré qu'une foule de maladies proviennent de Microbes spéciaux, qui se multiplient dans les humeurs et agissent dans l'organisme d'une manière funeste [1]. Davaine, le premier, découvrit, en

---

[1] Il existe une grande théorie, qui croît chaque jour en force et en clarté, gagnant à la fois les praticiens habiles et les pro-

1850, des Bactéridies dans le sang des animaux atteints du charbon, et les signala comme le principe contagieux et la cause unique de la maladie. Pouchet fit la même chose pour le catarrhe des muqueuses enflammées; Tigri, pour les affections typhoïdes; Feltz, pour la variole; Pasteur, pour la rage; d'autres ont fait connaître le Vibrion du pus, le Vibrion septique ou générateur de la corruption, etc. Mais les assertions de ces expérimentateurs rencontraient beaucoup d'incrédules. Il ne suffisait pas d'indiquer les Microbes dans le sang et dans les muscles des malades; il fallait prouver, sans réplique possible, que ces organismes microscopiques sont réellement les agents de la maladie et de la contagion, et pour cela il fallait soumettre les Vibrioniens à des cultures successives, soit en dehors de l'économie, soit dans le corps des animaux. C'est ce qu'a fait M. Pasteur.

Par une méthode qui rappelle à la fois la pisciculture et les dilutions des homœopathes, il donne pour semence à la première culture une gouttelette d'humeur provenant d'un animal infecté; puis, après que

fonds penseurs du monde médical, théorie suivant laquelle les maladies contagieuses seraient généralement de ce caractère parasitique. . . . .
De leurs virus respectifs, vous pouvez planter la fièvre typhoïde, la scarlatine ou la variole. Quelle récolte en retirerez-vous? Aussi sûrement qu'un chardon provient d'une semence de chardon, qu'une figue vient d'une figue, le raisin du raisin, l'épine de l'épine, aussi sûrement le virus typhoïde s'accroît et se multiplie dans la fièvre typhoïde, le virus scarlatin dans la scarlatine, le virus variolique dans la variole. Quelles conclusions suggèrent ces faits? Que la chose que nous nommons vaguement virus est dans tous ses but et objet une semence. Excluant la notion de vitalité, il nous est impossible, en effet, de trouver dans le domaine entier des sciences chimiques une action qu'on puisse paralléliser avec ces phénomènes de multiplication et de reproduction. Seule la théorie des germes est capable de les expliquer. (*Les Microbes*, par John Tindall, traduction de L. Dollo.)

les Microbes s'y sont multipliés, il met une goutte de la première culture dans une seconde, qui bientôt se peuple à son tour, et ainsi de suite. M. Pasteur est arrivé ainsi, en employant successivement douze cultures, chacune d'un volume de 10 centimètres cubes seulement, à diluer autant la goutte originelle que si on l'avait étendue dans un volume de liquide aussi considérable que celui de la terre.

Ce n'est pas seulement en dehors de l'économie que le savant expérimentateur pratique ses cultures; il inocule les organismes virulents à des Chiens, à des Lapins, à des Cobayes, et les effets produits donnent lieu aux observations les plus curieuses. Tantôt la virulence augmente, tantôt elle diminue, tantôt même elle est anéantie. Enfin il est bien prouvé qu'il existe des maladies transmissibles qui ont leur cause unique dans la présence d'organismes microscopiques.

Mais ce que M. Pasteur poursuit avant tout, ce sont les applications utiles. A force de patience et d'habileté, il est parvenu à découvrir des virus-vaccins capables de préserver de plusieurs maladies mortelles, sans jamais être eux-mêmes mortels, vaccins vivants, que l'on peut cultiver à volonté et transporter partout sans altération.

Au mois de mai 1884, M. Pasteur pouvait dire devant l'Académie des sciences : « Le grand fait de la virulence variable de certains virus, et la préservation d'une virulence par une autre de moindre intensité est aujourd'hui, non seulement acquis à la science, mais encore entré dans le domaine de la pratique. »

En effet, dès cette époque, l'intrépide savant avait successivement attaqué deux maladies terribles, le charbon et la rage, et il avait merveilleusement réussi à les vaincre.

Depuis lors, M. Pasteur a marché de succès en succès, principalement dans le traitement de la rage. Quand les soins sont prodigués à temps, la guérison est certaine.

L'admiration qu'a excitée la découverte de M. Pasteur lui a permis de bâtir un hôpital qui a reçu aujourd'hui plus de deux millions de francs [1].

---

[1] Voici, de M. Pasteur, un passage d'un haut intérêt :

« La peste est une maladie virulente propre à certains pays. Dans tous ces pays, son virus atténué doit exister, prêt à y répandre sa forme active quand des conditions de climat, de famine, de misère s'y montrent de nouveau. Il est d'autres maladies virulentes qui apparaissent *spontanément* en toutes contrées : tel est le typhus des camps. Sans nul doute, les germes des Microbes, auteurs de ces dernières maladies, sont partout répandus. L'homme les porte sur lui ou dans son canal intestinal sans grand dommage, mais prêts également à devenir dangereux lorsque, par des conditions d'encombrement et de développement successifs, à la surface des plaies, dans des corps affaiblis ou autrement, leur virulence se trouve progressivement renforcée.

« Et voilà que la virulence nous apparaît sous un jour nouveau qui ne laisse pas d'être inquiétant pour l'humanité, à moins que la nature, dans son évolution à travers les siècles passés, ait déjà rencontré toutes les occasions de production des maladies virulentes ou contagieuses, ce qui est fort invraisemblable.

« Qu'est-ce qu'un organisme microscopique inoffensif pour l'homme ou pour tel animal déterminé ? C'est un être qui ne peut se développer dans notre corps ou dans le corps de cet animal ; mais rien ne prouve que, si cet être microscopique venait à pénétrer dans une autre des mille et mille espèces de la création, il ne pourrait l'envahir et la rendre malade. Sa virulence, renforcée alors par des passages successifs dans les représentants de cette espèce, pourrait devenir en état d'atteindre tel ou tel animal de grande taille, l'homme ou certains animaux domestiques. » (*De l'Atténuation des virus et de leur retour à la virulence*, par M. L. Pasteur, etc., cité par le *Journal de pharmacie et de chimie*, n° d'avril 1881.)

CHAPITRE III

DES RAPPORTS DE L'ORGANISME ET DE SON MILIEU ET DE LA VARIABILITÉ DES FORMES ANIMALES

150. Rapports de l'organisme et de son milieu. — Une remarque qui s'impose à tout esprit observateur et impartial, c'est celle de la sagesse avec laquelle la structure des animaux a été adaptée au milieu dans lequel ils doivent vivre. Il n'est pas d'organisme qui ne soit merveilleusement approprié aux conditions extérieures de son existence [1].

---

[1] La question de l'adaptation de l'organisme avec le milieu ne se résout pas nécessairement dans un sens antireligieux.

Dieu a imprimé sur chacune de ses œuvres le cachet d'une grande sagesse, et l'harmonie qui règne dans l'univers provoque l'admiration. Sans doute les causes finales et les desseins du Créateur nous échappent souvent; mais souvent aussi nous les découvrons, et nous avons alors l'occasion de glorifier l'Ouvrier, et d'exalter cette Providence qui dispose tout dans l'univers avec force, mesure et douceur.

Mais puisque Dieu ne fait rien au hasard, et que les productions de la nature ont toutes un but déterminé; puisque, d'un autre côté, il est de la sagesse divine de toujours adapter les moyens à la fin, comment serait-il étonnant que les organes de tel ou tel animal fussent en rapport avec le milieu dans lequel ils doivent fonction-

L'animal est-il un Vertébré destiné à vivre dans l'air, il sera pourvu de poumons ; doit-il, comme les

ner? Il est donc tout simple que les membres de la Chauve-Souris soient conformés en ailes et ceux de la Baleine en nageoires.

Il y a plus : tous les organes d'un même animal sont en rapport entre eux, et adaptés aux conditions dans lesquelles il est destiné à vivre. « Si les intestins d'un animal, dit Cuvier, sont organisés de manière à digérer de la chair, et de la chair récente, il faut aussi que ses mâchoires soient construites pour dévorer une proie, ses griffes pour la saisir et la déchirer, ses dents pour la couper et la diviser, le système entier de ses organes de mouvement pour la poursuivre et pour l'atteindre, ses organes des sens pour l'apercevoir de loin ; il faut même que la nature ait placé dans son cerveau l'instinct nécessaire pour savoir se cacher et tendre des pièges à ses victimes. Telles seraient les conditions générales du régime carnivore ; tout animal destiné pour ce régime les réunira infailliblement, car sa race n'aurait pu subsister sans elles [1]. »

On le voit, dans le Règne animal, les organes sont merveilleusement harmonisés et adaptés à leur fin ; et il semble qu'il n'y aurait qu'à s'unir pour rendre hommage à l'Auteur de tant de chefs-d'œuvre. Mais les panthéistes, les positivistes, les matérialistes, sont bien loin d'entendre l'adaptation dans le même sens que nous, et ils s'en servent contre la religion comme d'une machine de guerre.

Pour eux, l'adaptation est un état d'équilibre mobile auquel doivent se prêter tous les êtres vivants, sous peine de destruction : l'adaptation ou la mort. Tous les changements survenus dans la nature, — et ils sont incessants, — proviennent de l'influence du milieu, ou autrement de certaines lois naturelles constamment agissantes. Il n'est pas étonnant qu'il y ait accord entre un organe et sa fonction, parce que c'est la fonction qui engendre l'organe. Poursuivant leur proie dans les airs, les Chauves-Souris ont vu peu à peu s'étendre leurs ailes ; en cherchant leur nourriture dans les eaux, les Cétacés se sont trouvés insensiblement pourvus de nageoires. Les organisations les plus compliquées, les mécanismes les plus parfaits existent sans avoir été combinés ; les fonctions les plus régulières et les plus admirables, sans avoir été prévues.

Des forces se sont rencontrées dans la nature et se sont nécessairement *adaptées*, c'est-à-dire qu'elles se sont modifiées les unes les autres, jusqu'à ce qu'elles se trouvassent en équilibre ; ainsi ont commencé les organes. Quant aux fonctions, rien n'est plus simple que de les expliquer. Pour les uns, « les faits fonctionnels

---

[1] Discours sur les révolutions du globe.

poissons, rester dans les eaux ou tout au moins dans un milieu humide, il respirera par des branchies.

des organes s'expliquent par les propriétés élémentaires des tissus[1]; » pour les autres, « la fonction égale l'organe plus un certain quantum d'excitation[2]. » Si on veut savoir en quoi consiste la vie, Auguste Comte, qui, lui aussi, soutenait énergiquement la théorie des milieux, nous dira qu'elle se compose d'une chaîne continue de faits chimiques ; et M. Cazelles nous apprendra qu'il l'a comprise « comme une évolution ayant pour terme un équilibre entre l'organisme et son milieu[3]. » Nous le demandons à nos lecteurs, lequel est le plus incompréhensible, — nous allions employer un autre mot, — ou de la formation de l'univers par des atomes qui se seraient accrochés les uns aux autres, comme le voulaient les anciens matérialistes, ou de la transformation des organismes d'après les lois de l'adaptation, telle que l'imaginent les positivistes modernes ?

Mais il est curieux d'assister à la production d'un organe d'après ces fameuses lois de l'adaptation. Allons à l'école de M. L. Dumont, et tâchons de lire sérieusement les lignes suivantes : « Supposons, dit-il, une masse vivante homogène ; un point de cette masse reçoit de l'extérieur l'action d'une force quelconque, d'un rayon lumineux, par exemple ; ce rayon lumineux est une force qui, après avoir modifié un point de la surface de la masse, communique son mouvement à une certaine partie de son intérieur, jusqu'à ce qu'il se trouve épuisé dans sa distribution. Ce dérangement d'un certain nombre de molécules produit une différenciation dans la masse vivante ; c'est une fonction ; dans le cas actuel, c'est un commencement de vision, c'est-à-dire de sensibilité à la lumière. Une fois l'excitation passée, les molécules dérangées sont sollicitées par leurs voisines à revenir à leur état primitif ; cependant elles conservent quelques traces de la modification qu'elles ont subie ; cette manière d'être, qui reste permanente et survit à l'excitation, constitue une habitude ou un organe ; dans le cas actuel, c'est le commencement d'un nerf optique ou d'un œil. Ce point de la surface, modifié par le rayon lumineux, devient plus particulièrement sensible à l'action de la lumière ; en raison de ce qu'il conserve de la modification primitivement reçue, il suffit désormais d'une excitation moindre, d'un moindre supplément de force pour reproduire la même sensation. Plus tard, les différences de couleur, les différences de direction et d'intensité des rayons lumineux, produiront des différenciations nouvelles qui s'accumuleront, et avec l'aide de l'hérédité et de la sélection naturelle, donneront naissance

1 *La Revue scientifique*, 12 février 1876.
2 *Ibid.*, 30 septembre 1876.
3 *Ibid.*, 12 février 1876.

Les dents, qui ont pour fonction de broyer la nourriture, sont aussi des organes très caractéristiques et à ces appareils de vision si sensibles, si différenciés et par conséquent si complexes que nous admirons dans les degrés les plus élevés de l'échelle zoologique [1]. »

Et voilà comment s'est formé l'œil, cette merveille du corps humain ! Mais M. L. Dumont pourrait-il nous expliquer pourquoi tous les points d'une « masse vivante homogène » ne deviennent pas des yeux, quand ils sont habituellement frappés par des rayons de lumière? Admettons, ce qui est pourtant inadmissible, que l'organe de la vue ait été produit comme on vient de le voir, et que Newton se soit trompé quand il a dit : « Celui qui a fait l'œil a-t-il pu ne pas connaître les lois de l'optique? » Nous le demanderons avec le P. Caussette : « Quelle est la cause extérieure combinée pour recevoir le sang des organes et le leur renvoyer? Quelle est l'influence plastique en vertu de laquelle tous les organes ont été reliés et ont formé un système clos, dont toutes les parties se correspondent. »

Mais écoutons là-dessus, comme le dernier mot de la science et du bon sens, les réflexions de Cuvier.

« Des naturalistes, matériels dans leurs idées, voyant que le plus ou moins d'usage d'un membre en augmente ou en diminue la force et le volume, se sont imaginé que des habitudes et des influences longtemps continuées ont pu changer par degrés les animaux, au point de les faire arriver successivement à l'état où nous voyons maintenant les différentes espèces, idée peut-être la plus superficielle et la plus vaine de toutes celles que nous avons eu à réfuter. On y considère en quelque sorte les corps organisés comme une simple motte de pâte ou d'argile qui se laisserait mouler entre les doigts. Aussi, du moment où ces auteurs ont voulu entrer dans le détail, ils sont tombés dans le ridicule. Quiconque ose avancer sérieusement qu'un Poisson, à force de se tenir au sec, pourrait voir ses écailles se fendiller et se changer en plumes, et devenir lui-même un Oiseau, ou qu'un Quadrupède, à force de pénétrer dans des voies étroites, de se passer à la filière, pourrait se changer en Serpent, ne fait autre chose que prouver sa profonde ignorance des lois de l'anatomie [2]. »

Et si la sentence magistrale de Cuvier ne suffisait pas encore, et qu'il fallût en appeler à un savant plus moderne, voici comment M. Paul Janet, un philosophe spiritualiste de nos jours, apprécie le transformisme et la théorie de l'adaptation :

« Nous en revenons toujours au même point : c'est que des agents quelconques ayant produit sur la matière vivante des mo-

---

[1] La *Revue scientifique*, 30 septembre 1876.
[2] *Anatomie comparée*.

visiblement adaptés à un usage spécial. Tranchantes et en ciseaux dans les Carnassiers, elles sont hérissées de pointes dans les Insectivores, tuberculeuses dans les animaux qui vivent de fruits, traversées de stries dans ceux qui se nourrissent d'herbe et dans les Rongeurs. Chez les Baleines, elles sont transformées en fanons, sortes de lames cornées qui constituent des tamis et retiennent la proie.

Les membres, à leur tour, sont en parfaite harmonie avec le milieu et la destination. Pour ne parler que des animaux supérieurs, dans l'Homme, nous voyons les membres antérieurs pourvus de mains délicates, pour la préhension, et les membres postérieurs de pieds moins flexibles, mais assez néanmoins, pour la locomotion. Chez un certain nombre d'animaux, il existe des ongles rétractiles, qui, pour ne pas s'émousser, ne portent pas habituellement sur la terre. On les observe dans les *Féliens*, qui vivent de proie et qui ont besoin de retenir ou de déchirer. D'autres Qua-

difications quelconques, les seules de ces modifications qui puissent subsister sont celles qui *se trouvent* d'accord entre elles et avec le milieu. Encore une fois, c'est le fait d'une rencontre heureuse, et c'est là ce que tout le monde appelle le hasard. Tout l'appareil scientifique de M. Herbert Spencer, tout l'amas de ces exemples accumulés à satiété, toute cette terminologie mécanique et dynamique, rien ne peut masquer ni relever ce résultat brutal et banal, le seul que l'on puisse dégager de ses amplifications diffuses, à savoir : que les formes organiques sont le produit des combinaisons fortuites de la matière, et il n'y a pas d'autre hypothèse possible, dès lors que l'on rejette tout principe directeur interne ou externe. Le fortuit, voilà le principal artiste, l'agent séminal de la nature. C'est le *Deus absconditus;* on n'en prononce pas le nom, mais il est caché derrière la scène... Comme les coordinations organiques n'existent pas en puissance dans les lois de la force et du mouvement, elles ne peuvent résulter que du jet heureux des éléments. Tel est le dernier mot de ce système, qui, malgré toutes ses promesses, ne nous fournit aucun moyen nouveau de combler l'abîme qui sépare une cause aveugle d'un effet ordonné [1]. »

[1] *Les Causes finales*, par Paul Janet. Paris, Germer Ballière, 1876.

drupèdes, à qui les membres ne servent qu'à la marche, les ont en général terminés par des pieds plus grossiers et même garnis de corne, pour qu'ils ne s'usent pas au contact du sol. La Providence n'a rien omis : chacun connaît les semelles calleuses du Chameau, destiné à s'appuyer sur le sable mouvant.

Chez les Mammifères marins et les Poissons, nous remarquons les membres transformés en nageoires, pour fendre les eaux. Dans l'Oiseau, les membres de devant se terminent par des ailes, qui décrivent elles-mêmes les mouvements de la rame; c'est qu'il nage aussi, non plus dans l'eau, mais dans l'atmosphère. Enfin il y a des Poissons dont les membres tiennent à la fois de la nageoire et de l'aile. Le *Dactyloptère volant* de la Méditerranée, la *Scorpène volante* du Japon, l'*Exocet volant*, qui vit dans nos mers, peuvent raser la surface de l'eau, et, pour échapper à leurs ennemis, parcourir plusieurs centaines de mètres, soutenus en l'air par leurs nageoires membraneuses.

L'harmonie n'est pas moins admirable quant aux organes des sens; on est sûr de les trouver parfaitement adaptés au milieux et aux besoins. Chez les animaux qui chassent la nuit, la pupille se resserre au jour, pour que l'œil ne soit pas blessé par la lumière, et elle se dilate dans les ténèbres, afin de laisser passer plus de rayons lumineux. Les Poissons, destinés à vivre dans un milieu très dense et à bien voir de près, ont le cristallin globuleux et la vue comparable à celle des myopes. Dans les Oiseaux, qui doivent apercevoir de loin, l'œil est à l'inverse de celui des Poissons et ressemble à celui des presbytes.

L'organe de l'ouïe présente aussi la plus merveilleuse diversité. Si l'animal est chasseur et doit poursuivre une proie, la conque auditive sera dirigée en avant; s'il lui faut éviter l'ennemi et fuir devant lui, elle sera ouverte en arrière. Lorsque l'ouïe requiert une grande sensibilité, le pavillon s'accroît et prend quelquefois des proportions énormes : c'est ce qu'on voit chez les Chauves-Souris.

L'odorat devient exquis chez certains animaux. On sait que le Chien, enfermé dans un sac et transporté à une distance considérable, revient à la maison, uniquement guidé par son incomparable flair.

Enfin le corps lui-même est admirablement adapté au milieu et approprié au genre de vie. Des formes épaisses et trapues dénotent des habitudes sédentaires; une taille élégante et svelte annonce en général un animal coureur. Chez les Poissons, qui doivent glisser au sein des eaux, le corps est plus ou moins fusiforme, tout d'une venue, et sans aucun rétrécissement entre la tête et le tronc. Les Oiseaux, surtout ceux qui volent ou qui nagent, ont le corps disposé en vaisseau et traversent ainsi leur milieu avec moins de résistance. Mais considérons l'adaptation dans quelques animaux en qui elle ressort davantage.

151. EXEMPLES D'ADAPTATIONS : MAMMIFÈRES VOLANTS, PISCIFORMES; ANIMAUX AVEUGLES; COMMENSAUX ET PARASITES. — 1° *Mammifères volants*. Les plus remarquables sont les Chauves-Souris, chez lesquelles la peau s'étend sur les longs doigts des membres antérieurs, comme l'étoffe sur les baleines d'un parapluie. Quelquefois les doigts restent libres, et les replis de la peau ne forment qu'un parachute : c'est ce que l'on observe dans les Galéopithèques ou Singes volants, dans les Polatouches et les Ptéromys, genres d'Écureuils qui, soutenus par la membrane étendue entre leurs pattes, franchissent des distances de quarante et cinquante pas.

2° *Mammifères pisciformes*. Au point de vue anatomique et physiologique, les Baleines, les Cachalots, les Dauphins, et en général les animaux qui appartiennent à l'ordre des Cétacés, ne peuvent être rangés que parmi les Mammifères ; mais, destinés à vivre au sein des mers, ils ont reçu de la Nature la même forme extérieure que les Poissons, et des nageoires au lieu de membres. D'autres Mammifères, les Phoques, les Otaries et les Morses, sont des exemples d'adaptation qui, au fond, ne sont pas moins frappants. Ils passent dans les eaux la plus grande partie de leur vie, mais se retirent quelquefois sur la plage et les rochers ; aussi ne seront-ils qu'à moitié pisciformes, et leurs membres palmés leur serviront-ils successivement de nageoires et de pieds.

3° *Animaux aveugles.* « Là où l'organe ne remplirait aucune fonction, dit M. Ch. Lévêque, il est inutile. Il reste alors à l'état rudimentaire. On le retrouve sous forme de vestige d'un plan qui ne saurait se démentir ; mais il est comme s'il n'existait pas. Cet arrêt de développement atteste une intelligence qui ne gaspille pas ses richesses [1]. »

On cite parmi les animaux aveugles le *Protée anguillard*, Reptile des rivières souterraines de la Carniole, et le *Cyprinodon*, Poisson qui habite le Styx, dans la caverne du Mammouth, aux États-Unis. Ces animaux, destinés à vivre dans l'obscurité, n'ont que des yeux très petits et cachés sous la peau, incapables de rien voir d'une manière distincte. Mis en éveil par ces faits, les naturalistes ont découvert dans les grottes ténébreuses des *Crevettes* et des *Araignées* pareillement aveugles. Au reste, on savait déjà depuis longtemps que, chez certains Crustacés suceurs, les *Lernéides*, par exemple, l'œil s'atrophie et disparaît complètement à une époque de la vie.

4° *Commensaux et Parasites.* On appelle Com-

---

[1] *Les Harmonies providentielles*, par M. Ch. Lévêque, membre de l'Institut, professeur au collège de France. Paris, 1877.

mensal l'animal qui s'associe avec un autre et partage sa nourriture, mais sans vivre à ses dépens. Il y a les Commensaux *libres*, qui ne renoncent jamais à leur indépendance, et les Commensaux *fixes*, qui s'installent définitivement chez un voisin. Tantôt le Commensal prend sa part des vivres, comme le *Pinnothère*, petit Crabe que l'on trouve souvent caché dans le manteau des Moules, et qui se nourrit de leurs aliments; tantôt il ne réclame qu'un gîte ou simplement un soutien : tel est le *Rémora*, singulier Poisson, qui porte une ventouse ovale sur la tête, et qui, pour voyager sans fatigue, s'attache au ventre des Requins. Les Commensaux sont extrêmement nombreux dans la nature.

Mais les animaux qui s'associent à d'autres ne sont pas toujours aussi inoffensifs. Il en est qui se nourrissent aux dépens de leurs compagnons et qui ordinairement leur nuisent; c'est le cas des *Parasites*. On distingue : 1° les *Entozoaires*, qui naissent et se développent à l'intérieur des animaux. Ils se rencontrent dans la plupart des Vertébrés, mais c'est dans les Mammifères et les Poissons qu'ils sont le plus communs. Presque toutes les cavités et tous les tissus peuvent en être infestés; il y en a qui vivent jusque dans les muscles, et même dans la boîte osseuse du crâne, au milieu de la substance cérébrale. A ces sortes de Vers appartiennent les *Ténias*, qui ressemblent à des bandelettes et ont leur siège dans l'intestin grêle des grands animaux; les *Ascarides*, parmi lesquels l'*Ascaride lombricoïde*, ou *Lombric des intestins*, très commun chez l'homme; les *Strongles*, les *Trichocéphales*, les *Oxyures*, etc. Tous ces vers, excepté le Ténia, ont le corps cylindrique, et tous habitent les intestins.

D'autres, tels que le *Filaire Dragonneau* ou *Ver de Médine*, les *Douves*, les *Cœnures*, les *Cysticerques*, les *Trichines*, etc., ne se rencontrent que dans les tissus.

2° Les Parasites *Épizoaires*, qui vivent également aux dépens des autres animaux, non plus à l'intérieur, comme ceux dont nous venons de parler, mais à l'extérieur et sur la peau, d'où ils retirent les sucs dont ils se nourrissent. De ce nombre sont les Insectes aptères : les *Puces* et les *Poux*; le *Sarcopte* ou *Acarus de la gale*; les Crustacés suceurs, tels que les *Siphonostomes* et les *Lernéides*, etc.

3° Enfin les Parasites *indirects*, ainsi nommés par certains auteurs parce qu'ils ne sont parasites qu'à l'état de larves : l'*Œstre* et l'*Abeille parasite* sont dans ce dernier cas.

Il n'est pas rare que les animaux associés se rendent des services réciproques. On les nomme alors *Mutualistes*. Les insectes appelés *Ricins* figurent au premier rang dans ce groupe. Ils s'installent dans la fourrure des Mammifères ou dans le duvet des Oiseaux, enlèvent aux poils et aux plumes les débris qui les encombrent, et entretiennent la toilette en même temps qu'ils conservent la santé. Une quantité de Crustacés s'établissent sur les Poissons et leur rendent les mêmes services en les débarrassant des mucosités qui les gênent[1].

152. Variabilité des formes animales. Hérédité, sélection naturelle. — Quelques savants de notre époque n'hésitent pas à affirmer que la variabilité des espèces est illimitée, et ce sont naturellement ceux qui entendent l'adaptation comme un état d'équilibre mobile soumis à l'influence des agents extérieurs.

S'il est impossible d'admettre avec eux que les types

---

[1] On pourra consulter avec fruit sur cette matière l'ouvrage très intéressant de M. Van Beneden, qui a pour titre : *Commensaux et Parasites*. Paris, Germer-Baillière, 1878.

organiques changent indéfiniment, il est juste de reconnaître une variabilité relative et restreinte. Le changement de climat, la domesticité pour les animaux, et la culture ou la diversité des terrains pour les plantes, sont autant de causes qui modifient les types pendant des temps plus ou moins longs, et quelquefois si profondément, qu'on pourrait prendre ces variations pour des espèces véritables.

Lorsque ces modifications se bornent aux individus, si importantes qu'elles soient d'ailleurs, on les appelle *variétés;* sont-elles fixées par la reproduction et capables de fournir pendant un certain laps de temps une lignée constante, on leur donne le nom de *races*[1].

Même restreinte, la variabilité des espèces est extrêmement précieuse. Pour s'en convaincre, il suffit de jeter un regard sur les espèces perfectionnées de nos basses-cours et de nos jardins, on se rendra compte sur-le-champ de l'avantage qu'elles présentent sur les espèces à l'état primitif.

Deux moyens servent à maintenir et à perfectionner dans les races les qualités acquises. L'*hérédité* les transmet, et la *sélection* les augmente.

Il est d'expérience que les qualités des parents se retrouvent en général dans leur descendance. C'est là une vérité d'observation qui est commune aux ani-

---

[1] Voici d'excellentes définitions de l'*espèce*, de la *variété* et de la *race*, extraites de l'ouvrage de M. de Quatrefages sur l'*espèce humaine :*

On entend par *espèce, en histoire naturelle, l'ensemble des individus plus ou moins semblables, issus d'une paire primitive et capables de se reproduire indéfiniment entre eux.* La variété peut être définie : *Un individu ou un ensemble d'individus appartenant à la même génération, qui se distinguent des autres représentants de la même espèce par un ou plusieurs caractères exceptionnels.*

Quant à la race, c'est *l'ensemble des individus semblables appartenant à une même espèce, qui ont reçu et transmettent, par voie de génération, les caractères d'une variété primitive.*

maux et aux plantes, et sur laquelle il est inutile d'insister. Or cette propriété, que possèdent les propagateurs, de transmettre leurs qualités à leur lignée, a reçu dans les écrits des savants actuels le nom d'*hérédité*.

Mais qu'est-ce que la sélection? Tout le monde sait qu'en élevage comme en horticulture, lorsqu'on veut créer une race et la doter d'une qualité spéciale, on met à part et l'on choisit comme reproducteurs les êtres qui possèdent cette qualité au plus haut degré. Étant donné ce fait que les caractères individuels se transmettent par la génération et l'hérédité, on arrivera, si l'on procède avec suite et intelligence, à communiquer aux produits la qualité que l'on recherche dans un degré éminent; on obtiendra ces beaux types qui, dans les expositions, font l'admiration des amateurs. Ce sera le résultat de la sélection *artificielle*. La sélection *naturelle* diffère de celle-ci en ce qu'au lieu de l'Homme, c'est la nature qui est censée faire le choix des reproducteurs.

Pour mieux nous faire comprendre, nous exposerons en quelques mots la théorie des positivistes de nos jours, ou, ce qui revient au même, celle de Darwin, le plus célèbre de leurs chefs.

Dans son ouvrage : *De l'Origine des espèces par sélection naturelle*, publié en 1859, Darwin suppose plusieurs êtres primitifs donnant naissance à toutes les formes de la vie, et notamment à toutes les espèces actuelles, par une série de longues et nombreuses transformations. Cette modification lente, mais continue des formes animales ou végétales dépend, d'après lui, de deux agents : *la lutte pour la vie* ou *concurrence vitale*, et *la sélection naturelle*, qui en serait une conséquence [1].

[1] « Il y a du vrai, nous nous plaisons à le reconnaître, dans ce que Darwin dit de la lutte pour la vie et de la sélection na-

C'est un fait universellement reconnu, dit-il, que tous les êtres, pour conserver leur vie, luttent contre turelle qui en est une conséquence. Il y a du vrai également dans ce que disent les autres transformistes relativement à l'influence des différentes conditions d'existence dans lesquelles se trouvent placés les êtres vivants : climat, régime, mode d'exercice des organes, etc. A coup sûr, si la terre entière n'est pas envahie en quelques années par certaines espèces animales et végétales, si de même les fleuves et les océans ne sont pas comblés, c'est en grande partie aux luttes pour la vie qu'on le doit. Ce sont ces luttes qui expliquent la disproportion énorme qui existe entre le chiffre des naissances et celui des individus vivants. D'ailleurs, on peut ajouter que les survivants ne peuvent devoir constamment la conservation de leur existence à une suite de hasards heureux. Chez l'immense majorité, la victoire ne peut être attribuée qu'à certains avantages spéciaux dont manquaient ceux qui ont succombé. La lutte pour l'existence a donc pour résultat de tuer la plupart des individus inférieurs et de conserver seulement les individus supérieurs, n'importe à quel titre, et d'opérer ainsi une sorte de sélection.

« Et si les saules, élancés dans les régions plus basses, deviennent herbacés et rampants sur les hautes cimes des Alpes ; si les feuilles de la sagittaire présentent, hors de l'eau, la forme d'un fer de lance, et submergées, celle d'une spatule ; si le cerisier est devenu au Ceylan un arbre toujours vert ; si le réséda, plante herbacée et annuelle chez nous, est un arbuste en Égypte ; si en Guinée les moutons sont couverts, comme les chiens, d'un poil clair et noir ; si on a vu, au jardin d'acclimatation de Paris, les animaux originaires des contrées chaudes se couvrir pour résister au froid de poils abondants plus fournis d'hiver en hiver ; si en particulier deux moutons du Sénégal, à poil ras à leur arrivée, ont été, deux ans après, recouverts d'un poil long et frisé ; si les oiseaux ont offert dans leur plumage des modifications analogues ; si les bêtes à cornes de l'Europe deviennent plus petites aux Indes orientales, et si le porc acquiert dans les contrées basses ses plus grandes dimensions et voit sa taille se réduire avec l'altitude, etc. etc. ; c'est évidemment que la nature du lieu, le climat, le régime, *les milieux, en un mot,* pour parler comme les hommes de science, influent, pour les modifier, sur les espèces animales et végétales, c'est là un fait d'expérience incontestable. Nous admettons donc, avec Darwin et les transformistes, l'influence de la lutte pour la vie, de la sélection naturelle, et surtout celle de toutes ces conditions d'existence auxquelles sont soumis les êtres vivants et qu'on appelle les milieux.

les causes de mort qui les environnent. Il n'y a d'ailleurs, pour d'innombrables êtres, qu'une certaine somme de subsistances. La guerre doit donc s'engager entre les individus qui ont le même régime. Dans cette concurrence acharnée pour la vie, les forts seuls résistent et restent maîtres du champ de bataille; les êtres faibles et mal constitués succombent ou émigrent.

L'émigration est pour les organes une première cause de modification : un climat différent doit influer sur l'organisme et le mettre insensiblement en rapport avec lui.

Une seconde cause est l'adaptation des organes aux conditions des milieux. Les efforts qu'exige le conflit pour la vie détermineront sur le corps de certains animaux des membres d'abord rudimentaires, qui peu à peu s'accroîtront. Réduites à chercher leur nourriture dans les airs, les Chauves-Souris prendront des ailes; obligés de la trouver dans les eaux, les Baleines et les Phoques verront se développer en eux des nageoires. Quant aux Oiseaux et aux Poissons, ce ne seront que des animaux à transformations plus complètes.

D'un autre côté, le manque d'usage d'un organe peut, avec le temps, amener une atrophie ou même sa disparition : les Taupes n'ont que des yeux très petits; les Protées des lacs souterrains de la Carniole les ont cachés sous la peau; enfin les Cyprinodons, Poissons qui habitent les eaux de la caverne du Mammouth, sont, paraît-il, complètement aveugles.

« Mais où nous nous séparons d'eux, c'est quand ils attribuent à ces diverses causes d'influence la puissance de modifier indéfiniment les organismes, de manière que les descendants directs d'une espèce constituent une autre espèce distincte de la première. « (Extrait d'un excellent mémoire sur le *Problème de l'espèce*, par le R. P. L. Morel, de l'Oratoire. Coutances, 1883.)

Mais la troisième et la plus puissante cause de transformation est la *sélection naturelle*. La concurrence vitale y fait précisément ce que fait l'Homme dans le cas cité plus haut. Elle supprime les plus faibles et les plus mal constitués, et ne laisse comme reproducteurs que les individus dont les particularités de structure sont les plus favorables à leur existence. Il se forme ainsi des races qui deviennent (?) des espèces. Les nouveaux types, tout en conservant d'évidentes affinités qui permettent de les grouper naturellement, éprouvent à leur tour l'influence de la sélection et produisent d'autres races qui se spécialisent en différents sens; et, de la sorte, on s'éloigne de plus en plus et indéfiniment des espèces primitives.

Si, à ces prétendus effets de la sélection naturelle, on ajoute les perfections que l'hérédité accumulera pendant des siècles innombrables, il ne faudra pas s'étonner que les derniers types organiques arrivent au premier rang, qu'une humble mousse devienne un chêne, et qu'à la longue une Grenouille se transforme en Homme. Aussi bien les darwinistes font-ils remarquer que la Grenouille est, avec l'Homme, le seul animal dont la jambe ait un mollet.

Telle est cette théorie, ingénieuse, si l'on veut, mais absolument imaginaire, qui, de nos jours, a séduit tant d'esprits. Le système de Darwin, si spécieux qu'il soit, ne repose sur aucune preuve solide, et il a contre lui de nombreux arguments [1].

---

[1] *Le système de Darwin ne repose sur aucune preuve solide.* Il n'y a peut-être pas de livre où l'on ait plus abusé que dans le sien de ces expressions peu démonstratives : *Je pense que... Il est possible que... Il y a lieu de croire que...* Combien d'hypothèses absurdes ne pourrait-on pas faire passer sous le couvert de ces formules!

Darwin reconnaît lui-même que, depuis la période glaciaire, la sélection naturelle n'a pas opéré une seule transformation, et cela,

Au reste, voici comment le plus illustre de nos naturalistes contemporains, M. Milne Edwards, apprécie

dit-il, parce que les circonstances ne se sont pas montrées favorables. Mais les époques qui ont précédé ne sont pas davantage favorables au transformisme. Vainement les géologues ont cherché dans les terrains secondaires ou tertiaires deux espèces distinctes reliées par de nombreux intermédiaires que nécessiterait une lente transformation. Ici encore Darwin a la franchise d'avouer que « la découverte, à l'état fossile, d'une pareille série bien graduée de spécimens est de la dernière improbabilité ».

Mais où sont donc alors les preuves du transformisme ? On allègue l'adaptation des organes aux milieux et l'état présent des Chauves-Souris, des Baleines, des Protées, etc. Une simple observation, beaucoup plus claire que les conceptions nuageuses de Darwin, fera crouler tout cet échafaudage : Dieu, pour justifier sa sagesse infinie, devait, en créant les végétaux et les animaux, leur donner des organes en rapport avec les conditions dans lesquelles il se proposait d'entretenir leur vie, et c'est précisément ce qu'il a fait. Quant à *démontrer* qu'il y a eu transformation d'une espèce en une autre, ou même que la Chauve-Souris ait perfectionné ses ailes et la Baleine ses nageoires, c'est ce que nos adversaires éviteront toujours.

Le système de Darwin a contre lui de nombreux arguments.

1º Le bois des arbres dicotylédonés est, on le sait, composé de couches concentriques emboîtées les unes dans les autres et formées de vaisseaux et de fibres. Chacune de ces couches est le produit d'une année, en sorte que, si l'on compte ces zones circulaires à la base du tronc, on a exactement l'âge de l'arbre. Or il y a dans le département de l'Eure, à Foulbec, un If de sept mètres de tour, qui révèle douze cents ans d'existence. Il y en a un autre à Fortingall, en Écosse, que l'on fait remonter à trois mille ans. Adanson et Golbéry ont trouvé au cap Vert des arbres de cinq mille ans. Enfin on a découvert naguère en Californie un Pin colossal dont les zones concentriques accusent six mille ans et plus. Or, malgré cette longue suite de siècles, suffisante apparemment pour que la sélection produise quelque effet, les jeunes arbres de même espèce sont exactement identiques à ces vétérans de la végétation.

2º Dans l'océan Pacifique, les Polypes entassent les unes sur les autres leurs habitations calcaires, et ont formé ainsi des écueils et des îles qui remontent bien au delà de l'apparition de l'Homme sur la terre; cependant les bases de ces récifs montrent que les Polypiers et les coquillages de ces temps anciens étaient exactement les mêmes que ceux d'aujourd'hui.

3º Les hypogées de l'Égypte, ces vastes cimetières souterrains,

le système en question : « L'hypothèse de M. Darwin ne me semble de nature à lever aucune des difficultés contredisent à leur manière le darwinisme. « On y a trouvé, écrit M. de Quatrefages, une foule de végétaux qui croissent encore dans le voisinage, et la comparaison entre les échantillons recueillis dans ces antiques tombes et les plantes vivantes a prouvé que non seulement les espèces proprement dites, mais encore certaines races n'avaient pas varié depuis le temps des Pharaons. Cette identité de caractère a même été constatée d'une façon assez piquante dans le cas suivant. Le voyageur Keninken avait rapporté de la haute Égypte des pains trouvés dans les tombeaux remontant à l'époque la plus reculée. Ces pains furent remis au célèbre botaniste Robert Brown, qui retira de leur pâte des glumes ou balles d'Orge parfaitement intactes. En les étudiant avec soin, il reconnut à la base de ces glumes un rudiment d'organe qu'on n'avait pas indiqué dans les Orges de nos campagnes, et peut-être crut-il un moment avoir sous les yeux une preuve de variation dans ces enveloppes florales. Mais un nouvel examen lui fit retrouver dans nos Orges ce même organe rudimentaire. L'étude attentive de ce débris d'une plante broyée depuis cinq mille ans a donc révélé l'existence d'un caractère assez peu saillant pour avoir échappé à la loupe d'une foule de botanistes, et qui n'en a pas moins traversé, sans altération, cette longue suite de siècles. » (DE QUATREFAGES, *Unité de l'espèce humaine*.)

4° Dans les sables du *diluvium*, on a découvert des graines de *Galium anglicum* appartenant à la végétation des temps préhistoriques. Ces graines, qui avaient conservé dans la terre leur propriété germinative, ont produit des plantes en tout semblables à celles qui naissent des graines les plus récentes.

5° Plusieurs animaux ont laissé dans les brèches osseuses et dans les cavernes à ossements des restes qui ont été sérieusement étudiés. Quel a été le résultat de ces travaux? Que, si quelques espèces ont disparu et d'autres émigré, celles qui subsistent maintenant n'ont, malgré le temps et les cataclysmes, absolument subi aucune modification.

On le voit, les preuves ne manquent pas contre le système de l'évolution. Pour achever la déroute, M. Milne Edwards démontre que les prétendus arguments du darwinisme se retournent contre lui.

« Dans la théorie de M. Darwin, dit-il, la diversité des espèces actuelles serait une conséquence de la variabilité indéfinie des types organiques sous l'influence des agents extérieurs, de la transmission par héritage des particularités acquises de la sorte, et des effets de ce que cet auteur appelle la *sélection naturelle*, c'est-à-dire la pré-

relatives à l'origine des espèces, et, dans les sciences, il me paraît toujours fâcheux de masquer notre igno-

dominance comme reproducteurs des individus dont les particularités de structure sont les plus favorables à leur existence, circonstance qui doit tendre à faire disparaître peu à peu les individus qui ne possèdent pas ces mêmes particularités, et par conséquent annule leur influence sur les caractères des descendants éloignés. Mais il me paraît évident que, si les choses se passaient de la sorte, les effets de la sélection naturelle seraient opposés à ceux que M. Darwin suppose, et qu'au lieu d'augmenter la diversité des types organiques coexistants, ils devraient les rendre de plus en plus similaires entre eux. Effectivement l'observation nous apprend que, dans l'état actuel de notre globe, les individus sortis d'une même souche déterminée conservent, à peu de chose près, les mêmes caractères organiques, quels que soient le climat, le régime et les autres conditions biologiques dans lesquels ils sont placés. Par conséquent, si leur mode d'organisation était une conséquence de ces influences extérieures, ce même mode de structure devrait se réaliser peu à peu chez les descendants des autres souches spécifiques; car, pour tous, les conditions réputées modificatrices sont les mêmes. » (*Rapport sur les progrès des sciences zoologiques.*)

Il reste donc bien établi que le système de Darwin ne se soutient pas; que les espèces ne subissent pas des transformations assez importantes pour les faire varier de l'une à l'autre; et que, si enviable qu'il paraisse à certains hommes de descendre par déviation du même type que les Orangs et les Guenons, ils doivent absolument renoncer à cet honneur.

Le R. P. L. Morel, dans le mémoire déjà cité, insiste sur la même pensée et l'expose avec une grande clarté : « Supposons, dit-il, que les contes de fée de nos adversaires soient des histoires, que le transformisme soit parfaitement établi, que les milieux, tels que nous les avons définis à plusieurs reprises, et la sélection naturelle, aient sur les organismes végétaux et animaux une puissance modificatrice qui ne connaisse, pour ainsi dire, aucune limite. Qu'en résulterait-il? Une conséquence bien inattendue et que nous voudrions mettre en lumière.

« Si nous remontons à l'origine des choses, nous trouverons, au dire des doctrines auxquelles nous venons de donner une adhésion provisoire, un ou quelques êtres vivants, placés dans un lieu déterminé et soumis aux influences spéciales à ce lieu. Par cela même que ces êtres étaient très inférieurs, leur organisme, comme celui des êtres inférieurs actuels, était *très plastique, très façonnable, et susceptible* par conséquent d'une variation beaucoup plus

rance par de prétendues explications qui, en réalité, n'expliquent rien. »

Mais quelles sont, en définitive, les limites de la variabilité des espèces. Pour trancher une question aussi délicate et aussi débattue, une question dont les conséquences sont aussi importantes au point de vue scientifique et au point de vue religieux, nous aurons recours à deux hommes d'une science éminente, à deux hommes dont l'autorité est universellement reconnue en pareille matière, et dont les paroles seront à bon droit décisives auprès de nos lecteurs.

Le premier est M. Milne Edwards. « Il me paraît impossible, dit-il, d'admettre que les causes modificatives connues puissent jamais déterminer ou avoir déterminé dans la progéniture d'un animal quelconque des changements de l'ordre de ceux qu'il faudrait pour faire naître du Mouton, du Bœuf ou du Cheval, le Chien, le Chat, et à plus forte raison pour transformer en Mammifères ou en Oiseaux les descendants d'un Poisson, d'un Mollusque ou d'un Crustacé. Il y a une question de limite dans la variabilité des types qu'il ne faut jamais oublier. Nous savons par l'observation des effets produits sur divers animaux, tels

---

grande que les êtres plus parfaits, à organisation plus compliquée. — Voilà donc ces divers organismes soumis à des influences modificatrices très puissantes. — Or, pour tous, ces influences sont les mêmes ; elles tendent par suite à ramener à une seule, à la mieux harmonisée avec elles, ces différentes formes d'êtres vivants, ces divers types spécifiques. — Loin donc d'augmenter le nombre des espèces et de les diversifier de plus en plus, les milieux et la sélection naturelle n'ont pu avoir d'autre effet à l'origine que de rendre *d'abord les espèces primitives de plus en plus similaires*, *d'en diminuer ensuite le nombre et d'arriver enfin à les réduire à une seule*, à la mieux adaptée au milieu dans lequel elles avaient toutes vécu. Les transformistes probablement ne s'attendaient pas à pareille conclusion. C'est pourtant la seule que l'on puisse tirer logiquement de leurs principes.

que le Cheval, le Bœuf et le Rat, par les climats les plus différents ou par les conditions variées d'existence dans lesquelles on est parvenu à les placer, que des changements considérables dans la taille, dans les qualités du pelage et même dans les proportions du corps, peuvent être déterminés par l'action prolongée de circonstances de cet ordre; mais un Cheval devenu rabougri comme un Poney des Shetland, ou développé d'une manière presque gigantesque, comme cela a lieu dans les pâturages riches et humides de la Flandre, n'en demeure pas moins un représentant du type commun propre à l'espèce chevaline, et rien ne nous autorise à penser que de la sorte il puisse devenir un Ane ou un Zèbre...

« Les causes modificatrices que nous voyons agir de nos jours sont donc insuffisantes pour nous donner la clef des variations que les principales formes animales offrent dans les différentes régions du globe, et, comme rien ne nous autorise à penser que maintenant ces causes soient notablement moins puissantes que jadis, l'étude de la distribution géographique des types organiques tend à faire penser qu'il y a eu pour notre faune actuelle autant de souches spécifiques qu'il y a d'espèces bien caractérisées [1]. »

C'est ensuite M. Paul Gervais, et voici ses paroles : « La variabilité est dans certains cas si étendue, qu'elle peut aboutir à la production de formes monstrueuses, et même permettre à ces formes de subsister pendant plusieurs générations; on doit lui attribuer la disparition normale des yeux chez certains animaux propres aux cavernes ou qui vivent dans des eaux très profondes, et elle explique d'autres modifications de l'organisme non moins remarquables que celle-là. Mais, comme nous l'avons déjà dit, elle est impuis-

---

[1] Rapport sur les progrès des sciences zoologiques.

sante, du moins dans les circonstances présentes, à transformer une espèce en une autre espèce, à produire des transfigurations d'une valeur supérieure à celles des genres ou même simplement générique; elle ne saurait pas davantage modifier les êtres de manière à en changer les caractères profonds ainsi que les aptitudes physiologiques de quelque importance [1]. »

Les doctrines de Darwin, que nous avons réfutées dans les notes de ce chapitre, conduisent comme nécessairement à la négation de Dieu. Aussi la plupart de ses disciples sont-ils athées ou matérialistes. Cependant il en est aussi quelques-uns de théistes. De ce nombre sont : le savant belge d'Omalius d'Halloy, qui proteste que le transformisme tel qu'il l'admet ne contredit en rien la création spéciale de l'Homme et le dogme de l'immortalité de son âme ; le comte de Saporta, qui, bien que transformiste, proclame l'existence de Dieu et son intervention dans la création du monde organisé ; M. Albert Gaudry, qui déclare que, sous l'apparente diversité de la nature, domine un plan où l'Être infini a mis l'empreinte de son unité, etc. D'ailleurs, l'évolution entendue dans un certain sens n'est pas condamnée par l'Église. Voilà pourquoi, au congrès scientifique international de 1888, le président, Mgr d'Hulst, se conformant au sentiment de la docte assemblée, a pu dire qu'à l'égard du vaste et difficile sujet de l'évolution, une sage liberté était laissée aux savants catholiques.

---

[1] *Éléments de zoologie*, théorie de la variabilité.

CHAPITRE IV

MÉTAMORPHOSES ET MIGRATIONS DES ANIMAUX — FORMES DIVERSES DES ANIMAUX INFÉRIEURS — RÉVIVISCENCE

153. Métamorphoses. — Tout le monde connaît les transformations des Batraciens. L'animal nouveau-né ou têtard est d'abord conformé pour la vie aquatique et respire par des branchies; mais ce n'est qu'un état provisoire; bientôt les pattes se développent, les branchies sont remplacées par des poumons, et, dans beaucoup d'animaux de cette classe, la queue se flétrit et disparaît entièrement.

Les Crabes, les Langoustes subissent aussi des métamorphoses extrêmement remarquables, au point que leurs larves étaient prises, il y a moins d'un demi-siècle, pour des animaux d'espèces différentes. Les transformations de la Langouste sont particulièrement surprenantes. On rencontrait en haute mer de petits Crustacés dont le corps large et mince était transparent comme du verre, et qui ne respiraient que par la peau. Leur ressemblance avec une feuille les avait fait appeler *Phyllosomes*. — Rien ne faisait soupçonner qu'ils devaient prendre place dans le même ordre que les Macroures, lorsqu'en 1858 un naturaliste, observant sur les côtes de Bretagne des œufs pondus par des Langoustes, en vit éclore de petits Phyllosomes. Pour arriver à leur forme définitive, ces Crustacés doivent subir un changement complet.

On pourrait insister davantage sur les métamorphoses, d'autant plus que ces modifications de forme s'observent dans un grand nombre d'animaux; mais nous aurons occasion d'y revenir quand il s'agira des Insectes, chez qui elles constituent un renouvellement presque entier de l'individu. Tout le monde a pu constater combien le Papillon diffère de la Chenille qui lui a donné naissance.

154. Migrations. — Aux métamorphoses se rattachent les singulières migrations des Vers parasites. Souvent, en changeant de demeure, ces animaux changent entièrement de conformation, en sorte qu'ils ont comme plusieurs vies différentes.

Dans son premier séjour, le parasite est sans sexe, emmailloté, en un mot, à l'état de larve; dans son second gîte, il est sexué, se meut librement et est revêtu de sa forme définitive.

Les Cercaires, petits têtards microscopiques que l'on prenait pour des Infusoires et qui habitent les eaux, sont des Douves qui n'ont pas encore subi leur transformation. Assez souvent ils s'introduisent dans les canaux biliaires de l'Homme pour y accomplir leur développement.

Parmi les nombreux Vers parasites, les plus intéressants sont les Ténias ou Vers solitaires [1], et ces fameuses Trichines qui ont excité une sorte de terreur dans ces dernières années.

Les Cestoïdes, auxquels appartiennent les Ténias,

---

[1] C'est à tort que ces Helminthes sont appelés solitaires, car on les trouve fréquemment au nombre de deux ou de trois chez un seul malade.

sont formés d'une succession souvent considérable d'articles dont l'ensemble rappelle un long ruban [1]. On nomme tête la partie antérieure. Elle est munie de ventouses et même habituellement de crochets, qui servent à fixer le Ver à la paroi du canal digestif. Les autres anneaux ne sont que des organes de reproduction. Quand les œufs dont ils sont chargés sont arrivés à point, ces articles se détachent, sont rejetés par l'anus et dispersent la semence, que d'autres animaux prennent avec leurs aliments. Il est à remarquer que les œufs ne donnent pas tout d'abord naissance à des Ténias. Éclos dans l'intestin, les embryons le perforent et vont se loger dans l'organisme de certains Quadrupèdes, tels que la Souris, le Lapin ou le Porc, s'y transforment en Hydatides, sortes de poches remplies de sérosité, où la tête du Ver se trouve enveloppée; puis, lorsque sont venues les circonstances favorables, c'est-à-dire quand la Souris a été mangée par un Chat, le Lapin par un Chien, la viande de Porc ladre par un Homme, ces Hydatides, mises en liberté dans le tube digestif, accomplissent leur entier développement et deviennent à leur tour de véritables Ténias [2].

---

[1] On a vu des Ténias de 50 et même de 100 mètres; mais leur longueur est en général de 4 à 5 mètres.

[2] « La cause unique de la ladrerie du Porc, c'est l'introduction dans l'intestin d'œufs de *Tenia solium*. Si on veut prévenir cette infection, il faut empêcher l'animal de manger les excréments de l'Homme, et ne pas faire boire de l'eau qui a séjourné sur des substances pourries dans le fumier. Le Cysticerque (Ver vésiculaire) du Cochon, introduit chez l'Homme, devient Ténia avec autant de certitude qu'une semence de Carotte produira cette plante quand elle aura été semée dans un terrain convenable. Depuis longtemps on avait déjà fait l'observation, sans pouvoir en donner l'explication, que ce parasite se montre surtout chez les charcutiers et les cuisinières. C'est que ce sont eux qui manient le plus la viande de Porc cru. On a fait la même observation chez les enfants qui ont fait usage de jus de viande... En Abyssinie,

Le *Cœnure du Mouton*, que l'on rencontre assez souvent dans la tête des bêtes ovines et qui leur donne la maladie appelée *tournis*, n'est autre chose que le Ténia du Loup à l'état de larve.

Les Trichines, ces terribles parasites qui ont causé,

Fig. 55. — *Trichines rongeant un muscle.*

surtout en Allemagne, plus de frayeur que la peste ou le choléra, font partie du groupe des Nématoïdes, Vers qui ont le corps cylindrique et souvent filiforme.

l'helminthose du Ténia est perpétuelle et générale; aussi mange-t-on communément du Bœuf cru. Ceux qui ne mangent pas de viande, comme les religieux de certains ordres, qui ne se nourrissent que de Poisson et de farine, n'ont jamais le Ténia. » (Van Beneden, *Commensaux et Parasites*. Paris, 1878.)

La migration aujourd'hui certaine du Cysticerque du Porc dans le tube digestif de l'Homme montre combien était sage la loi de Moïse qui, dans un pays où la ladrerie était commune, interdisait l'usage du lard aux Hébreux.

Développées, elles ressemblent à une épingle d'une finesse excessive ; enroulées sur elles-mêmes en spirale et logées au milieu des muscles, elles ne dépassent pas la grosseur d'un grain de millet. Cet animal fut découvert par hasard, en 1832, par un préparateur dans un amphithéâtre de Londres. On lui donna le nom générique de *Trichine*, parce qu'il est mince comme un cheveu, et le nom spécifique de *spirale*, à cause de la manière dont il est enroulé dans son kyste[1].

155. Formes alternantes. — Nous venons de voir des formes diverses se succéder dans le même individu : c'est le propre des métamorphoses auxquelles sont quelquefois nécessaires les migrations. Mais il arrive aussi que, sans sortir de la même espèce, des formes différentes se succèdent dans des individus distincts, et c'est ce qu'on appelle *formes alternantes* ou *génération alternante*.

On voit que pour le cas des formes alternantes la définition de l'espèce doit être modifiée. Elle se compose alors de l'ensemble ou du *cycle* des générations successives issues l'une de l'autre, malgré leurs caractères divers.

[1] Voici de très intéressants détails que nous extrayons encore du savant ouvrage de M. Van Beneden : « On trouve des Trichines dans les chairs de la plupart des Mammifères. Si on mange cette chair trichinée, les vers deviennent libres dans l'estomac à mesure qu'elle se digère, et ils se développent avec une extrême rapidité. Chaque femelle pond un nombre prodigieux d'œufs ; de chaque œuf sort un Ver microscopique qui traverse les parois de l'estomac ou des intestins, et des milliers de Trichines vont se loger dans les chairs, où elles se calfeutrent jusqu'à ce qu'elles soient de nouveau introduites dans un autre estomac. Quand le nombre est grand, leur présence peut causer des désordres et même la mort. Les expériences de Leuckart sur des animaux ont donné l'éveil aux médecins, puis on a vu des malades, qui avaient présenté des symptômes exceptionnels, succomber à l'invasion de ces parasites. Sur une livre de chair d'Homme, Leuckart a compté jusqu'à 700,000 Trichines, et Zenker parle même de 5 millions trouvés dans une quantité semblable de chair humaine. »

156. Individus isolés, individus agrégés. Quelquefois les animaux produits par scissiparité ou bourgeonnement se séparent immédiatement de ceux dont ils proviennent : ce sont alors des *individus isolés*.

Le plus souvent ces animaux demeurent *associés* plus ou moins intimement, et forment ce que l'on appelle une *colonie*. Parfois leur solidarité est telle et leur union si étroite, qu'on dirait un seul animal, dont les organismes composants ne seraient que des membres [1]. Les Polypes hydraires, et les Siphono-

---

[1] M. l'abbé Arduin répond ainsi à ceux qui voudraient présenter ces réunions d'individus comme autant d'objections à l'unité organique : « Tout être vivant est un, c'est-à-dire ne peut pas être divisé en plusieurs individus semblables, comme un morceau de métal, par exemple, qu'on peut partager en deux fragments semblables. Cette unité résulte de la subordination des parties à l'ensemble, ensemble où tout est lié, coordonné, de manière à former un seul tout, à concourir à un seul but, qui est la vie de l'individu. Cette unité est toujours simple et parfaite chez tous les êtres vivants; on dit souvent qu'elle est plus parfaite chez les animaux supérieurs, et d'autant plus imparfaite qu'on descend davantage dans la série organique; c'est là une erreur; elle est plus manifeste, plus facile à constater dans les degrés élevés de l'organisation, mais elle est simple partout. Chez l'Homme, aucune partie séparée de l'ensemble ne saurait vivre ni fonctionner, tandis que chez certains Vers coupés en deux ou trois morceaux, chaque fragment continue à vivre comme l'individu primitif, de même que chez les plantes, une branche séparée de la tige prend racine et devient une plante semblable à la plante mère. Ces faits s'expliquent facilement. M. Gaudichaud a démontré que, dans les plantes, chaque bourgeon, chaque œil est un individu distinct qui peut vivre séparément; tant qu'il est attaché à l'arbre, il vit de la vie commune; si on le détache, il trouve dans sa constitution tout ce qui est nécessaire pour vivre et se développer isolément. Un arbre est, non pas un individu unique, mais une réunion, une colonie d'individus semblables, dont chacun est indivisible; chaque fleur est une maison, une famille de cette agglomération. — Les Vers sont de même une collection d'individus; chaque anneau est un être spécial, incomplet, il est vrai, parce qu'il trouve son complément dans l'ensemble; mais détachez un de ces anneaux, il vivra, et il trouvera en lui-même les forces nécessaires pour se compléter en achevant son évolution, mais chaque

MÉTAMORPHOSES ET MIGRATIONS DES ANIMAUX

phores, ces gracieuses guirlandes vivantes qui flottent à la surface de la mer, nous offrent des types frappants d'*individus agrégés*. Mais nous en trouvons des exemples beaucoup plus familiers dans les Myriapodes et les Annelés. Le Cryptops des jardins et le Ver de terre, qui tombent tous les jours sous nos yeux, ne sont que des colonies dans lesquelles les anneaux ou zoonites sont autant d'individus distincts [1].

157. Réviviscence. — On appelle ainsi la propriété

---

anneau est indivisible; il est simplement *un*. » (*La Religion en face de la science*, X^e leçon.)

[1] « Bien que la forme substantielle (*âme*) soit en elle-même une et indivisible dans chaque être vivant, elle peut s'individualiser dans quelque partie et agir d'une façon indépendante, quand elle rencontre dans cette partie un organisme suffisamment complet pour réaliser les conditions vitales nécessaires à son action et à sa permanence dans un corps. C'est ce qui a lieu pour les branches d'un arbre détachées du tronc, pour les tronçons d'un ver, pour les fragments d'une hydre d'eau douce.

« Dans ces divers cas, comme l'ont observé les naturalistes, chacune des parties qui continuent à vivre après leur séparation du tout, reproduit dans ses éléments essentiels la figure générale du tout et offre ainsi à l'âme un *corps naturel ayant la vie en puissance*, puisqu'il renferme les organes indispensables à l'exercice de la vie, à l'acte vital. On ne peut pas dire que l'âme se divise; mais dans les vers, par exemple, chaque anneau ayant une figure semblable à celle de l'animal entier, et agissant, avant la section, d'une manière subordonnée à la forme totale, cette forme s'individualise par cela même qu'elle cesse d'être en relation avec le tout, et, le cas échéant, peut compléter ce qui manque à la perfection de l'organisme dont elle est le principe formel et spécifique, par une nutrition dirigée selon le plan général de cet organisme. » (*La Religion en face de la science*, par l'abbé Arduin, 2e partie, t. II.)

« Voici, du reste, comment s'exprime saint Thomas : Les animaux annelés vivent après qu'on les a coupés, non seulement parce que l'âme est dans chaque partie du corps, mais parce que leur âme, étant imparfaite et capable d'un petit nombre d'actions, n'exige que peu de différenciation dans les parties, et cette différenciation existe suffisamment dans les parties qui vivent après la section. Chaque partie conservant la disposition qui rend le corps entier capable de recevoir une âme, l'âme y demeure. » (*Ibid.*)

que possèdent certains êtres organisés de retrouver la vie qu'ils paraissent avoir entièrement perdue. Des végétaux cryptogames, tels que des mousses, des lichens, etc., ont été ainsi comme ressuscités. Parmi les animaux, beaucoup d'Infusoires laissent suinter de leur corps une matière coagulable, et se constituent ainsi une sorte de cellule appelée *kyste*, dans laquelle ils peuvent rester immobiles pendant des années, protégés contre la plupart des causes de destruction.

De tous les animaux réviviscents, le plus intéressant peut-être est le Rotifère. C'est un Infusoire fusiforme, long d'un millimètre au plus, dont le corps est composé de neuf zoonites. Il vit dans les touffes de mousse de nos toits. Quand vient l'été, et avec lui la sécheresse, le Rotifère se roule en boule, et ne donne plus aucun signe de vie jusqu'à ce que la saison pluvieuse lui apporte une humidité qui le ressuscite. On en a vu qui restaient pelotonnés sur eux-mêmes et dans un état apparent de mort pendant plus de onze ans. Ils peuvent alors supporter sans périr une température de cent et cent dix degrés.

Les animaux réviviscents ne sont pas les seuls à présenter des phénomènes de vie latente. « M. le professeur Gavarret retrace l'histoire intéressante de poissons qu'on transporte au loin, en Russie et dans le nord de l'Amérique, empaquetés, congelés, raides comme des bâtons, et qui, après dix ou quinze jours de congélation, reprennent leur activité dans l'eau à la température ordinaire. Ces faits, dont l'authenticité fut d'abord contestée, ont été plus tard acceptés comme vrais, à la suite des expériences de M. Gaspard en Islande, pendant les années 1828 et 1829. Des crapauds furent placés dans des boîtes remplies de terre et exposés à la température ambiante ; au bout de quelque temps, les boîtes furent ouvertes ; les crapauds étaient durs et raides comme des cadavres gelés ; toutes les parties de leur corps étaient inflexibles et cassantes ; quand on les brisait, il ne s'en échappait pas une seule goutte de sang. Placés dans de l'eau légèrement chauffée, ces animaux reprenaient en dix minutes toute leur activité ordinaire. Ces expériences ont été répétées bien souvent sur des Grenouilles, et ont toujours donné le même résultat [1]. »

Le problème de la réviviscence des animaux a reçu deux solutions différentes. Les uns, et ce sont en général les matérialistes, admettent qu'il y a véritable résurrection ; les autres, et ce sont les spiritualistes, soutiennent que la réviviscence n'est qu'un réveil, après un engourdissement et une mort apparente.

[1] M. l'abbé A. Arduin, *la Religion en face de la science.*

CHAPITRE V

DES MŒURS DES ANIMAUX

158. Mœurs. — On entend par *mœurs des animaux* les habitudes naturelles qui résultent de leur organisation et de leur instinct.

159. Instinct et intelligence. — Descartes, trop rigide défenseur de la spiritualité exclusive de l'âme humaine, soutenait que les animaux ne sont que de pures machines, machines montées d'avance par le Créateur, pour la conservation des individus et la propagation de l'espèce. Mais quand on observe et qu'on étudie de près, il semble impossible d'adopter cette opinion, qui du reste est tombée dans un complet discrédit parmi les savants. Presque certainement les animaux sont doués d'une âme sensitive, capable d'instinct et d'une sorte d'imitation de l'intelligence humaine [1].

---

[1] La plupart des naturalistes de nos jours prêtent aux animaux des idées, des raisonnements, un esprit capable d'abstraction et de généralisation. Il y a là une série d'erreurs, qui, posées en principes, amènent les plus tristes conséquences. Afin de prémunir nos lecteurs contre les doctrines qui font de l'Homme une brute perfectionnée, nous croyons nécessaire d'insister ici sur la nature de l'âme des bêtes et sur les fonctions de la vie animale. Nous

L'instinct est un penchant intérieur qui fait agir sans aucune notion du but, en employant toujours

allons prendre pour guides, et presque toujours citer textuellement les auteurs catholiques les plus autorisés.

« L'âme des bêtes, dit M. l'abbé Arduin, qui suit presque de point en point saint Thomas, est du même genre que celle des plantes, c'est-à-dire une substance incomplète, une forme matérielle, qui ne peut exister que si elle est unie à une matière disposée à la recevoir : incapable de subsister sans cette union, condition fondamentale de son existence. Elle subit les vicissitudes de la matière animale, et peut être détruite par les agents physiques capables de faire disparaître dans le corps vivant les conditions matérielles nécessaires au maintien de la forme propre à chaque espèce. Quand l'animal meurt, la forme vivante se détruit, absolument comme lorsqu'on sépare les éléments de l'eau, celle-ci est détruite, tout en demeurant *en puissance* dans ces éléments où elle peut réapparaître sous l'influence des agents physiques capables d'opérer la combinaison de ces éléments. Toutefois l'âme animale ne saurait être produite dans la matière que sous l'influence spéciale de l'âme des parents, ce qui constitue la génération, bien que cette influence s'exerce par l'intermédiaire des forces physiques... J'insiste sur cette conséquence, que l'âme des bêtes, en vertu de sa nature de forme matérielle, périt nécessairement, disparaît, cesse d'exister substantiellement par la mort de l'animal. On ne peut donc, en aucune façon, admettre l'immortalité de l'âme des bêtes au sens qu'on attache à l'immortalité de l'âme humaine. Cette prérogative est exclusivement propre à la substance ou forme *spirituelle*, et l'âme animale n'est qu'une forme *matérielle*. »

Le savant auteur prend d'ailleurs soin de rappeler que « les *formes* sont des *substances immatérielles et simples*, même celles qu'on appelle *formes matérielles*. On les nomme ainsi, non parce qu'elles seraient des portions de matière, mais parce qu'elles ne peuvent jamais exister sans être unies à la matière, que leur existence dépend de la matière. Les formes *spirituelles*, au contraire, peuvent exister indépendamment de la matière, mais aussi, en quelques cas, être unies à la matière. On conçoit que les formes matérielles, n'étant pas matérielles en elles-mêmes, puissent revêtir quelques-unes des propriétés de la substance spirituelle tout à fait incompatibles avec la matière, et qu'elles puissent se rapprocher plus ou moins des formes spirituelles, s'échelonner par degrés depuis la matière brute jusqu'au voisinage de la forme spirituelle... Saint Thomas fait remarquer que l'âme des bêtes pourrait être appelée *spirituelle*, en ce sens qu'on donne quelquefois

les mêmes moyens et sans jamais chercher à les perfectionner.

le nom d'*esprit* à toute substance *invisible* et douée de mouvement automoteur... C'est dans ce sens que quelques Pères ont dit que les animaux ont des âmes spirituelles. » (*La Religion en face de la science*; Lyon, 1883.)

« L'âme animale, quoique forme matérielle, possède des propriétés qui la rapprochent de la substance spirituelle, avec laquelle elle jouit en commun de la faculté de connaître les objets matériels. Il suit de là que les âmes animales pouvant connaître avec plus ou moins de clarté, et sentir avec plus ou moins de perfection, sont plus ou moins parfaites et ont des organes de sensation qui sont plus ou moins développés, en sorte que les animaux inférieurs diffèrent fort peu des plantes, tandis que les animaux supérieurs diffèrent peu de l'homme sous le rapport de la sensibilité organique, bien qu'ils en diffèrent *essentiellement*, parce que ce dernier possède une *âme spirituelle*.

« Enfin la scolastique enseigne que l'âme animale n'acquiert ses caractères distinctifs, c'est-à-dire n'est élevée au degré d'âme *animale* que lorsque les organes corporels sont assez développés pour que la forme animale puisse exercer ses fonctions. En sorte que le germe animal n'aurait, au début de son existence, qu'une vie purement végétative, mais contiendrait en puissance la forme animale. » (*Ibid.*)

« L'âme animale, pas plus que l'âme végétative, ne vit par elle-même; l'âme est le principe de la vie, mais non un être vivant. L'être vivant, c'est le composé, animal ou végétal, résultat de l'union temporaire d'une forme substantielle simple et d'une matière appropriée à cette forme. » (*Ibid.*)

Après avoir étudié la nature de l'âme des bêtes, voyons quelles sont les fonctions qui la caractérisent. « Saint Thomas remarque avec justesse que l'on doit appeler animal l'être qui sent. *Hoc dicitur animal, quod naturam sensitivam habet*. La raison en est que, pour définir une chose, il suffit d'exprimer ce qui en constitue l'essence : or l'essence de l'animal consiste précisément à avoir l'être sensitif, par lequel il se trouve placé dans le dernier degré des êtres doués de connaissance. Ce qui sépare essentiellement le règne animal du règne végétal, c'est donc la faculté de sentir. Les autres propriétés, quoique résultant nécessairement de cette différence, sont néanmoins des propriétés contenues déjà radicalement dans l'essence; le mouvement spontané est de ce nombre; et quoiqu'il puisse nous aider à reconnaître si un être est animal ou non, il n'est pourtant pas nécessaire d'en faire une mention spéciale, lorsqu'on cherche ce qui constitue son essence. On doit

L'Homme lui-même a des instincts. Ainsi, il faut qualifier d'instinctifs certains actes indélibérés qui

en dire autant de la faculté appétitive et de l'instinct, quoique l'un et l'autre soient inséparables de la sensation. » (*Du Composé humain*, par le R. P. Liberatore, *Question* de la vie animale.)

Outre une faculté *sensitive* différente des cinq sens extérieurs, et qui a cependant une communication intime avec eux, faculté désignée par saint Augustin sous le nom de *sens intérieur*, il en existe une autre qui conserve les images reçues et qui peut les reproduire, alors même que les objets ne sont plus présents. C'est là le rôle de l'imagination, qui est, dit saint Thomas, une sorte de trésor où sont conservées les formes reçues par les sens. Ce n'est pas tout. En plus du *sens intérieur* et de *l'imagination*, saint Thomas reconnaît dans les animaux deux autres facultés, qu'il appelle *estimative* et *mémoire*. La Brebis qui fuit à la vue du Loup pressent qu'il est son ennemi naturel; l'Oiseau qui amasse de la paille pressent qu'elle lui est utile pour faire son nid. Ce n'est donc pas seulement parce que certaines choses flattent leurs sens ou les blessent que les animaux les recherchent ou les fuient, c'est encore parce qu'elles sont utiles ou nuisibles. « La perception de ces rapports n'est pas du tout transitoire, dit le R. P. Liberatore; elle laisse dans la faculté appréhensive de l'animal des traces qui les lui rappellent en des occasions données. C'est ainsi que l'Éléphant, par exemple, dans la suite des temps, se venge des torts qu'on lui a faits ou se montre reconnaissant envers ceux qui lui ont fait du bien. C'est encore ainsi que le Chat fuit les lieux où il a été frappé, et qu'il revient à ceux où il a pu faire bonne capture. » On le voit, la *mémoire sensible* ne doit point être confondue avec la pure reproduction des images.

On imaginerait à peine avec quel art et quelle souplesse certains auteurs à tendances transformistes font tourner à leurs fins la question de l'âme des bêtes.

D'après eux, *l'intelligence* se révèle chez les Fourmis *avec ses caractères propres* et atteint *un assez haut degré de développement*. — Ils ont peine à trouver quelque différence capitale entre l'intelligence des animaux et l'intelligence humaine. — On ne saurait douter, disent-ils, que l'animal ne soit capable d'abstraction et de généralisation; qu'il ne puisse avoir des idées, les enchaîner, porter des jugements et raisonner ses actes. Sans doute l'intelligence humaine est supérieure à celle des brutes, mais, entre l'une et l'autre, il n'y a, prétendent-ils, *qu'une différence de degrés*. Deux causes ont placé l'Homme au-dessus des bêtes le mieux douées : le langage, *qui n'aurait d'abord été qu'un ensemble de cris imitatifs peu différents de ceux des animaux*, mais qui a eu la chance

sont provoqués par la crainte ; mais aucun ne revêt plus évidemment ce caractère que celui d'un enfant

d'être servi par une langue plus souple, et, en second lieu, une certaine activité dans la recherche des causes. — En somme, dans tous les animaux, y compris l'Homme, les manifestations mentales *sont toutes de même nature*. D'abord inconscientes, elles s'élèvent graduellement par l'hérédité jusqu'à l'instinct, puis à la conscience, et ensuite à l'intelligence, jusqu'à ce qu'enfin se montre le merveilleux épanouissement de la raison humaine.

Et voilà quelles doctrines ont cours dans nos écoles! Pour se consoler de ces affligeantes pensées, nous invitons nos lecteurs à parcourir dans la *Connaissance de Dieu et de soi-même* le chapitre sur la différence entre l'Homme et la bête, et en particulier l'admirable article VIe : *Extrême différence de l'Homme et de la bête*.

« Sur de légères ressemblances, dit Bossuet, les hommes se comparent aux animaux. Ils leur voient un corps comme à eux, et des mouvements corporels semblables aux leurs. Ils sont d'ailleurs attachés à leurs sens, et, par leurs sens, à leur corps. Tout ce qui n'est point corps leur paraît un rien; ils oublient leurs dignités, et, contents de ce qu'ils ont de commun avec les bêtes, ils mènent aussi une vie toute bestiale.

« C'est une chose étrange qu'ils aient besoin d'être réveillés sur cela. L'Homme, animal superbe, qui veut s'attribuer à lui-même tout ce qu'il connaît d'excellent et qui ne veut rien céder à son semblable, fait des efforts pour trouver que les bêtes le valent bien ou qu'il y a peu de différence entre lui et elles.

« Une si étrange dépravation, qui nous fait voir d'un côté combien notre orgueil nous enfle, et de l'autre combien notre sensualité nous ravilit, ne peut être corrigée que par une sérieuse considération des avantages de notre nature. »

Et l'illustre évêque passe en revue ce qu'il y a de grand dans l'Homme. « La nature humaine connaît Dieu ; et voilà déjà, par ce seul mot, les animaux au-dessous d'elle jusqu'à l'infini... La nature humaine, en connaissant Dieu, a l'idée du bien et du vrai, d'une sagesse infinie, d'une puissance absolue, d'une droiture infaillible, en un mot, de la perfection... La nature humaine connaît l'immutabilité et l'éternité... Elle aperçoit l'ordre du monde, la beauté incomparable des astres, la régularité de leurs mouvements, les grands effets du cours du soleil, qui ramène les saisons et donne à la terre tant de différentes parures... Alors apparaît à elle la belle et véritable idée d'une vie hors de cette vie, d'une vie qui se passe toute dans la contemplation de la vérité... Elle connaît qu'elle est une étincelle de la raison première... Elle découvre les règles de la justice, de la bienséance, de la société, ou, pour

qui se met naturellement à teter, peu de temps après sa naissance. Dès que l'Homme a fait quelques pas

mieux parler, de la fraternité humaine... Elle sait que le châtiment répare l'ordre du monde blessé par l'injustice. Elle voit donc que tout est juste dans le monde, et par conséquent que tout y est beau, parce qu'il n'y a rien de plus beau que la justice... Dire que les animaux aient le moindre soupçon de toutes ces choses, c'est s'aveugler volontairement et renoncer au bon sens. »

Mais de telles pages ne se résument pas, et il faut les lire telles qu'elles sont tombées de la plume du grand Bossuet.

Voyons maintenant ce qu'on peut accorder à nos adversaires sans sortir de la vérité. Le P. Liberatore et saint Thomas lui-même nous l'apprendront.

« Lorsque l'on contemple les actions et les tendances des animaux, notre esprit sans doute est saisi du plus grand étonnement, il se perd dans une profonde admiration. Cependant, si on y réfléchit, on comprend que ces actions et ces tendances ne prouvent rien autre chose que l'existence de purs instincts, c'est-à-dire de tendances naturellement déterminées à agir de telle ou telle manière. Ces tendances suppléent, dans l'animal, au défaut d'entendement, comme chez l'Homme l'entendement supplée à l'instinct... Dans les phénomènes où l'on rencontre l'art le plus ingénieux, les animaux agissent, non par raisonnement et par choix, mais par une aveugle impulsion de la nature, réglée et dirigée par le Créateur... Il est certain que, quelles que soient les marques de discernement que l'on vante dans le Chien et le Singe, qui sont les plus perspicaces des animaux qui se rapprochent le plus de l'Homme, elles sont bornées à un seul ordre de choses uniformes, soit dans l'individu, soit dans l'espèce; qu'elles n'ont trait qu'à des rapports particuliers d'objets et d'actions concrètes, et qu'elles ne fournissent aucune trace de progrès. Elles ne peuvent donc point prouver l'existence d'une puissance qui perçoive l'universel, et qui agisse sans dépendre intrinsèquement de l'organisme, ce qui serait cependant nécessaire pour nous faire conclure un degré quelconque d'intelligence. La seule déduction légitime qu'on puisse tirer, c'est que ces brutes ont vraiment un degré de connaissance assez parfaite dans l'ordre sensitif, une sorte d'imitation de l'intelligence, imprimée dans leur faculté *estimative* naturelle ; car c'est le propre des espèces plus élevées d'un ordre inférieur de retracer en elles les qualités des êtres supérieurs, quoique très imparfaitement. L'Ange de l'école remarque avec beaucoup de sagesse que « ce « qui est le propre d'une nature supérieure ne se rencontre « point dans une nature inférieure d'une manière parfaite, mais « seulement d'une manière participée. C'est ainsi que, dans la

dans la vie, il devient difficile de démêler ce qui vient purement de l'instinct et ce qui est inspiré par l'intelligence. Disons toutefois d'une façon générale que si, chez les animaux, l'instinct prédomine toujours sur l'intelligence, chez l'Homme, l'intelligence prédomine toujours sur l'instinct.

« L'instinct fait produire aux animaux certaines ac-

« nature sensitive, la raison n'existe pas ; on y trouve seule-
« ment une certaine participation de cette faculté, en tant que
« les brutes sont douées d'une certaine prudence instinctive.
« Mais ce qu'on a par participation, on ne peut dire qu'on le
« possède vraiment ; en d'autres termes, que ce soit une perfec-
« tion propre et entièrement dépendante du sujet qui en est doué.
« C'est pourquoi il n'y a pas de faculté spéciale qui corresponde
« à ce qu'on possède par participation. Ainsi on ne dit point que
« les brutes soient douées de raison parce qu'elles ont une sorte de
« prudence ; mais, en elles, cette participation est une espèce d'ins-
« tinct de discernement. » (*Du Composé humain*, ch. IV, De la Vie animale.)

Enfin voici un passage de l'excellente revue *la Controverse* qui éclaircit de plus en plus la question :

« On ne rencontre chez l'animal aucun acte dénotant la raison, la faculté de comprendre. L'animal, en effet, connaît tel homme ou tel autre animal pris individuellement, mais il ne connaît pas « l'homme » ni « l'animal ». Les idées abstraites lui font défaut ; il ne connaît pas l'unité ni la multiplicité ; il sait que telle chose est bonne, il ne connaît pas la « bonté », il ne connaît pas la vertu, l'honneur, le temps, l'éternité, etc. Chez l'homme, au contraire, nous trouvons des notions abstraites et universelles, nous rencontrons des actes dénotant manifestement la faculté de raisonner.

« Cette différence entre les opérations des animaux et celles de l'homme n'est pas une différence de degré, mais de nature. Les idées abstraites sont l'élément essentiel de tout acte de raison, même du plus infime ; les opérations des animaux, même les plus parfaites, s'expliquent sans idée abstraite, par la seule sensation ou par le souvenir de la sensation. Il y a donc un abîme entre l'opération la plus compliquée de la vie animale, et l'opération la plus simple de la vie raisonnable. De la différence entre les opérations de l'homme et celles de l'animal, qui est une différence de nature, nous concluons logiquement à une différence de nature entre le principe de vie qui anime l'homme et celui qui anime la brute. » (*Livraison* 46ᵉ, 15 septembre 1882.)

tions nécessaires à la conservation de l'espèce, mais souvent tout à fait étrangères aux besoins apparents des individus, souvent aussi très compliquées, et qui, pour être attribuées à l'intelligence, supposeraient une prévoyance et des connaissances infiniment supérieures à celles qu'on peut admettre dans les espèces qui les exécutent. Ces actions, produites par l'instinct, ne sont point non plus l'effet de l'imitation, car les individus qui les pratiquent ne les ont souvent jamais vu faire à d'autres; elle ne sont point en proportion avec l'intelligence ordinaire, mais deviennent plus singulières, plus savantes, plus désintéressées à mesure que les animaux appartiennent à des classes moins élevées, et, dans tout le reste, plus stupides. Elles sont si bien la propriété de l'espèce, que tous les individus les exercent de la même manière, sans y rien perfectionner.

« Ainsi les Abeilles ouvrières construisent, depuis le commencement du monde, des édifices très ingénieux, calculés d'après la plus haute géométrie, et destinés à loger et à nourrir une postérité qui n'est pas même la leur. Les Abeilles et les Guêpes solitaires forment aussi des nids très compliqués pour y déposer leurs œufs. Il sort de cet œuf un Ver qui n'a jamais vu sa mère, qui ne connaît point la structure de la prison où il est enfermé, et qui, une fois métamorphosé, en construit cependant une parfaitement semblable pour son propre œuf.

« On ne peut se faire d'idée claire de l'instinct qu'en admettant que ces animaux ont, dans leur *sensorium*, des images ou sensations innées et constantes qui les déterminent à agir, comme les sensations ordinaires et accidentelles déterminent communément. C'est une sorte de rêve ou de vision qui les poursuit toujours, et, dans tout ce qui a rapport à leur instinct, on peut les regarder comme des espèces de somnambules.

« L'instinct a été accordé aux animaux comme supplément de leur intelligence, et pour concourir avec elle, et avec la force et la fécondité, au juste degré de conservation de chaque espèce.

« L'instinct n'a aucune marque visible dans la conformation de l'animal; mais l'intelligence, autant qu'on a pu l'observer, est dans une proportion constante avec la grandeur relative du cerveau, et surtout de ses hémisphères [1]. »

« Définir nettement les actes instinctifs serait une tâche fort difficile. Il n'en est pas, dans tout l'organisme, dont la nature et la cause immédiate soient plus obscures; il n'en est pas non plus qui soient plus en harmonie avec l'ensemble des êtres créés, ni avec le rôle que chacun d'eux est appelé à jouer dans la vie générale de l'univers; il n'en est pas qui nous montrent davantage une grande cause providentielle, agissant en dehors des individus [2]. »

Si considérable que soit la distance qui existe entre l'âme humaine et l'âme des bêtes, si profond que soit l'abîme qui les sépare, on ne saurait nier que la plupart des animaux ne soient doués d'une sorte d'intelligence, quoique à des degrés bien différents. Mais en quoi consiste cette intelligence? L'intelligence de l'animal est tout entière occupée de sensations, tout entière absorbée par le monde physique. Jamais il ne s'élève jusqu'au métaphysique; il est incapable de réfléchir, et entièrement dénué de ce magnifique apanage de l'homme, la liberté. « Autant qu'on peut en juger, dit Leibnitz, l'intelligence des animaux est purement empirique; bornés à l'association et à la mémoire des idées, ils sont incapables de toute notion générale et nécessaire. Ils ne raisonnent pas, mais passent d'une image à une autre, et à chaque rencontre nou-

---

[1] Cuvier, Introduction au *Règne animal*.
[2] Doyère, *Leçons d'histoire naturelle*.

velle qui paraît être semblable à la précédente, ils s'attendent à ce qu'ils y ont trouvé joint autrefois, comme si les choses étaient liées dans la réalité, parce que leurs images sont liées dans leur mémoire. »

Si l'on veut savoir maintenant en quoi l'intelligence diffère de l'instinct, nous dirons que leurs caractères sont absolument opposés. 1° L'instinct est un sentiment inné, une propriété donnée par la Nature à telle et telle espèce, à tel et tel groupe d'animaux : le Castor a la propriété de se bâtir une cabane, l'Oiseau de construire un nid, l'Araignée de tisser sa toile, et cela sans avoir jamais appris. L'intelligence agit par instruction, par expérience : un Chien apporte au chasseur le gibier qui vient d'être tué, parce qu'il a été dressé à le faire. 2° L'instinct ne fait aucun progrès, mais l'intelligence se perfectionne par l'exercice. L'Araignée, qui agit par instinct, ne fait jamais mal, ne fait jamais mieux; elle fait très bien dès le commencement, et sa toile est aussi parfaite le premier jour que le dernier. Au contraire, les Chiens et les Chevaux que nous voyons dans les cirques ont appris peu à peu les tours qui nous surprennent, et pour les amener à cette habileté on les a récompensés ou punis selon qu'ils faisaient bien ou mal. 3° L'instinct se borne à un objet particulier, en vue duquel chaque espèce a reçu du Créateur des organes appropriés. On admire dans le Castor et dans l'Araignée une merveilleuse industrie; mais cette industrie ne sert à l'un qu'à bâtir sa cabane, à l'autre qu'à tisser sa toile. L'intelligence est beaucoup plus étendue : c'est avec cette faculté que le Chien apprend à venir quand on l'appelle, à fuir quand on le menace, à rapporter les objets, à garder les troupeaux[1], etc. 4° Enfin, ce qui

---

[1] A force de soin et d'exercice, on obtient quelquefois des résultats vraiment étranges, surtout de certains animaux, qui, comme

prouve clairement que l'intelligence n'est pas l'instinct, c'est que les animaux qui ont le plus d'intelligence, par exemple le Chien, le Cheval, l'Orang-Outang, sont précisément ceux qui ont le moins d'instinct; au lieu que l'Araignée, la Fourmi, l'Abeille, qui n'ont que peu d'intelligence, nous étonnent par des instincts admirables.

160. INSTINCTS INDÉPENDANTS DE LA FORME DES ORGANES. Certains organes ont été donnés aux animaux pour servir leurs instincts, et ces organes sont merveilleusement en rapport avec les fonctions qu'ils doivent accomplir. Avec sa queue aplatie en forme de truelle, le Castor peut aisément battre l'argile. A l'aide des peignes et des crochets si parfaits qui terminent ses pattes, l'Araignée tisse les réseaux qui nous étonnent par leur délicatesse; mais, quoique cette adaptation de l'instrument à la fonction porte toujours le cachet d'une sagesse supérieure, on ne saurait dire que les instincts sont absolument dépendants de la forme des organes et nécessairement liés avec eux. Autrement les instincts seraient im-

---

les Singes, sont portés à l'imitation. « J'ai vu, dit Buffon, un Orang-Outang présenter sa main pour reconduire les gens qui venaient le visiter, se promener gravement avec eux et comme de compagnie; je l'ai vu s'asseoir à table, déployer sa serviette, s'en essuyer les lèvres, se servir de la cuiller et de la fourchette pour porter à sa bouche, verser lui-même sa boisson dans un verre, le choquer lorsqu'il y était invité, aller prendre une tasse et une soucoupe, l'apporter sur la table, y mettre du sucre, y verser du thé, le laisser refroidir pour le boire, et tout cela sans autre instigation que les signes ou la parole de son maître, et souvent de lui-même... Mais si l'on veut reconnaître ce qui appartient en propre à cet animal et le distinguer de ce qu'il avait reçu de son maître, si l'on veut séparer sa nature de son éducation, qui, en effet, lui était étrangère, puisqu'au lieu de la tenir de ses père et mère, il l'avait reçue des hommes, il faut comparer ces faits, dont nous avons été témoins, avec ceux que nous ont donnés les voyageurs qui ont vu ces animaux dans leur état de nature, en liberté et en captivité. »

muables; or l'expérience prouve qu'ils subissent quelquefois des modifications. Les Castors des bords du Rhône appartiennent bien à la même espèce que ceux du Canada, et cependant ils ne construisent pas de digues et de cabanes en Europe, comme ils font en Amérique; ils se bornent à creuser des terriers. A Rouen, les Hirondelles des quartiers neufs ne construisent pas tout à fait leurs nids comme celles des vieux quartiers. Les crochets et les filières des Araignées varient peu d'une espèce à une autre, et pourtant toutes les araignées ne font pas de toile. Le Moineau construit son nid d'une façon différente quand il le place dans un arbre et quand il l'établit dans un trou de mur ou dans un nid d'Hirondelle. Mais il est surtout deux ordres d'instincts qui paraissent plus indépendantes que les autres de la forme des organes : ce sont ceux qui ont pour but la conservation de l'individu et la propagation de l'espèce.

161. Sociétés animales. — C'est encore l'instinct qui porte beaucoup d'animaux à se réunir en sociétés, soit pour élever les jeunes, soit pour se défendre contre l'ennemi commun, soit pour partager le fruit de leurs travaux, soit enfin pour jouir du plaisir de se trouver ensemble. « Certaines espèces, dit M. Ch. Lévêque, se réunissent et vivent en troupes. L'observation constate qu'ils y trouvent du plaisir et de l'avantage. Ils s'entr'aident, ils se défendent mutuellement. Ils reconnaissent un chef et lui obéissent; ils se laissent guider par lui. On commence à mieux expliquer qu'autrefois l'existence de ces sociétés animales. Ce sont bien là des harmonies. La cause en est, dit-on, dans la constitution même de ces animaux, dans leur instinct. Oui, certes; mais cette organisation et ces instincts ne sont pas leur ouvrage [1]. »

---

[1] Ch. Lévêque, *Harmonies providentielles*.

On connaît les sociétés des Singes, des Éléphants, des Chamois, des Castors, des Abeilles, des Fourmis, etc. Ce sont là des sociétés *permanentes*. D'autres animaux ne s'associent que *pour un temps*. Beaucoup d'Oiseaux s'accouplent chaque année pour élever leurs petits et se séparent ensuite ; les Lemmings, petits rongeurs des contrées septentrionales, la Colombe voyageuse [1] d'Amérique, ne se réunissent guère que pour les migrations. Enfin il en est qui tiennent comme le milieu entre les uns et les autres, et qui, recherchant habituellement la société, s'assemblent surtout par bandes nombreuses pour accomplir leurs lointains voyages : les Oies [2] et Canards sauvages, les Étourneaux, les Cailles, les Hirondelles et beaucoup de Poissons du Nord sont de ce nombre [3].

---

[1] « La Colombe voyageuse parcourt les forêts de l'Amérique en masses si serrées, qu'elles interceptent absolument les rayons du soleil, et projettent sur la terre une ample traînée de ténèbres. Ses colonnes compactes offrent de telles proportions, que l'œil ne peut en embrasser toute l'étendue. On a supputé qu'elles avaient souvent une soixantaine de lieues de longueur. Le passage de ces colonnes dure parfois trois heures, et comme ces Oiseaux voyagent à peu près à raison de vingt lieues par heure, nécessairement leur armée doit se développer dans le ciel sur un espace de cinquante à soixante lieues. » (*L'Univers*, par F. A. Pouchet.)

[2] « L'arrangement qu'affectent les Oies en traversant le ciel, lorsqu'elles se rendent dans une patrie éloignée, décèle chez elles certaines combinaisons mentales. Toutes se trouvent placées à la suite les unes des autres, sur deux longues lignes obliques qui forment un angle aigu en avant, disposition la plus favorable pour fendre l'air. Et comme l'individu placé à la tête de la phalange déploie plus d'efforts pour ouvrir la route, quand il se trouve fatigué, on le voit s'abaisser, prendre le dernier rang, tandis qu'un autre lui succède. » (*Ibid.*)

[3] Chose curieuse, et qui indique jusqu'à quel point peut être poussé, même chez les animaux, l'instinct de la conservation ! habituellement, dans les bandes de Singes, de Ruminants, de Pachydermes ou même d'Oiseaux, un individu est chargé de veiller à la sécurité de ses camarades et de donner le signal d'alarme au moindre danger.

CHAPITRE VI

DE LA STRUCTURE INTIME DU CORPS DES ANIMAUX

162. ÉLÉMENTS ANATOMIQUES : CELLULES, FIBRES, HUMEURS. — Nous avons dû, dans le premier livre, nous borner à une étude très sommaire des éléments anatomiques. Avant de clore la zoologie générale, il ne sera pas inutile de revenir sur cette matière.

Le plus simple de ces éléments, celui auquel tous les autres peuvent être ramenés, est la *cellule*[1]. Considérée séparément, la cellule est une petite poche fermée de toutes parts et renfermant une substance particulière. A travers la membrane qui sert d'enveloppe à cette vésicule, s'exécutent les phénomènes d'endosmose et d'exosmose, condition de toute activité vitale. Si les cellules restent distinctes et qu'elles nagent librement dans le sang ou dans le sérum, elles conservent en général une forme arrondie ; mais si elles sont serrées les unes contre les autres, elles

---

[1] Chez l'Homme, les cellules peuvent avoir 6 à 7 millièmes de millimètre de diamètre sur 2 millièmes de millimètre d'épaisseur. On a calculé que les globules rouges du sang, qui sont des cellules, peuvent se trouver, dans un millimètre cube de sang, au nombre de cinq millions.

deviennent, tantôt polyédriques ou aplaties, tantôt allongées ou même étoilées.

« De même, dit Paul Gervais, que les cellules des végétaux jouissent de la faculté de se multiplier de manière à suffire à l'accroissement en volume de ces êtres organisés, de même aussi les cellules animales renferment dans leur intérieur une petite masse distincte appelée *noyau* (*nucléus*) ou *cytoblaste*, et toute cellule pourvue de son noyau est capable d'en fournir à son tour de nouvelles. Celles-ci se développent le plus souvent dans l'intérieur de la cellule mère, et ne deviennent libres que par la rupture de sa membrane-enveloppe. Alors elles remplacent les cellules qui leur avaient donné naissance, augmentent d'autant le nombre des cellules existantes, et par suite la masse de l'organisme dont elles font partie s'accroît à son tour. Le liquide qui les entoure et dont elles tirent leur nourriture a reçu le nom de *blastème* ou *plasma*; il varie de nature suivant les tissus qu'on examine, et peut rester liquide ou devenir, au contraire, solide après la formation de l'organe. Dans ce dernier cas, il fait corps avec les cellules elles-mêmes, et le tissu prend alors une grande consistance, comme cela a lieu pour les os ou pour les dents, mais sans que la structure primitive disparaisse pour cela. Sauf quelques exceptions, toute cellule privée de son nucléus perd sa faculté de produire des cellules nouvelles... Les cellules se multiplient aussi par division ou segmentation. C'est là une sorte de scissiparité de ces éléments de l'organisme [1]. »

Les *fibres* ne sont autre chose que des cellules excessivement allongées, mais d'une ténuité extrême. Ces filaments n'ont souvent qu'un millième et tout au plus qu'un centième de millimètre d'épaisseur; en

---

[1] *Éléments de Zoologie*; Paris, 1877.

revanche, il y en a qui comptent une longueur de cinq et six mètres.

On appelle *humeur* toute substance liquide ou semi-liquide répandue dans un corps organisé, et principalement dans les organismes-animaux, qu'elle contienne ou non des cellules à l'état libre. Les humeurs sont produites par l'exsudation des éléments anatomiques (cellules, fibres, etc.). Elles sont aussi variées dans leur composition intime que dans leur consistance. Sans parler de beaucoup d'autres, le sérum, la sueur, la salive, la synovie, le lait, sont des humeurs.

163. Idée générale d'une cellule. — Dans un mémoire publié en 1838, M. Schwan, physiologiste de l'école de Berlin, démontra que tous les tissus, soit animaux, soit végétaux, sont formés de cellules plus ou moins modifiées, et conséquemment que les éléments anatomiques se développent identiquement dans les deux règnes. Déjà nous avons fait connaître ce que c'est qu'une cellule. Pour préciser davantage, nous dirons avec M. l'abbé Arduin : « La cellule dans sa forme parfaite et typique est une petite sphère (le plus souvent microscopique) où l'on peut distinguer cinq parties : 1° une *enveloppe* généralement très fine et parfaitement transparente qui délimite et contient le corps cellulaire ; 2° la *masse* ou *corps* de la cellule ; elle est formée de *protoplasma*, substance albumineuse, transparente, de consistance molle ou visqueuse, et sur laquelle je reviendrai ; 3° dans ce protoplasma semi-liquide nagent des *granulations* ou petits grains plus durs, plus opaques, en très grand nombre ; 4° un *noyau* ou *nucléus*, sorte de vésicule intérieure, revêtue d'une fine enveloppe... ; 5° un ou plusieurs nucléoles, granulations extrêmement petites enfermées dans le noyau.

« Telle est la structure fondamentale de la cellule.

Mais cette structure, ainsi que la forme des cellules, peuvent varier de toutes manières.

« Ainsi la cellule peut être dépourvue de noyau et d'enveloppe, et n'être qu'un fragment de protoplasma; elle peut avoir un noyau sans enveloppe ou une enveloppe sans noyau; et, dans ces différents cas, les granulations peuvent ou non exister; de même elle peut ou non contenir un ou plusieurs nucléoles [1].

« Quant à leur forme, elle se modifie presque toujours, et il a fallu des observations minutieuses pour se convaincre de l'identité entre certains éléments anatomiques et les cellules... C'est de la juxtaposition, de la combinaison, de l'enchevêtrement des cellules

---

[1] M. Haeckel, professeur à l'université d'Iéna, qui est en Allemagne le plus fougueux champion des idées transformistes, a donné différents noms aux divers états des cellules. Ainsi pour lui une cellule en général est une *plastide;* une plastide avec noyau est une *cellule* proprement dite; une plastide sans noyau, une *cytode;* une cytode avec enveloppe est une *lépocytode;* une cytode sans enveloppe, une *gymnocytode;* une cellule à noyau avec enveloppe s'appelle une *lépocelle;* une cellule à noyau sans enveloppe, une *gymnocelle.* Plusieurs transformistes français qui ont adopté les théories du fameux positiviste affectent d'employer ces termes, qui ne font en somme qu'encombrer la nomenclature.

Comme pour se justifier du reproche de matérialisme, M. Haeckel prête une âme à chacune de ces plastides. « S'il y a jamais eu, dit-il, une idée au plus haut point poétique et vraie en même temps, n'est-ce pas de savoir que dans le plus petit vermisseau, comme dans la plus imperceptible plante, vivent des millions d'âmes indépendantes; que chez tout Infusoire microscopique unicellulaire, il existe aussi bien une âme agissante, individuelle, que dans les cellules du sang, qui circulent sans relâche dans ce liquide. » (Cité par M. l'abbé Arduin, *la Religion en face de la science.*) Dans un autre passage de sa *Psychologie cellulaire,* le même auteur donne une âme à chaque plastidule ou atome composant la cellule. En sorte apparemment que, dans une plastide, il y a des milliers d'âmes, et que pourtant il n'y a qu'une âme. Comme cela rappelle vivement ces paroles de saint Paul : *Evanuerunt in cogitationibus suis!*

plus ou moins modifiées que naissent tous les tissus végétaux et animaux [1]. »

164. Vie cellulaire. — La nutrition des cellules est le phénomène physiologique fondamental. On connaît cette loi de la nature que l'on appelle *osmose*, par laquelle deux liquides ou deux gaz différents, séparés par une membrane, pénètrent cette membrane en sens inverse. C'est en vertu de l'endosmose et de l'exosmose dirigées par la force vitale que les cellules se nourrissent et vivent [2]. Continuellement les maté-

---

[1] *La Religion en face de la science.*
[2] Les cellules vivent, non en ce sens qu'elles aient une vie personnelle et que le corps soit une sorte de république composée de millions de citoyens, mais en ce sens que l'échange continuel des matériaux qui se fait par osmose est soumis à l'influence de la *force vitale* émanée du principe vital ou autrement de l'âme; « car, dit saint Thomas, l'âme est le premier principe de vie qui anime tous les êtres vivants ici-bas. »
Quant à la nutrition des cellules par endosmose et exosmose, et à ce qu'on appelle le tourbillon vital, il est impossible d'y voir un pur phénomène physico-chimique. Sans doute les mouvements vitaux ne s'exécutent pas en dehors et indépendamment des forces physico-chimiques; mais ces forces brutes sont dominées par la force vitale, qui dirige leur action d'une façon particulière à la vie. Les plus célèbres physiologistes sont d'accord là-dessus. « La force vitale, disait Claude Bernard, dirige les phénomènes qu'elle ne produit pas; les agents physiques produisent les phénomènes qu'ils ne dirigent pas. » (*Phénomènes de la vie.*) « L'électricité, la chaleur, les affinités chimiques, écrit M. de Quatrefages, agissent dans l'être vivant et ne sont certainement pas étrangères à la production du tourbillon vital. Elles ne fonctionnent néanmoins que dominées et réglées par une force supérieure, par la vie, qui modifie ces forces brutales, et leur fait produire, au lieu de sels ammoniacaux, du sang et des muscles; au lieu de cristaux de phosphate calcaire, des os; au lieu de corps bruts, des plantes et des animaux. » (*Métamorphoses*, etc.)
Mais tout le monde n'admet pas la vie cellulaire telle que nous venons de l'exposer. « D'après les matérialistes modernes, la vie des êtres organisés est la somme, la résultante des vies particulières des cellules qui constituent tout l'organisme. Chaque cellule est un être vivant, la seule *unité vitale*, et la vie générale est l'harmonie, le *consensus* de toutes ces activités vitales indivi-

riaux vieillis qui sont à l'intérieur des cellules passent à l'extérieur, molécule à molécule; et continuellement aussi les matériaux nouveaux qui sont à l'extérieur passent à l'intérieur. Chez les végétaux, c'est la sève, et dans les animaux, le sang, qui sont chargés de mettre les éléments nutritifs en contact avec les cellules, et de charrier les détritus jusqu'aux appareils qui les expulsent.

165. Greffe animale. — Les cellules animales peuvent se greffer les unes sur les autres et reprendre comme le font les cellules végétales. Avec la peau du front on peut reconstituer un nez. Si on lève des lames d'épiderme sur un blessé ou même sur une autre personne et qu'on en couvre une plaie, on amène vite

duelles, de même que les propriétés spéciales des êtres vivants ne sont que les propriétés de leurs cellules : chaque cellule est une sorte d'Infusoire, qui vit dans les liquides où il baigne, et chaque être vivant, une colonie d'Infusoires cellulaires.

« Toutefois ce n'est pas encore dans la cellule que se trouve le dernier élément vivant : la vie existe et se manifeste dans une matière plus élémentaire, moins compliquée que la cellule, qui représente déjà un degré relativement élevé de la vie. Cette substance vivante, que M. Huxley appelle *la base physique de la vie,* c'est le *protoplasma* ou *protoplasme,* qui joue un si grand rôle dans la biologie contemporaine, et où résident les propriétés et l'activité de tout être vivant... Les matérialistes accordent à ce protoplasme la contractilité, l'irritabilité, la nutrilité, l'évolutilité, la spontanéité, la sensibilité et même la conscience. Ils vont même beaucoup plus loin aujourd'hui : ils considèrent le protoplasme comme le produit d'une substance albuminoïde élémentaire qu'ils nomment le *plasson,* et qu'ils regardent comme la matière vivante proprement dite, la matière *formante* de toute substance organisée... On n'est pas encore parvenu à isoler le plasson. » (*La Religion en face de la science.*)

Telle est en somme la conception mécanique de la vie. M. l'abbé Arduin, dans ses savantes leçons, l'a victorieusement réfutée. Il a clairement démontré : 1° qu'elle est insuffisante; 2° qu'elle est gratuite et sans preuve; 3° qu'elle est fausse. Nous ne pouvons le suivre dans ses raisonnements; mieux vaut d'ailleurs consulter son ouvrage, qui est palpitant d'intérêt, et qui mérite de trouver place dans toute bibliothèque sérieuse.

la cicatrisation. C'est ce qu'on appelle la *greffe épidermique*.

Mais il y a des opérations plus curieuses encore. Depuis longtemps nos fermières savent greffer les ergots d'un coq sur son front pour lui donner des cornes [1]. On peut également greffer la queue ou la patte d'un petit rat sur son dos ou sur le dos d'un autre, et cette queue ou cette patte non seulement vivront, mais prendront de l'accroissement [2].

---

[1] Duhamel, en France, et Hunter, en Angleterre, pratiquèrent cette opération avec succès au siècle dernier. Déjà sans doute elle était connue.

[2] Pour que les greffes reprennent, il faut que les sujets appartiennent à la même espèce : ainsi, on ne pourrait pas greffer sur une plaie humaine des lambeaux de peau d'un animal. « On peut avec des ciseaux couper une hydre d'eau douce (petit animal de quelques millimètres de longueur, qu'on trouve dans les fossés et les étangs, fixé à une plante aquatique par une de ses extrémités) en deux, trois, quatre parties et même davantage, sans que pour cela la vie se retire de ce petit organisme mutilé; bien au contraire, chaque morceau s'accroît et devient en peu de jours une nouvelle hydre parfaitement conformée.

« Enfin l'expérience suivante a été faite avec succès : on réunit au moyen de certaines précautions quelques fragments détachés de plusieurs hydres, et, les différentes parties se soudant bientôt les unes avec les autres, on arrive à fabriquer un nouvel animal de pièces et de morceaux.

Que la bêche du jardinier coupe en deux un lombric ou ver de terre, les deux parties n'en continuent pas moins à vivre; l'une se refait une tête et l'autre une queue.

« Dans les animaux plus élevés, ces faits sont plus rares, moins complets, mais ils ne disparaissent pas entièrement. La queue d'un lézard, détachée du corps de l'animal, continue à s'agiter pendant quelque temps; le cœur d'une grenouille ou d'une tortue, arraché et mis sous cloche pour éviter la dessiccation, bat pendant vingt-quatre heures et plus. M. Vulpian a coupé la queue à un têtard de grenouille naissant, et cette queue isolée, se nourrissant des granulations vitellines contenues dans des cellules sous-cutanées, a continué à croître; au bout de dix jours, elle cessa de s'augmenter, les granulations vitellines faisant défaut, mais elle se trouvait alors aussi développée que la queue des autres têtards. Une partie détachée d'un organisme et rattachée à

« Au dernier siècle, Garengeot, chirurgien à Paris, recolla parfaitement un nez qui avait été coupé dans un autre, dans des conditions convenables, continue à vivre et à se développer ; c'est ainsi que s'expliquent les effets de la transfusion du sang, la greffe épidermique, et la formation d'une portion d'os nouveau par le moyen d'un lambeau de périoste transporté à la place occupée auparavant par l'os amputé. Enfin M. Paul Bert a réussi à greffer la patte d'un rat sur le flanc d'un autre, et cette patte a continué à vivre et à se développer comme si elle était restée attachée à l'animal auquel elle appartenait primitivement.

« De ces faits et de quelques autres analogues, les matérialistes concluent qu'il y a dans les animaux, et par conséquent dans l'Homme, chez qui s'observent les mêmes faits physiologiques, autant de principes de vie qu'il y a de cellules ; d'où il suit qu'il faut rejeter la doctrine d'une âme immatérielle, principe unique de la vie.

« Cette conclusion est-elle logique ?

« Nullement ; en effet, examinons à part chacune des deux séries d'observations rapportées plus haut. Dans les unes, celles qui ont été faites sur les animaux inférieurs, des parties d'un corps vivant, détachées du reste, ont formé un être indépendant, vivant d'une vie propre et complète en elle-même. De là on peut conclure, nous l'accordons, que plusieurs des animaux inférieurs sont des réunions, des colonies composées de parties ayant chacune en elle-même un principe de vie. Mais la théorie spiritualiste ne prétend pas qu'il y ait dans ces animaux un principe unique de vie, immatériel ; si quelques spiritualistes l'admettent, c'est comme une opinion indépendante de la doctrine spiritualiste elle-même. On ne s'appuie pas sur l'unité du principe vital dans les animaux, surtout dans les animaux inférieurs, pour démontrer la simplicité et la spiritualité de l'âme humaine. Nous ne voyons pas de quel droit les matérialistes concluraient de la multiplicité du principe vital dans certains animaux à la multiplicité du principe vital chez l'Homme. Les conclusions qui découlent des observations de la première série ne contredisent en rien la doctrine de la spiritualité de l'âme humaine, et n'affaiblissent aucun des arguments sur lesquels elle repose.

« Dans les observations faites sur les animaux supérieurs, on a constaté que certaines parties détachées du reste, et placées dans des conditions convenables, conservent longtemps le mouvement vital qu'elles possédaient dans l'être dont elles faisaient primitivement partie, mais qu'elles n'acquièrent jamais une vie complète et indépendante. Ce fait, loin de prouver que les parties possèdent

une rixe, et qu'on avait dû ramasser dans la boue. Depuis ce temps, nombre de nez, d'oreilles et de doigts ont été remis en place, même après une séparation de plusieurs heures. Des tronçons de nerfs, des lambeaux de périoste et même des fragments plus considérables du squelette ont pu être greffés de la sorte et reprendre au moins une partie de leurs fonctions.

166. Régénération, reproduction après scission. — Par le mot *régénération*, on entend ici la reproduction spontanée, dans les êtres vivants, des parties qui ont été détruites. Chez les Crabes, les Écrevisses, les Araignées, les Salamandres aquatiques, une patte, après avoir été coupée, peut repousser, de façon à rétablir l'organisme dans son intégrité. On a même constaté dans les Vertébrés supérieurs et chez les Mammifères que la rate, fût-elle presque entièrement détruite, peut réparer les pertes de substance qu'on lui a fait subir. De même, lorsqu'un nerf a été coupé et privé d'une portion considérable de sa substance, il peut se ressouder, car un nouveau tissu nerveux se

chacune un principe de vie, prouverait plutôt que la vie est en elles un mouvement venant d'ailleurs. Elles gardent l'impulsion primitive pendant un certain temps, comme la boule de billard conserve le mouvement pendant un certain temps après le choc. Cette impulsion peut ensuite être continuée par l'énergie d'un nouveau principe auquel elles sont jointes, de manière à en subir l'action. Bien plus, d'après les faits observés jusqu'ici, la direction donnée par le premier principe vital subsiste toujours, car l'organe ne peut se développer dans le nouvel animal auquel il est uni que selon la forme qu'il devait avoir primitivement, témoin la patte de rat greffée par M. Paul Bert sur le flanc d'un autre rat et se développant en forme de patte. Ces faits ne prouvent donc point qu'il y a dans les animaux supérieurs un principe de vie multiple, ni que ce principe de vie est matériel; *à fortiori*, ils ne prouvent rien contre la simplicité du principe de vie dans l'Homme. » (*Revue des questions scientifiques*. L'individualité animale, par le Dr Maisonneuve; cité par la *Controverse*, 1er mai 1882.)

développe pour remplir le vide et relier les tronçons disjoints.

167. Éléments anatomiques libres : globules du sang. — Le sérum du sang contient en suspension dans sa masse une infinité de corpuscules microscopiques appelés globules, et les entraîne avec lui dans sa course à travers l'organisme, pour en réparer les pertes. Nous avons traité avec détail cette matière quand nous avons parlé du sang.

168. Substance vivante[1] **: éléments minéraux constitutifs.** — Quoique la substance organisée, qui est le siège des propriétés vitales, soit soumise à des forces particulières notablement différentes de celles qui agissent sur la matière inorganique, il faut cependant reconnaître que l'une et l'autre sont au fond composées des mêmes éléments.

Quatre métalloïdes principaux entrent dans la constitution des corps organisés : le carbone, l'hydrogène l'oxygène et l'azote. Une faible quantité de soufre et de phosphore vient quelquefois se joindre à ces éléments[2].

---

[1] *Substance vivante* est une expression ambiguë, sous laquelle peut se dissimuler le matérialisme. Il n'y a pas de substance *purement* matérielle qui vive *par elle-même*. Si donc le protoplasma est animé, s'il est une substance vivante, ce n'est pas qu'il ait la vie en propre, c'est qu'il est soumis aux forces vitales, qui elles-mêmes dépendent du principe vital ou autrement de l'âme. On ne saurait trop insister sur cette distinction. Les expressions *corps vivants, êtres vivants* prêtent beaucoup moins à l'erreur que celle de *substance vivante*.

[2] Aux six corps simples que nous venons d'énumérer, il faut en ajouter seize autres, que l'on rencontre moins souvent. Les voici par ordre de fréquence décroissante : *chlore, iode, calcium, potassium, silicium, fer, fluor, aluminium, brome, cuivre, plomb, arsenic, lithine, argent, cæsium, rubidium.*

En somme, sur soixante-six corps simples, vingt-deux seulement ont été constatés dans les êtres vivants.

169. Principes immédiats. — Les combinaisons qui existent toutes formées dans les tissus et qui peuvent immédiatement en faire partie sont d'abord celles de carbone, d'hydrogène et d'oxygène. Les corps ainsi composés prennent le nom de substances *ternaires*, parce qu'il y entre trois éléments. On croyait à tort, autrefois, que ces substances appartenaient exclusivement aux végétaux; aujourd'hui l'on sait qu'elles se rencontrent dans tous les corps organisés.

Les principes immédiats ternaires peuvent être ramenés à deux types fondamentaux, qui sont : 1° les *substances féculentes* ou *sucrées*; 2° les *substances grasses*.

On peut considérer les substances de la première espèce comme formées de carbone et d'eau. Les plus communes dans les végétaux sont l'*amidon* et la *cellulose*[1], tous deux insolubles; le *sucre*, la *glucose*, la *dextrine* et les *gommes*, tous remarquables par leur solubilité. Chez les animaux, on rencontre des substances analogues : ainsi le sucre est toujours répandu dans le sang, et il se développe dans le foie des animaux supérieurs une sorte d'amidon que cette glande a pour fonction de transformer en glucose.

Au nombre des substances grasses il faut mettre les *graisses*, les *suifs* et les *beurres*, qui sont d'origine animale; les *huiles* et les *cires*, que fournissent surtout les tissus végétaux.

Mais souvent l'azote se joint aux trois corps simples qui composent les substances précédentes, et il en résulte d'autres principes immédiats que l'on appelle substances *quaternaires*.

---

[1] La cellulose est à l'état presque pur dans la moelle de sureau, le coton, les fibres textiles du lin et du chanvre, et dans le papier, qui est composé de vieux tissus nettoyés par le lavage.

170. Substances albuminoïdes. — On les nomme ainsi parce qu'elles ressemblent à l'albumine, qui est la base des tissus nerveux ainsi que du blanc d'œuf. Très répandues dans l'économie animale, elles ne cristallisent pas, mais sont susceptibles de se coaguler et de se durcir sous l'influence de la chaleur, de certains réactifs ou même spontanément. Les principales matières albuminoïdes ou azotées sont :

1º L'*albumine*, dont nous avons déjà parlé. Elle se coagule à une température de 60 à 70 degrés et devient alors insoluble. Tout le monde a vu, dans le blanc d'œuf cuit, de l'albumine coagulée;

2º La *fibrine*, très abondante dans l'économie animale. Le sang et la lymphe la contiennent à l'état liquide; les muscles, à l'état solide. Dans ce dernier état, c'est une substance blanchâtre, qui est molle et élastique, mais qui devient dure et cassante par la dessiccation. Lorsque la fibrine du sang est extraite de l'organisme, bientôt elle se coagule et entraîne avec elle les globules. On croit que c'est à la coagulation de la fibrine qu'est due en grande partie cette raideur qui se manifeste dans les membres après la mort, et que l'on appelle rigidité cadavérique;

3º La *caséine*, que l'on extrait du lait. Elle y est tenue en dissolution par la partie séreuse; mais, si elle ne se coagule pas spontanément comme la fibrine, ni par la chaleur comme l'albumine, il est facile de la précipiter par le tanin, la présure et les acides. Quelques gouttes de vinaigre versées dans le lait bouillant déterminent la coagulation instantanée de la caséine. On l'obtient alors sous la forme d'une substance blanche assez semblable au blanc d'œuf cuit, mais pulvérulente. C'est le *lait caillé*[1].

---

[1] On retire des tissus animaux une substance bien connue, que

Aux trois substances animales dont nous venons de parler correspondent chez les végétaux des matières presque identiques. Une sorte d'albumine se rencontre en proportion considérable dans les Haricots, les Fèves, les Pois et un grand nombre d'autres graines. Le gluten des Graminées renferme comme principe essentiel de la fibrine végétale. Enfin la caséine, comme l'albumine, se trouve en abondance dans les fruits des Légumineuses.

171. Protoplasma. — On l'a justement qualifié en disant qu'il est la *base physique* de la vie. C'est une substance semi-fluide assez semblable au blanc d'œuf, parfois un peu gélatineuse, que l'on trouve dans toutes les jeunes cellules animales ou végétales, et qui compose le corps presque entier des Infusoires. Dujardin l'appelait *sarcode*.

Le protoplasma contient de nombreuses granulations qui ne sont presque jamais en repos, mais qui, à l'intérieur des cellules, sont entraînées par un mouvement assez régulier, auquel on a donné le nom de *circulation protoplasmique*.

A l'état libre, c'est-à-dire quand il n'est pas enfermé dans une membrane cellulaire, le protoplasma jouit de la faculté de se mouvoir. On le voit, dans les Infusoires et même dans les organismes les plus élevés, s'étendre en divers sens, s'épancher en lobes de formes variées, et quelquefois s'étirer en longs filaments.

Le protoplasma est-il toujours une même substance ? Rien n'autorise à le penser. On est plus fondé à croire que c'est une *classe* de substances ca-

---

l'on appelle *gélatine*, et qui est ainsi nommée parce qu'elle ressemble à une sorte de gelée ; mais il est peu probable qu'elle existe toute formée dans les organes : elle ne s'y produit que sous l'influence de l'eau et par la cuisson.

pables d'être le siège la vie. Chimiquement parlant, le protoplasma doit être considéré comme un mélange de diverses substances albuminoïdes avec de l'eau et une petite quantité d'autres matières organiques ou minérales.

APPENDICE

DU CORPS HUMAIN [1]

Le corps est pétri de boue, mais admirons la main qui l'a façonné. Le sceau de l'ouvrier est empreint sur son ouvrage; il semble avoir pris plaisir à faire un chef-d'œuvre avec une matière si vile. Jetons les yeux sur ce corps, où les os soutiennent les chairs qui les enveloppent; les nerfs qui y sont tendus en font toute la force; et les muscles, où les nerfs s'entrelacent, en s'enflant ou en s'allongeant, font les mouvements les plus justes et les plus réguliers. Les os sont brisés de distance en distance; ils ont des jointures où ils s'emboîtent les uns dans les autres, et ils sont liés par des nerfs et par des tendons. Cicéron admire avec raison le bel artifice qui lie ces os. Qu'y a-t-il de plus souple pour tous les divers mouvements? mais qu'y a-t-il de plus ferme et de plus durable?

Après même qu'un corps est mort, et que ses parties

---

[1] Nous avons l'espoir d'être agréable aux maîtres et aux élèves en insérant ici ce magnifique article du *Traité de l'Existence de Dieu*, par Fénelon. Aux misérables théories qui se produisent à notre époque, on ne saurait opposer trop ce que les grands génies ont pensé du chef-d'œuvre de la création visible.

sont séparées par la corruption, on voit encore ces jointures et ces liaisons qui ne peuvent qu'à peine se détruire. Ainsi cette machine est droite ou repliée, raide ou souple, comme l'on veut. Du cerveau, qui est la source de tous les nerfs, partent les esprits [1]. Ils sont si subtils qu'on ne peut les voir, et néanmoins si réels et d'une action si forte, qu'ils font tous les mouvements de la machine et toute sa force. Ces esprits sont en un instant envoyés jusqu'aux extrémités des membres : tantôt ils coulent doucement et avec uniformité; tantôt ils ont, selon les besoins, une impétuosité irrégulière, et ils varient à l'infini les postures, les gestes et les actions du corps.

Regardons cette chair : elle est couverte en certains endroits d'une peau tendre et délicate, pour l'ornement du corps. Si cette peau, qui rend l'objet si agréable et d'un si doux coloris, était enlevée, le même objet serait hideux, et ferait horreur. En d'autres endroits cette même peau est plus dure et plus épaisse, pour résister aux fatigues de ces parties. Par exemple, combien la peau de la plante des pieds est-elle plus grossière que celle du visage! combien celle du derrière de la tête l'est-elle plus que celle du devant! Cette peau est percée partout comme un crible; mais ces trous, qu'on nomme pores, sont insensibles. Quoique la sueur et la transpiration s'exhalent par ces pores, le sang ne s'échappe jamais par là. Cette peau a toute la délicatesse qu'il faut pour être transparente, et pour donner au visage un coloris vif, doux et gracieux. Si la peau était moins serrée et moins unie, le visage paraîtrait sanglant et comme écorché. Qui est-ce qui a su tempérer et mélanger ces couleurs, pour faire une si belle carnation, que les peintres admirent, et n'imitent jamais qu'imparfaitement?

On trouve dans le corps humain des rameaux innombrables : les uns portent le sang du centre aux extrémités, et se nomment artères; les autres le rapportent des extrémités au centre, et se nomment veines. Par ces divers rameaux coule le sang, liqueur douce, onctueuse, et propre par cette onction à retenir les esprits les plus dé-

---

[1] Sur les *esprits animaux*, voyez p. 107, note 2.

liés, comme on conserve dans des corps gommeux les essences les plus subtiles et les plus spiritueuses. Ce sang arrose le corps, comme les fontaines et les rivières arrosent la terre. Après s'être filtré dans les chairs, il revient à la source plus lent et moins plein d'esprit; mais il se renouvelle et se subtilise encore de nouveau dans cette source, pour circuler sans fin.

Voyez-vous cet arrangement et cette proportion des membres? Les jambes et les cuisses sont de grands os emboîtés les uns sur les autres, et liés par des nerfs; ce sont deux espèces de colonnes égales et régulières, qui s'élèvent pour soutenir tout l'édifice; mais ces colonnes se ploient, et la rotule du genou est un os d'une figure à peu près ronde, qui est mis tout exprès dans la jointure pour la remplir, et pour la défendre quand les os se replient pour le fléchissement du genou. Chaque colonne a son piédestal, qui est composé de pièces rapportées, et si bien jointes ensemble, qu'elles peuvent se ployer ou se tenir raides selon le besoin. Le piédestal tourne, quand on le veut, sous la colonne. Dans ce pied on ne voit que nerfs, que tendons, que petits os étroitement liés, afin que cette partie soit tout ensemble plus souple et plus ferme selon les divers besoins; les doigts même des pieds, avec leurs articles et leurs ongles, servent à tâter le terrain sur lequel on marche, à s'appuyer avec plus d'adresse et d'agilité, à garder mieux l'équilibre du corps, à se hausser ou à se pencher. Les deux pieds s'étendent en avant pour empêcher que le corps ne tombe de ce côté-là, quand il se penche ou qu'il se ploie. Les deux colonnes se réunissent par le haut pour porter le reste du corps, et elles sont encore brisées dans cette extrémité, afin que cette jointure donne à l'homme la commodité de se reposer, en s'asseyant, sur les deux plus gros muscles de tout le corps.

Le corps de l'édifice est proportionné à la hauteur des colonnes : il contient toutes les parties qui sont nécessaires à la vie, et qui par conséquent doivent être placées au centre, et renfermées dans le lieu le plus sûr. C'est pourquoi deux rangs de côtes assez serrées, qui sortent de l'épine du dos, comme les branches d'un arbre naissent du tronc, forment une espèce de cercle pour cacher et tenir à l'abri ces parties si nobles et si délicates : mais, comme les côtes ne pourraient fermer entièrement ce centre du corps humain sans empêcher la dilatation de l'estomac et des entrailles, elles n'achèvent de former le cercle que jusqu'à un certain endroit, au-dessous duquel elles laissent un vide, afin que le dedans puisse s'élargir avec facilité pour la respiration et pour la nourriture.

Pour l'épine du dos, on ne voit rien dans tous les ouvrages des hommes qui soit travaillé avec un tel art : elle serait trop raide et trop fragile, si elle n'était faite que d'un seul os ; en ce cas les hommes ne pourraient jamais se ployer. L'auteur de cette machine a remédié à cet inconvénient en formant des vertèbres, qui, s'emboîtant les unes dans les autres, font un tout de pièces rapportées, qui a plus de force qu'un tout d'une seule pièce. Ce composé est tantôt souple, et tantôt raide : il se redresse et se reploie en un moment, comme on le veut. Toutes ces vertèbres ont, dans le milieu, une ouverture qui sert pour faire passer un allongement de la substance du cerveau jusqu'aux extrémités du corps, et pour y envoyer promptement des esprits par ce canal.

Mais qui n'admirera la nature des os ? Ils sont très durs, et on voit que la corruption même de tout le reste du corps ne les altère en rien. Cependant ils sont pleins de trous innombrables qui les rendent plus légers, et ils ont même, dans le milieu, une cavité pleine de la moelle qui doit les nourrir. Ils sont percés précisément dans les endroits où doivent passer les ligaments qui les attachent les uns aux autres. De plus, leurs extrémités sont plus grosses que le milieu, et font comme deux têtes à demi rondes, pour faire tourner plus facilement un os avec un autre, afin que le tout puisse se replier sans peine.

Dans l'enceinte des côtes sont placés avec ordre tous les grands organes, tels que ceux qui servent à faire respirer l'homme, ceux qui digèrent les aliments et ceux qui font un sang nouveau. La respiration est nécessaire pour tempérer la chaleur interne causée par le bouillonnement du sang et par le cours impétueux des esprits. L'air est comme un aliment dont l'animal se nourrit, et par le moyen duquel il se renouvelle dans tous les moments de sa vie.

La digestion n'est pas moins nécessaire pour préparer les aliments à être changés en sang. Le sang est une liqueur propre à s'insinuer partout, et à s'épaissir en chair dans les extrémités, pour réparer dans tous les membres ce qu'ils perdent sans cesse par la transpiration et par la dissipation des esprits. Les poumons sont comme de grandes enveloppes qui, étant spongieuses, se dilatent et se compriment facilement : et comme ils prennent et rendent sans cesse beaucoup d'air, ils forment une espèce de soufflet en mouvement continuel.

L'estomac a un dissolvant qui cause la faim, et qui avertit l'homme du besoin de manger. Ce dissolvant qui picote l'estomac lui prépare par ce mésaise un plaisir très vif lorsqu'il est apaisé par les aliments. Alors l'homme se remplit délicieusement d'une matière étrangère qui lui ferait horreur, s'il la pouvait voir lorsqu'elle est introduite dans son estomac, et qui lui déplaît même quand il la voit étant déjà rassasié. L'estomac est fait comme une poche. Là les aliments, changés par une prompte coction, se confondent tous en une liqueur douce, qui devient ensuite une espèce de lait nommé chyle, et qui, parvenant enfin au cœur, y reçoit, par l'abondance des esprits, la vivacité et la couleur du sang. Mais pendant que le suc le plus pur des aliments passe de l'estomac dans les canaux destinés à faire le chyle et le sang, les parties grossières de ces mêmes aliments sont séparées, comme le son l'est de la fleur de farine par un tamis, et elles sont rejetées en bas, pour en délivrer le corps, par les issues les plus cachées et les plus reculées des organes des sens, de peur qu'ils n'en soient incommodés. Ainsi les merveilles de cette machine sont si grandes, qu'on en trouve d'inépuisables, même dans les fonctions les plus humiliantes, que l'on n'oserait expliquer en détail.

Il est vrai que les parties internes de l'homme ne sont pas agréables à voir comme les extérieures, mais remarquez qu'elles ne sont pas faites pour être vues. Il fallait même, selon le but de l'art, qu'elles ne pussent être découvertes sans horreur, et qu'ainsi un homme ne pût les découvrir, et entamer cette machine dans un autre homme, qu'avec une violente répugnance. C'est cette horreur qui prépare la compassion et l'humanité dans les cœurs, quand un homme en voit un autre qui est blessé. Ajoutez, avec saint Augustin, qu'il y a dans ces parties internes une proportion, un ordre et une industrie qui charment encore plus l'esprit attentif, que la beauté extérieure ne saurait plaire aux yeux du corps. Ce dedans de l'homme, qui est tout ensemble si hideux et si admirable, est précisément comme il le doit être pour montrer une boue travaillée de main divine. On y voit tout ensemble et la fragilité de la créature et l'art du Créateur.

Du haut de cet ouvrage si précieux que nous avons dépeint pendent les deux bras, qui sont terminés par les mains, et qui ont une parfaite symétrie entre eux. Les bras tiennent aux épaules, de sorte qu'ils ont un mouvement libre dans cette jointure. Ils sont encore brisés au coude et au poignet, pour pouvoir se plier et se retourner avec promptitude. Les bras sont de la juste longueur qu'il faut pour atteindre à toutes les parties du corps. Ils sont nerveux et pleins de muscles, afin qu'ils puissent, avec les reins, être souvent en action, et soutenir les plus grandes fatigues de tout le corps. Les mains sont un tissu de nerfs et d'osselets enchâssés les uns dans les autres, qui ont toute la force et toute la souplesse convenable pour tâter les corps voisins, pour les saisir, pour s'y accrocher, pour les lancer, pour les attirer, pour les repousser, pour les démêler et pour les détacher les uns des autres. Les doigts, dont les bouts sont armés d'ongles, sont faits pour exercer, par la délicatesse et la variété de leurs mouvements, les arts les plus merveilleux. Les bras et les mains servent encore, suivant qu'on les étend et qu'on les replie, à mettre le corps en état de se pencher, sans s'exposer à aucune chute. La machine a en elle-même, indépendamment de toutes les pensées qui viennent après coup, une espèce de ressort qui lui fait trouver soudainement l'équilibre dans tous ses contrastes.

Au-dessus du corps s'élève le cou, ferme, flexible, selon qu'on le veut. Est-il question de porter un pesant fardeau sur la tête? le cou devient raide comme s'il n'était que d'un seul os. Faut-il pencher ou tourner la tête? le cou se plie en tous sens, comme si on en démontait tous les os. Ce cou, médiocrement élevé au-dessus des épaules, porte sans peine la tête, qui règne sur tout le corps. Si elle était moins grosse, elle n'aurait aucune proportion avec le reste de la machine. Si elle était plus grosse, outre qu'elle serait disproportionnée et difforme, sa pesanteur accablerait le cou, et elle courrait risque de faire tomber l'homme du côté où elle pencherait un peu trop.

Cette tête, fortifiée de tous côtés par des os très épais et très durs pour mieux conserver le précieux trésor qu'elle renferme, s'emboîte dans les vertèbres du cou, et a une communication très prompte avec toutes les autres parties du corps: elle contient le cerveau, dont la substance humide, molle et spongieuse, est composée de fils tendres et entrelacés. C'est là le centre des merveilles dont nous parlerons dans la suite. Le crâne se trouve percé régulièrement avec une proportion et une symétrie exacte, pour les deux yeux, pour les deux oreilles, pour la bouche et pour le nez. Il y a des nerfs destinés aux sensations qui s'exercent dans la plupart de ces conduits.

. . . .

Parmi les organes de ces sensations, les principaux sont doubles, pour conserver dans un côté ce qui pourrait manquer dans l'autre par quelque accident. Ces deux organes d'une même sensation sont mis en symétrie, sur le devant ou sur les côtés, afin que l'homme en puisse faire un plus facile usage, ou à droite, ou à gauche, ou vis-à-vis de lui, c'est-à-dire vers l'endroit où ses jointures dirigent sa marche et toutes ses actions. D'ailleurs la flexibilité du cou fait que tous ces organes se tournent en un instant de quelque côté qu'il veut.

Tout le derrière de la tête, qui est le moins en état de se défendre, est le plus épais: il est orné de cheveux, qui servent en même temps à fortifier la tête contre les injures de l'air. Mais les cheveux viennent sur le devant pour accompagner le visage et lui donner plus de grâce.

Le visage est le côté de la tête qu'on nomme le devant, et où les principales sensations sont rassemblées avec un ordre et une proportion qui le rendent très beau, à moins que quelque accident n'altère un ouvrage si régulier. Les deux yeux sont égaux, placés vers le milieu et aux deux côtés de la tête, afin qu'ils puissent découvrir sans peine de loin, à droite et à gauche, tous les objets étrangers, et qu'ils puissent veiller commodément pour la sûreté de toutes les parties du corps. L'exacte symétrie avec laquelle ils sont placés fait l'ornement du visage. Celui qui les a faits y a allumé je ne sais quelle flamme céleste, à laquelle rien ne ressemble dans tout le reste de la nature. Les yeux sont des espèces de miroirs où se peignent tour à tour et sans confusion, dans le fond de la rétine, tous les objets du monde entier, afin que ce qui pense dans l'homme puisse les voir dans ces miroirs. Mais quoique nous apercevions tous les objets par un double organe, nous ne voyons pourtant jamais les objets comme doubles, parce que les deux nerfs qui servent à la vue dans nos yeux ne sont que deux branches qui se réunissent dans une même tige, comme les deux branches des lunettes se réunissent dans la partie supérieure qui les joint. Les yeux sont ornés de deux sourcils égaux ; et, afin qu'ils puissent s'ouvrir et se fermer, ils sont enveloppés de paupières bordées d'un poil qui défend une partie si délicate.

Le front donne de la majesté et de la grâce à tout le visage : il sert à relever les traits. Sans le nez, posé dans le milieu, tout le visage serait plat et difforme. On peut juger de cette difformité quand on a vu des hommes en qui cette partie du visage est mutilée. Il est placé immédiatement au-dessus de la bouche, pour discerner plus commodément par les odeurs tout ce qui est propre à nourrir l'homme. Les deux narines servent tout ensemble à la respiration et à l'odorat. Voyez les lèvres : leur couleur vive, leur fraîcheur, leur figure, leur arrangement et leur proportion avec les autres traits, embellissent tout le visage. La bouche, par la correspondance de ses mouvements avec ceux des yeux, l'anime, l'égaye, l'attriste, l'adoucit, le trouble, et exprime chaque passion par des marques sensibles. Outre que les lèvres s'ouvrent pour recevoir l'aliment, elles servent encore, par leur souplesse et par la variété de leurs mouvements, à varier les sons qui font la parole. Quand elles s'ouvrent, elles découvrent un double rang de dents dont la bouche est ornée : ces dents sont de petits os enchâssés avec ordre dans les deux mâchoires; et les mâchoires ont un ressort pour s'ouvrir, et un pour se fermer, en sorte que les dents brisent comme un moulin les aliments, pour en préparer la digestion. Mais ces aliments ainsi brisés passent dans l'estomac par un conduit différent de celui de la respiration ; et ces deux canaux, quoique si voisins, n'ont rien de commun.

La langue est un tissu de petits muscles et de nerfs, si souples, qu'elle se replie, comme un serpent, avec une mobilité et une souplesse inconcevables : elle fait dans la bouche ce que font les doigts, ou ce que fait l'archet d'un maître sur un instrument de musique : elle va frapper tantôt les dents et tantôt le palais. Il y a un conduit au dedans du cou, depuis le palais jusqu'à la poitrine : ce sont des anneaux de cartilages enchâssés très juste les uns dans les autres, et garnis en dedans d'une tunique ou membrane très polie, pour faire mieux résonner l'air poussé par les poumons. Ce conduit a du côté du palais un bout qui n'est ouvert que comme une flûte, par une fente qui s'élargit ou qui se resserre à propos, pour grossir la voix ou pour la rendre plus claire. Mais, de peur que les aliments, qui ont leur canal séparé, ne se glissent dans celui de la respiration, il y a une espèce de soupape qui fait sur l'orifice du conduit de la voix comme un pont-levis pour faire passer les aliments, sans qu'il en tombe aucune parcelle subtile ni aucune goutte par la fente dont je viens de parler. Cette espèce de soupape est très mobile, et se replie très subtilement : de manière qu'en tremblant sur cet orifice entr'ouvert, elle fait toutes les plus douces modulations de la voix. Ce petit exemple suffit pour montrer en passant, et sans entrer d'ailleurs dans aucun détail de l'anatomie, combien est merveilleux l'art des parties internes. Cet organe, tel que je viens de le représenter, est le plus parfait de tous les instruments de musique, et tous les autres ne sont parfaits qu'autant qu'ils l'imitent.

Qui pourrait expliquer la délicatesse des organes par lesquels l'homme discerne les saveurs et les odeurs innombrables des corps? Mais comment se peut-il faire que tant de voix frappent ensemble mon oreille sans se confondre, et que ces sons me laissent, après qu'ils ne sont plus, des ressemblances de ce qu'ils ont été qui sont si vives et si distinctes? Avec quel soin l'ouvrier qui a fait nos corps a-t-il donné à nos yeux une enveloppe humide et coulante pour les fermer, et pourquoi a-t-il laissé nos oreilles ouvertes? C'est[1], dit Cicéron, que les yeux ont besoin de se fermer à la lumière pour le sommeil, et que les oreilles doivent demeurer ouvertes pendant que les yeux se ferment, pour nous avertir et nous éveiller par le bruit, quand nous courons risque d'être surpris.

Qui est-ce qui grave dans mon œil, en un instant, le ciel, la mer, la terre, situés dans une distance presque infinie? Comment peuvent se ranger et se démêler dans un si petit organe les images fidèles de tous les objets de l'univers, depuis le soleil jusqu'à des atomes? La substance du cerveau, qui conserve avec ordre des représentations si naïves de tant d'objets dont nous avons été frappés depuis que nous sommes au monde, n'est-elle pas le prodige le plus étonnant?

On admire avec raison l'invention des livres, où l'on conserve la mémoire de tant de faits et le recueil de tant de pensées; mais quelle comparaison peut-on faire entre les plus beaux livres et le cerveau d'un homme savant? Sans doute ce cerveau est un recueil infiniment plus précieux et d'une plus belle invention que le livre. C'est dans ce petit réservoir qu'on trouve à point nommé toutes les images dont on a besoin. On les appelle, elles viennent; on les renvoie, elles se renfoncent je ne sais où, et disparaissent, pour laisser la place à d'autres. On ferme et on ouvre son imagination comme un livre: on en tourne, pour ainsi dire, les feuillets; on passe soudainement d'un bout à l'autre, on a même des espèces de tables dans la mémoire, pour indiquer les lieux où se trouvent certaines images reculées. Ces caractères innombrables, que l'esprit de l'homme lit intérieurement avec tant de rapidité, ne laissent aucune trace distincte dans un cerveau qu'on ouvre.

---

[1] Lib. II de Nat. Deor.

Cet admirable livre n'est qu'une substance molle, ou une espèce de peloton composé de fils tendres et entrelacés. Quelle main a su cacher dans cette espèce de boue, qui paraît si informe, des images si précieuses et rangées avec un si bel art?

Tel est le corps de l'homme en gros. Je n'entre point dans le détail de l'anatomie : car mon dessein n'est que de découvrir l'art qui est dans la nature, par le simple coup d'œil, sans aucune science. Le corps de l'homme pourrait sans doute être beaucoup plus grand et beaucoup plus petit. S'il n'avait, par exemple, qu'un pied de hauteur, il serait insulté par la plupart des animaux, qui l'écraseraient sous leurs pieds. S'il était haut comme les plus grands clochers, un petit nombre d'hommes consommerait en peu de jours tous les aliments d'un pays; ils ne pourraient trouver ni chevaux, ni autres bêtes de charge qui pussent les porter ni les traîner dans aucune machine roulante; ils ne pourraient trouver assez de matériaux pour bâtir des maisons proportionnées à leur grandeur; il ne pourrait y avoir qu'un petit nombre d'hommes sur la terre, et ils manqueraient de la plupart des commodités. Qui est-ce qui a réglé la taille de l'homme à une mesure précise? Qui est-ce qui a réglé celle de tous les autres animaux avec proportion à celle de l'homme?

L'homme est le seul de tous les animaux qui est droit sur ses pieds. Par là il a une noblesse et une majesté qui le distinguent, même au dehors, de tout ce qui vit sur la terre. Non seulement sa figure est la plus noble, mais encore il est le plus fort et le plus adroit de tous les animaux, à proportion de sa grandeur.

Qu'on examine de près la pesanteur et la masse de la plupart des bêtes les plus terribles, on trouvera qu'elles ont plus de matières que le corps d'un homme; et cependant un homme vigoureux a plus de force de corps que la plupart des bêtes farouches : elles ne sont redoutables pour lui que par leurs dents et par leurs griffes. Mais l'homme, qui n'a point dans ses membres de si fortes armes naturelles, a des mains dont la dextérité surpasse, pour se faire des armes, tout ce que la nature a donné aux bêtes. Ainsi l'homme perce de ses traits, ou fait tomber dans ses pièges, et enchaîne les animaux les plus forts et les plus furieux : il sait même les apprivoiser dans leur captivité, et s'en jouer comme il lui plaît. Il se fait flatter par les lions et par les tigres; il monte sur les éléphants.

NOTIONS D'HYGIÈNE

I

DE L'AIR

La première condition pour se bien porter, c'est de respirer un air pur. En vain prendrait-on régulièrement une nourriture abondante et saine, si l'on vit dans une atmosphère saturée de miasmes et de vapeurs putrides. Ainsi, point d'eaux stagnantes, point de cloaques ni de tas de fumier sous les fenêtres ou devant les portes. En général, les habitations doivent être situées sur le penchant des collines plutôt qu'au fond des vallées. Si l'on était obligé de bâtir dans un endroit bas et malsain, il faudrait placer sa maison de préférence au sud des marécages.

« Donnez de l'air à votre demeure, dit un hygiéniste ; n'encombrez pas vos chambres d'habitants ; occupez des pièces à cheminée, même en été : le courant d'air y est plus fort et plus constant. Ouvrez vos fenêtres souvent ; si vous craignez l'impression de l'air, sortez de votre appartement, et même plusieurs fois dans la journée, pour l'y laisser circuler ; en y rentrant, ayez soin de fermer les fenêtres. Habitez préférablement le voisinage des bois ou des jardins : les plantes, en s'emparant d'un gaz délétère dont l'air se charge à chaque instant, sont le plus utile épurateur que l'homme puisse posséder. Ne dormez pas parmi les roses et les parfums : toutes les odeurs trop fortes asphyxient [1]. »

Le séjour des lieux élevés convient particulièrement aux personnes robustes chez qui les poumons sont bien constitués, à celles qui sont asthmatiques ou chargées d'embonpoint, aux tempéraments sanguins et bilieux. Les personnes nerveuses, irritables, prédisposées aux affections de poitrine, les vieillards, les tempéraments lymphatiques, se porteront mieux dans un endroit moins élevé, exposé au soleil, où l'on respire un air plus humide, plus calme et plus doux.

La chaleur, lorsqu'elle est excessive, devient malsaine : elle active outre mesure l'exhalation cutanée, rend la digestion pénible, et relâche les ressorts de toute l'économie. Un air glacial et saturé d'eau est toujours plus ou moins malfaisant; mais ce qu'il y a de plus dangereux, c'est le passage subit de la chaleur au froid : aussi faut-il éviter avec grand soin les courants d'air frais, surtout lorsqu'on transpire. Le sang, qui alors abondait dans les vaisseaux superficiels, se trouve subitement refoulé à l'intérieur, et il en résulte des rhumes, des catarrhes, des fluxions de poitrine, et mille autres maladies qui peuvent occasionner la mort ou causer de longues incommodités.

Les personnes nerveuses éprouvent des maux de tête, de l'oppression ou des lassitudes à l'approche des orages; ce malaise provient de la grande quantité d'électricité qui s'est accumulée dans l'air, et, pour

---

[1] Audin-Rivière, *La Médecine sans médecin ou Manuel de santé.*

le faire cesser, il suffit ordinairement que l'atmosphère se rafraîchisse. Mais comment s'y prendre pour éviter la foudre?

Nous ferons d'abord observer que le danger d'être foudroyé n'est pas assez grand pour mériter qu'on s'en préoccupe. Si l'on compare le petit nombre de trépas causés par la foudre avec tous les autres genres de mort, on trouvera que la maladie la plus rare en occasionne davantage. Même lorsqu'on habite une grande ville, où la population est plus condensée, le danger d'être foudroyé est moindre pour les personnes que celui de périr dans la rue par la chute d'un ouvrier couvreur, d'un vase à fleurs ou d'une cheminée. Aussi la crainte exagérée du tonnerre n'est-elle pas excusable chez ceux qui ont l'habitude de raisonner. Voici pourtant quelques conseils qui, pendant un orage, pourront avoir leur utilité.

Lorsqu'on se trouve sous un nuage électrique, il ne faut point chercher un abri au pied d'un arbre ou dans une église; car tous les points culminants, surtout s'ils sont en métal, comme la pointe des clochers, sont particulièrement exposés à recevoir la décharge de l'électricité. Un chasseur surpris par l'orage dans la campagne ferait bien de déposer son fusil. Ce serait encore s'exposer dans une certaine mesure, que de garder un bâton ferré, un parapluie garni de fer ou de cuivre, de nombreux bijoux et beaucoup de monnaie. On doit éviter d'établir un courant d'air par une marche précipitée, surtout si l'on est à cheval ou en voiture.

« Mais en pratique, dit spirituellement Arago, il est permis de se demander si, en temps d'orage, ce qu'on gagne, relativement au moindre danger d'être foudroyé, à rester immobile ou à marcher lentement, est une compensation suffisante du désagrément d'être mouillé par une forte averse. » Si l'on est chez soi, on aura soin d'intercepter les courants d'air, et de tenir les portes et les fenêtres fermées. On a vu des personnes frappées de la foudre au moment où elles ouvraient leur fenêtre pour regarder le temps.

Par la connaissance de la vitesse du son dans l'air, on peut parfaitement calculer la distance du nuage orageux. Il est à trois cent quarante mètres, lorsqu'on peut compter une seconde ou un battement de pouls entre l'éclair et le coup de tonnerre; à six cent quatre-vingts, s'il s'écoule deux secondes; à un peu plus d'un kilomètre, s'il s'en écoule trois; et ainsi de suite, en ajoutant toujours trois cent quarante mètres par chaque seconde ou battement du pouls.

II

DES VÊTEMENTS

On appelle *vêtement* tout ce qui sert à garder les lois de la décence, et à préserver le corps des impressions trop vives de la chaleur, du froid ou de l'humidité. Nous considérerons successivement les vêtements sous le rapport de la matière, de la couleur et de la forme.

Les animaux nous fournissent la laine, la soie, le poil de chèvre, et une variété infinie de fourrures. Parmi les substances végétales que l'on peut tisser, on met au premier rang, pour la qualité et la durée, le lin, connu de toute antiquité, et le chanvre, originaire de la Perse. Viennent ensuite le coton, qui croît en Amérique, dans les Indes et dans nos colonies; la paille, et quelques écorces peu employées. Sont réputés vêtements chauds ceux qui laissent difficilement pénétrer la chaleur, et conservent par conséquent celle du corps, tout en le protégeant contre le calorique extérieur. De ce nombre sont les tissus animaux, et en général tous ceux dont la trame est lâche et poreuse, et qui renferment de l'air entre leurs mailles. On fabrique des vêtements plus frais avec les tissus de lin, de chanvre, de paille, et avec tous ceux qui, étant fins et serrés, laissent aisément passer le calorique, et ne contiennent que très peu d'air. Le coton, moins chaud que la laine, est moins froid que le lin ou le chanvre. Outre que les vêtements de laine conservent la chaleur du corps, ils offrent encore l'avantage d'absorber insensiblement la sueur et d'empêcher les refroidissements. Aussi les tissus laineux, appliqués immédiatement sur la peau, sont-ils beaucoup plus sains que ceux de chanvre ou même de coton.

La couleur des vêtements n'est pas non plus chose indifférente. On sait que les tissus noirs ont la propriété d'absorber la chaleur, tandis que les tissus blancs la réfléchissent et la renvoient : les couleurs légères sont donc préférables en été, et les couleurs foncées en hiver. Il est facile de s'expliquer maintenant pourquoi le Lapon et l'Arabe sont l'un et l'autre vêtus de laine ou de fourrures; pourquoi le premier porte des vêtements bruns, et le second des vêtements blancs. L'un veut retenir la chaleur du corps et absorber celle de l'atmosphère, l'autre essaye par tous les moyens de se protéger contre le calorique qui l'entoure.

Quant à la forme des habillements, on peut établir comme loi générale qu'ils doivent protéger les organes, mais jamais les comprimer outre mesure ni les gêner dans leurs fonctions. Trop serrés, ils déforment le corps; trop lâches, ils lui donnent une tournure gauche et quelquefois grotesque. Un chapeau dur, lourd ou étroit, engendre des maux de tête; s'il est trop bas ou trop chaud, il appelle un excès de sang au cerveau. Nos pères se passèrent de cravates, car elles ne furent introduites en France que vers l'an 1660. Trop épaisses ou trop étroites, elles pourraient comprimer les veines jugulaires au point d'amener des congestions mortelles, surtout chez les sujets qui ont le cou ramassé et qui se livrent à de grands efforts. Aujourd'hui que nous sommes accoutumés à ce que le cou soit couvert, les chanteurs et les hommes qui parlent en public feront bien de se garantir la gorge contre l'impression froide et humide de l'atmosphère. Une douce chaleur entretient la souplesse et l'élasticité du larynx, nourrit la voix et fortifie la parole. Il sera bon de s'entourer le cou d'une cravate de laine, de soie ou de coton; mais on devra toujours avoir soin qu'elle soit large et peu serrée. Parmi les vêtements du tronc, nous signalerons comme très dangereux les gilets ou les corsets trop étroits : ils empêchent le jeu de la respiration, et troublent souvent les fonctions circulatoires et digestives. Les jarretières, comme les ceintures et les cravates serrées à l'excès, paralysent les mouvements, déterminent des congestions sanguines, et produisent des varices, des anévrismes ou des engorgements lymphatiques. Enfin, on ne doit jamais porter de chaussures trop petites, si l'on veut éviter les cors et les durillons, qui incommodent tant de personnes.

III

DES ALIMENTS

On entend par aliments tout ce qui sert à réparer les pertes que fait incessamment notre corps. Les aliments sont solides ou liquides. On réserve habituellement aux premiers le nom d'aliments; les autres s'appellent aussi boissons.

Aliments solides.

Les animaux et les végétaux contribuent à la fois à nourrir l'homme.

Substances animales.

Entre les viandes qui nous sont familières, il faut regarder comme éminemment nutritive et fortifiante la chair du bœuf, du mouton, du lièvre, du pigeon, de la perdrix et du canard. On place en seconde ligne les viandes blanches telles que le porc, le lapin, la plupart des volailles et les poissons de mer ou d'eau douce. Après cette catégorie de chairs blanches viennent les viandes légères et rafraîchissantes : le poulet, le perdreau, le jeune lapin, l'agneau et le veau.

« Les viandes non faites, visqueuses ou glaireuses, dit le docteur Debreyne, doivent toujours être rôties. L'agneau, le chevreau, le cochon de lait, ne peuvent guère être mangés à l'état de *bouilli*. Le rôti conserve toutes les parties solubles de la chair; il est plus tonique et plus nourrissant que le *bouilli*, qui a fourni au bouillon sa gélatine et son osmazôme. Les viandes cuites à l'*étuvée*, où elles conservent tout leur jus, sont très nourrissantes et très faciles à digérer. La *friture* nuit à beaucoup d'estomacs faibles et paresseux. Le *roux* offre de plus grands inconvénients encore. »

Aux viandes, il faut ajouter les œufs et le lait, qui sont aussi des substances animales. Les œufs, tant d'oiseaux que de poissons, contiennent, sous un petit volume, beaucoup de matière nutritive. Les œufs de poule, aliment aussi léger que fortifiant, conviennent particulièrement aux estomacs faibles, aux personnes convalescentes ou épuisées; mais, pour être d'une digestion facile, ils doivent être mangés clairs et à la coque.

Le lait, dont nous avons donné plus haut la composition, est la nourriture spéciale du premier âge. Il convient aussi aux personnes délicates, maigres, nerveuses et irritables. On doit l'interdire aux individus lymphatiques, bilieux, sédentaires, scrofuleux ou atteints de fièvre [1].

Du lait dérivent deux autres aliments bien connus : le beurre et le fromage.

Lorsque le beurre est frais, il est agréable, nourrissant, très sain, et il rend plus digestibles les légumes auxquels on le mêle. Quoique le beurre convienne à presque tous les estomacs, les enfants, les individus lymphatiques et les malades, doivent en faire un usage modéré.

Parmi les fromages, les uns sont frais, les autres fermentés. Les premiers sont des aliments doux, rafraîchissants et faciles à digérer, surtout si l'on y ajoute un peu de sucre. Les seconds, qui pris abondamment exigeraient un bon estomac, deviennent au contraire des excitants utiles lorsqu'on les mange en petite quantité vers la fin du repas. Trop avancés, les fromages fermentés sont nuisibles, et même dangereux : on a vu plus d'une fois des empoisonnements de ce genre.

---

[1] Pour conserver le lait, on peut le faire bouillir; mais un moyen plus sûr, c'est d'y mêler un demi-gramme de bi-carbonate de soude par litre. Cette addition n'a aucun inconvénient, et suffit pour le maintenir frais pendant trois jours, même en été.

Substances végétales.

En dehors des substances animales, les végétaux offrent à l'homme de grandes ressources pour son alimentation. On sait tout le parti que l'on tire des légumes de nos jardins, et il n'est nullement nécessaire de les passer ici en revue. Cependant les plantes qui fournissent des farines sont autrement précieuses encore. De ce nombre sont : le froment, le riz, l'orge, le seigle, l'avoine, le maïs, le sarrazin, la pomme de terre, le châtaignier et la fève de marais. Dans le froment, on trouve en grande quantité la fécule ou amidon, qui est un aliment respiratoire, et le gluten, qui est un aliment plastique : aussi reconnaît-on dans le pain de froment toutes les qualités de l'aliment complet. Les autres farines dont nous venons de parler, quoique moins salutaires, sont cependant nourrissantes. Ce qui leur manque, c'est surtout le gluten. Le riz en particulier, celle de toutes les céréales qui nourrit le plus grand nombre d'hommes, en est entièrement dépourvu. Et comme cette substance est une condition essentielle de la panification, il en résulte qu'avec du riz on ne peut faire du pain.

Boissons.

L'eau est sans contredit la première et la plus précieuse de toutes les boissons. Pour être parfaitement salubre, elle doit être claire, limpide, inodore, légère, et imprégnée d'une certaine quantité d'air. Il faut éviter de la puiser dans les marais, les étangs et les mares, où il y a toujours plus ou moins de matières, soit végétales, soit animales, en putréfaction.

Les boissons acidulées et légèrement sucrées, telles

que la limonade et l'eau de groseilles, ont l'avantage de désaltérer promptement; cependant rien n'apaise mieux la soif qu'une très légère dose d'eau-de-vie mêlée avec de l'eau.

Mais les boissons n'ont pas seulement pour but de rafraîchir : elles servent encore à hâter la digestion et à donner des forces.

Les principaux excitants sont le café et le thé. L'infusion de café stimule doucement l'estomac, et porte dans toute l'économie, et surtout dans le cerveau, une certaine surexcitation : de là son nom de *liqueur spirituelle*. Le café nuit généralement aux personnes sèches, nerveuses et sanguines, mais il peut être salutaire aux individus mous, lymphatiques, plongés dans une torpeur habituelle. On peut à peu près répéter du thé ce que nous venons de dire du café. L'un et l'autre conviennent mieux dans les contrées froides et humides que dans celles qui sont chaudes et sèches.

Au nombre des boissons toniques, on doit mettre en première ligne le vin, puis la bière, le cidre et le poiré.

Le terroir où est plantée la vigne établit entre les vins de grandes différences. Ceux de Bordeaux et de Bourgogne sont fortifiants, et favorisent beaucoup la digestion. Les vins généreux et fortement alcooliques, tels que ceux d'Espagne et du midi de la France, conviennent aux estomacs faibles et paresseux, mais pris en petite quantité, et seulement sur la fin des repas. Ils peuvent faire beaucoup plus de mal que de bien aux personnes sanguines et irritables. Les vins mousseux et les vins blancs ordinaires ont une action prompte et vive, mais peu durable; leur plus grand avantage est d'être agréables et rafraîchissants.

Après le vin se rangent comme toniques les bières d'Angleterre, de Belgique et d'Allemagne. Ces boissons, fabriquées avec de l'orge fermentée, sont salubres, généreuses, quelquefois même un peu lourdes, à force d'être nourrissantes. Quant à ce qu'on appelle les petites bières, elles étanchent parfaitement la soif et d'une manière durable.

Le cidre se prépare avec les pommes, et le poiré avec les poires. Pour connaître à quel point ces deux boissons peuvent être agréables, il faut les avoir goûtées en Normandie. Le cidre une fois *paré*, c'est-à-dire fermenté, constitue un breuvage salubre et fortifiant. Quant au poiré, quoique renfermant plus d'alcool que le cidre, il est moins estimé comme boisson, et irrite davantage le système nerveux. On trouve pourtant des poirés excellents et qu'on pourrait prendre pour des vins blancs d'assez bonne qualité [1].

[1] Transcrivons ici quelques réflexions faites par l'illustre médecin Debreyne, sur les excès dans le boire et dans le manger.

« L'homme intempérant, dit-il, tout livré à l'empire de la chair et du sang, s'abandonne presque toujours à l'attrait grossier des impulsions animales, aux passions abrutissantes, aux actions basses et dégradantes. Il est prodigue, dissipateur, turbulent, colère, fougueux, déréglé, libertin, débauché, etc.

« Non seulement l'intempérance est la mère de toutes les passions animales et honteuses, mais elle est encore le tombeau de l'intelligence. Rien, en effet, n'éteint le feu de l'imagination, ne dégrade la mémoire, ne fausse le jugement et ne rend stupide autant que les excès continuels de la bonne chère et du vin. Les grands mangeurs sont ordinairement de petits penseurs ; leur esprit est comme suffoqué sous la graisse et le sang ; il est comme frappé de vertige, et étourdi par les vapeurs délétères des boissons alcooliques...

« Lorsque je vois, disait Addison, ces tables couvertes de tant de mets, je m'imagine voir la goutte, l'hydropisie, la fièvre, la léthargie et la plupart des autres maladies, cachées en embuscade sous chaque plat. » (*Code abrégé d'hygiène pratique*.)

IV

DES BAINS

On distingue les bains froids, de 0° à 15° centigrades; les bains frais, de 15° à 24°; les bains tièdes, de 24° à 30°, et les bains chauds, au-dessus de 30°. Nous plaçant ici au point de vue de l'hygiène, nous ne parlerons que des bains d'eau simple, et seulement des bains frais et des bains tièdes.

Le bain frais est celui que l'on prend ordinairement pendant la belle saison dans les rivières et dans la mer. La première sensation que l'on éprouve, surtout si l'on veut entrer graduellement dans l'eau au lieu de s'y jeter tout d'un coup, est un saisissement pénible; mais il disparaît bien vite, et bientôt l'on ne ressent plus aucune gêne, surtout si l'on a soin de ne pas rester immobile. La réaction légère qui se produit ensuite est agréable et utile à la santé. Ce genre de bain convient particulièrement aux jeunes gens; mais on ne saurait trop leur recommander d'attendre, pour se mettre à l'eau, que la digestion soit très avancée. En y entrant moins de deux heures après le repas, on s'expose aux accidents les plus graves, et même à la mort : il est prudent d'attendre trois heures. Le moment de la journée auquel le bain frais présente le plus d'avantage est le matin avant le premier repas, ou mieux encore l'après-midi, de quatre à six heures, avant le repas du soir. On ne reste dans le bain frais que de dix à quinze minutes, et il faut toujours se retirer de l'eau avant le second frisson, ou au plus tard lorsqu'on en sent l'approche.

On regarde à tort comme malsains et dangereux les bains de rivière pris pendant la canicule, c'est-à-dire du

24 juillet au 26 août inclusivement; mais en ce temps, comme pendant toutes les grandes chaleurs, on s'expose aux érésipèles et même aux affections cérébrales, lorsqu'on se baigne exposé à l'action des rayons solaires.

Les bains de mer sont encore plus fortifiants que les bains d'eau douce. On les prend généralement vers la fin de l'été ou le commencement de l'automne.

Le bain tiède ne fait pas éprouver comme le bain frais la sensation du froid, mais celle d'une chaleur douce et pénétrante. Le corps absorbe près de trois kilogrammes d'eau par heure; la peau se gonfle et se ramollit; la fréquence de la respiration et notamment celle du pouls accusent une diminution sensible. Ces sortes de bains sont principalement utiles pour entretenir la propreté, ou encore pour délasser tout l'organisme après de grandes fatigues de corps ou d'esprit. Fréquemment employé, le bain tiède est débilitant. Il importe de se prémunir quand on en sort contre les refroidissements, car la peau est alors très impressionnable.

V

DE L'EXERCICE

Un des meilleurs moyens d'entretenir, et souvent même de recouvrer la santé, c'est l'exercice. Aussi les jeunes gens qui étudient, et qui par suite mènent une vie sédentaire, doivent-ils se livrer au jeu ou à la gymnastique pendant les récréations. Se promener lentement et faire la conversation ne suffit pas à la jeunesse. Les muscles, pour se nourrir et prendre de l'accroissement, ont besoin de recevoir le sang en abondance, et c'est le mouvement qui détermine cet afflux. Toutefois un exercice trop violent immédiatement après le repas aurait pour effet de retirer le sang de l'estomac, et d'interrompre la digestion au détriment de la santé.

La chasse, l'équitation, les promenades en voiture ou en bateau, la culture d'un jardin [1], délassent l'esprit des occupations sérieuses, et donnent au corps une fatigue salutaire. A ce double titre, on ne saurait trop les recommander aux hommes d'étude.

[1] Voici, à l'appui de ce que nous conseillons, un spirituel passage de l'*Hygiène des hommes de lettres*, cité par le docteur Debreyne : « Un exercice dont on a vu d'étonnants effets pour la santé des hommes affaiblis par les travaux de la pensée, c'est l'horticulture. Un médecin a soutenu, non sans raison, que la plus saine des professions était celle d'un jardinier sobre, et tout démontre cette vérité. L'air pur, l'exercice modéré et pourtant continuel entretiennent et rétablissent les forces. C'est bien alors que la vie paraît pleine et entière, qu'on la possède, qu'on en jouit, qu'on la savoure... Toutefois suffit-il d'avoir le goût du jardinage pour en obtenir de bons résultats? Non sans doute, si l'on se contente du plaisir des yeux. Il faut mettre la main à l'œuvre, il faut avoir les bras travailleurs, planter, semer, greffer, en un mot, avoir le soin de son parterre, de son petit jardin, comme de sa bibliothèque. Homme d'État, qui venez de méditer sur un projet d'où dépend le bonheur ou l'infortune de plusieurs millions d'individus, vous, illustre savant, qui avez mesuré la distance des astres, analysé jusqu'aux éléments des corps, quittez vos pénibles travaux ; et vous surtout, noble enfant des muses, qu'une ardente imagination a transporté dans les sphères célestes, maintenant, détendez les ressorts de votre esprit comme ceux de votre lyre : d'autres occupations vous attendent. Revêtu de la veste et du chapeau rustiques, allons! armez votre main du râteau ou de la serpe ; il vous faut émonder un espalier, sarcler une allée, butter des céleris, etc... Voilà votre besogne, votre nouvelle tâche. Ou bien encore, hâtez-vous de cueillir ces fruits vermeils, d'arroser ces fleurs desséchées, d'abriter ces tendres plantes que l'aquilon menace, etc.; votre récompense est prête, et vous ne l'attendrez pas longtemps. L'appétit vif, la digestion facile, l'esprit gai, le cœur content, puis un sommeil franc et profond, que voulez-vous de plus pour embellir l'existence ? »

VI

DE L'ÉTAT MORAL

Rien n'est plus important pour l'homme qui désire vivre longtemps et jouir d'une santé florissante que de régler son moral. L'âme et le corps sont si intimement unis, que l'une ne peut être en proie à la souffrance, sans que l'autre en ressente une commotion profonde. Une idée fixe, une préoccupation constante, un état continuel d'exaltation, dévorent la vie; une imagination ardente, un cœur sensible à l'excès, consument les forces et appellent les maladies. Il n'est pas jusqu'à l'oisiveté qui, par l'ennui et le relâchement, ses suites naturelles, ne porte le désordre dans l'économie. Mais que dire des passions, ces fléaux de la santé? La crainte, le chagrin, la jalousie, les emportements de la colère, les calculs sourds et prolongés de la vengeance moissonnent tous les jours dans la société d'innombrables victimes. Nous estimons trop nos jeunes lecteurs pour nous croire obligé de les prémunir contre une passion plus funeste encore. Une expérience journalière apprend que le libertin est vieux à vingt ans, mort à trente, tandis que l'homme vertueux atteint souvent la vieillesse la plus reculée. Terminons : modération dans le travail, les repas et le sommeil[1], vie réglée, tranquillité d'esprit

---

[1] Six heures de sommeil suffisent pour quelques personnes, et en particulier pour les vieillards et les gens bilieux; presque tous les hommes faits peuvent se contenter de sept heures, mais les personnes faibles et les jeunes enfants ont en général besoin de dormir pendant huit heures et davantage. Un sommeil plus prolongé énerve et paralyse les facultés physiques et morales.

et paix du cœur : voilà comme le résumé de toute l'hygiène [1].

[1] Si l'on venait à tomber malade, les mêmes moyens qui ont servi à ménager la santé seraient souvent efficaces pour la rétablir. Il faudrait surtout se tenir en garde contre une crainte exagérée de la mort. En pareil cas, le mieux à faire est de se tranquilliser le plus possible, et de se conformer aux prescriptions d'un médecin savant et consciencieux. Il en est encore fort heureusement de ce genre. A ce propos, nous citerons un passage de M. Alphonse Milcent, qui rend parfaitement notre pensée et que nous trouvons dans l'*Art médical*, juin 1868. « C'est précisément sur le terrain pratique que les doctrines dites *étrangères* à la médecine portent le plus de fruits, bons ou mauvais, salutaires ou pernicieux. C'est au lit du malade qu'il importe surtout que le médecin ne soit ni un matérialiste ni un athée, et c'est avec raison que l'illustre comte de Maistre disait, dans son langage énergique et imagé, qu'il aimerait mieux avoir pour médecin le bourreau qu'un homme sans croyance. En effet, sauf d'honorables inconséquences, quelle figure fait le médecin sans foi, sans morale, sans philosophie même, vis-à-vis de cet autre *singe perfectionné* qu'on appelait autrefois son semblable? Ne lui demandez, vous n'en avez nul droit, ni amour, ni respect, ni dévouement, pas même la bienveillance ou la plus vulgaire délicatesse; n'exigez de lui aucun égard pour la pureté de l'enfant, la pudeur de la femme, la faiblesse du vieillard. La grandeur de son art, la noblesse, le désintéressement traditionnel de sa profession, il les ignore, à moins que, grâce à l'éducation et aux mœurs, il ne soit encore, à son insu, plus spiritualiste, disons le mot, plus chrétien, qu'on n'aurait lieu de le supposer. Conseiller des familles, pénétrant partout, jouissant d'une autorité que rien ne contre-balance, parce qu'elle s'exerce souvent dans le secret, le médecin a sur ses semblables un véritable droit de vie et de mort; il exerce ce droit à l'abri d'une irresponsabilité qui, sans être illimitée, est immense: autant il peut faire de bien s'il est honnête homme, s'il obéit à une loi morale, s'il croit à une sanction divine, autant il est redoutable s'il n'a ni principe ni croyance, s'il s'habitue à ne voir en lui-même et dans ses pareils qu'une matière vivante, sans libre arbitre, sans responsabilité, *soumise à l'aveugle fatalité*, et finalement vouée au néant. »

FIN

TABLE DES MATIÈRES

Approbations VI
Préface VII
Programmes IX

Introduction 1

LIVRE PREMIER
ÉTUDE SPÉCIALE DE L'HOMME

SECTION I
FONCTIONS DE NUTRITION

Chapitre I. — De la digestion 12
— II. — De l'absorption 35
— III. — De la circulation 43
— IV. — De la respiration 65
— V. — De l'assimilation 81
— VI. — Des sécrétions et de l'exhalation 83

SECTION II
FONCTIONS DE RELATION

Chapitre I. — Du système nerveux 94
— II. — Des sens 113
— III. — Des mouvements 144
— IV. — De la voix 167
— V. — Des races humaines 177

LIVRE SECOND
ZOOLOGIE GÉNÉRALE

Chapitre I.	— De la classification............	183
—	II. — Du plan et de la conformation des animaux.	193
—	III. — Des rapports de l'organisme et de son milieu, et de la variabilité des formes animales.	230
—	IV. — Métamorphoses et migrations des animaux. — Formes diverses des animaux inférieurs. — Réviviscence............	251
—	V. — Des mœurs des animaux......	260
—	VI. — De la structure intime du corps des animaux.	273
Appendice	....	287
Notions d'hygiène	....	299

49042. — Tours, impr. Mame.

www.ingramcontent.com/pod-product-compliance
Lightning Source LLC
Chambersburg PA
CBHW070623160426
43194CB00009B/1348